JEAN DUBOIS

Professeur
à
l'Université de
Paris-X Nanterre

RENÉ LAGANE

Chargé d'une Maîtrise
de Conférences
à l'Université de
Paris-X Nanterre

LA NOUVELLE GRAMMAIRE DU FRANÇAIS

LIBRAIRIE LAROUSSE

17, rue du Montparnasse, et 114, boulevard Raspail

Avant-propos

Par bien des aspects, cette grammaire est un livre nouveau. Dans les grammaires actuellement en usage, on peut reconnaître les apports successifs, parfois disparates, de nombreuses générations de grammairiens depuis l'Antiquité. Il serait injuste de renier en bloc tout ce passé de réflexions sur la langue. Cependant, on ne saurait aujourd'hui négliger le renouveau qu'a apporté la linguistique contemporaine, tant par la critique de certaines descriptions antérieures que par la systématisation de certaines intuitions des anciens grammairiens et par l'élaboration de nouvelles méthodes d'analyse. C'est parce que, depuis le début du xxᵉ siècle, la linguistique, étude scientifique du fonctionnement du langage, a permis de mieux comprendre les mécanismes grammaticaux qu'une nouvelle grammaire scolaire peut être aujourd'hui construite. Autant il serait utopique de prétendre faire d'une telle grammaire le résumé des recherches linguistiques contemporaines, autant il paraît indispensable de promouvoir actuellement un enseignement grammatical qui familiarise les élèves avec les principes fondamentaux d'une grammaire scientifique et d'intégrer à l'enseignement les acquisitions les plus importantes de la linguistique.

Certes, par son objet même, une grammaire pédagogique ne se confond pas avec un ouvrage de recherche scientifique. On peut néanmoins lui demander de préparer la voie à une étude scientifique de la langue en écartant la partie d'une tradition scolaire déjà ancienne qui est maintenant inacceptable et en offrant des perspectives nouvelles conformes aux exigences de la science. Apprendre la grammaire, c'est en effet acquérir la maîtrise des règles qui permettent de construire des phrases, mais c'est surtout faire l'effort nécessaire de réflexion sur la langue elle-même.

Pour cela, il n'est pas indispensable de recourir à une terminologie qui pourrait paraître déroutante : aussi avons-nous délibérément réduit au minimum les termes nouveaux et avons-nous conservé dans la mesure du possible les dénominations traditionnelles qui, si elles sont prises comme de simples signes conventionnels, ne sont pas incompatibles avec la démarche intellectuelle suivie dans l'ouvrage.

En mettant à la disposition des enseignants et des élèves un livre moderne, nous souhaitons que cette grammaire, que nous avons voulue claire et de lecture facile, débarrassée des problèmes secondaires, puisse trouver sa place dans l'effort indispensable de rénovation de l'enseignement du français.

JEAN DUBOIS et RENÉ LAGANE.

TABLE DES MATIÈRES

1. Le langage et la langue . . . **8**

  1. Qu'est-ce que le langage?
  2. Qu'est-ce qu'une langue?
  3. Langue parlée et langue écrite.
  4. Une langue est un système.
  5. Langue et parole.

2. La grammaire **11**

  1. Qu'est-ce qu'une grammaire?
  2. De quoi est composée la grammaire?
  3. Interdépendance des parties de la grammaire.
  4. Pourquoi étudie-t-on la grammaire?

3. La phrase et les types de phrases **14**

  1. Qu'est-ce qu'une phrase?
  2. Les modes de communication et les types de phrases.
  3. Les formes de phrases.

4. Les constituants de la phrase **17**

  1. La structure de la phrase.
  2. La phrase minimale.
  3. Les constituants fondamentaux de la phrase.
  4. La nature et la fonction des groupes.
  5. Phrases incomplètes et phrases étendues.

5. Le mot et le morphème . . . **22**

  1. La méthode d'analyse des groupes du nom et du verbe.
  2. Le mot est-il la plus petite unité de la phrase?
  3. L'analyse grammaticale de la phrase.

6. Les classes de mots ou parties du discours **25**

  1. Qu'est-ce qu'une classe de mots?
  2. La classe des noms.
  3. La classe des verbes.

  4. La classe des déterminants.
  5. La classe des adjectifs.
  6. La classe des adverbes.
  7. La classe des prépositions.
  8. La classe des pronoms.
  9. La classe des conjonctions.
  10. Les classes de mots.
  11. La classe d'un mot n'est pas définie par son sens.

7. Les formes fondamentales du groupe du verbe et du groupe du nom **31**

  1. Les diverses formes du groupe du verbe.
  2. Les diverses formes du groupe du nom.
  3. Le groupe prépositionnel.

8. Le nom : sous-classes et catégories **38**

  1. Qu'est-ce qu'un nom?
  2. Noms communs et noms propres.
  3. Noms humains, noms animés et noms non-animés.
  4. Noms concrets et noms abstraits.
  5. Noms comptables et noms non-comptables.
  6. Noms masculins et noms féminins : le genre.

9. Le nom : la variation en genre **47**

  1. Genre naturel et genre grammatical.
  2. Les noms humains.
  3. Les noms d'animaux.
  4. L'opposition entre les noms animés et les noms non-animés exprimée par le genre.
  5. Le masculin générique.
  6. La formation du féminin.

10. Le nom : la variation en nombre **51**

  1. Le singulier et le pluriel.
  2. Noms ayant un seul nombre.
  3. Le singulier générique.

4. La formation du pluriel.
5. Comparaison du genre et du nombre.

11. Les déterminants 57

1. Le déterminant, constituant du groupe du nom.
2. Les classes de déterminants.
3. L'absence de déterminant.

12. Les articles 60

1. Les articles : formes, syntaxe et sens.
2. Les articles et l'expression de la quantité.

13. Les déterminants démonstratifs 63

1. Les déterminants démonstratifs : syntaxe, sens et formes.
2. Formes et emplois particuliers des démonstratifs.

14. Les déterminants possessifs . 65

1. Les déterminants possessifs : syntaxe et sens.
2. Les formes des déterminants possessifs.
3. Exceptions et emplois particuliers.
4. Les adjectifs possessifs : *mien, tien, sien, nôtre, vôtre, leur.*

15. Les déterminants interrogatifs, exclamatifs et relatifs . . . 68

1. Le déterminant interrogatif : syntaxe, formes, sens.
2. Le déterminant exclamatif.
3. Emplois particuliers de *quel.*
4. Le déterminant relatif.

16. Les numéraux 70

1. Les déterminants numéraux: syntaxe, formes et sens.
2. Les adjectifs numéraux.
3. Les noms et les adjectifs de nombre.

17. Les déterminants indéfinis . . 74

1. Les classes d'indéfinis.
2. La syntaxe des déterminants indéfinis.

3. Les emplois adverbiaux des indéfinis.
4. Noms et pronoms indéfinis.

18. Les pronoms 79

1. Qu'est-ce qu'un pronom?
2. Rôle de représentant.
3. Rôle d'anticipant.
4. Rôle de désignation d'une personne participant à la communication.
5. Complexité du rôle des pronoms.
6. La représentation du groupe du nom, cas particulier d'un phénomène plus général.
7. Les classes de pronoms.
8. Emplois pronominaux des déterminants.
9. Différences et ressemblances entre les pronoms et les groupes du nom.
10. Ressemblances entre les pronoms et les déterminants.

19. Les pronoms personnels . . . 86

1. Les trois personnes de la communication.
2. Les deux sortes de pronoms personnels.
3. Le genre dans les pronoms personnels.
4. Le nombre dans les pronoms personnels.
5. Les cas des pronoms personnels.
6. Les formes *en* et *y.*
7. Formes réfléchies.
8. Le pronom *on.*
9. Emplois particuliers de *nous, vous, on.*
10. Les formes accentuées des pronoms personnels.

20. Les pronoms démonstratifs 92

1. Formes des pronoms démonstratifs.
2. Sens et fonctionnement syntaxique de *ce (c').*
3. L'expression *c'est.*
4. Emplois de *celui (ceux, celle, celles).*
5. Emplois de *ceci, cela, ça, celui-ci, celui-là.*

4

21. Les pronoms relatifs 96

  1. Syntaxe des pronoms relatifs.
  2. Les formes des pronoms relatifs.
  3. Le genre et le nombre dans les pronoms relatifs.
  4. Formes et fonctions des pronoms relatifs.
  5. La place des pronoms relatifs.
  6. Les relatifs indéfinis.

22. Les pronoms interrogatifs . . 101

  1. Les pronoms interrogatifs : rôle et syntaxe.
  2. Formes des pronoms interrogatifs.

23. L'adjectif qualificatif 104

  1. Définition de la classe des adjectifs qualificatifs.
  2. Fonctions de l'adjectif qualificatif.
  3. Classes morphologiques d'adjectifs.
  4. Classes sémantiques et syntaxiques des adjectifs.
  5. Place des adjectifs épithètes.
  6. L'adjectif employé comme nom.
  7. L'adverbe de manière.

24. Le verbe 112

  1. Qu'est-ce qu'un verbe ?
  2. Les sous-classes de verbes distinguées selon la syntaxe.
  3. Les sous-classes de verbes distinguées selon la syntaxe et selon le sens.
  4. Les sous-classes de verbes distinguées selon le sens.

25. Les formes et les catégories du verbe 120

  1. Les variations du verbe.
  2. La voix.
  3. Le mode.
  4. L'aspect.
  5. Le temps.
  6. Personne et nombre.

26. Les conjugaisons 128

  1. Qu'est-ce qu'une conjugaison ?
  2. Les modèles de conjugaison dans la langue écrite.
  3. Les modèles de conjugaison dans la langue parlée.

27. Les adverbes 131

  1. Les classes d'adverbes.
  2. Adverbes de manière, de lieu, de temps.
  3. Adverbes de quantité et de négation.
  4. Les adverbes d'opinion et les modalisateurs.
  5. Adverbes de liaison ou de coordination.
  6. Les locutions adverbiales.

28. Les adverbes de quantité. Comparatifs et superlatifs . . 135

  1. Rôle syntaxique et sémantique des adverbes de quantité.
  2. Les formes des adverbes de quantité.
  3. La place des adverbes de quantité.
  4. Comparatifs et superlatifs.
  5. La proportion et la conséquence.
  6. Les adverbes de quantité interrogatifs et exclamatifs.

29. Les prépositions 139

  1. Le groupe prépositionnel et la préposition.
  2. Les classes de prépositions.
  3. Syntaxe des prépositions dans les transformations.

30. Conjonctions et adverbes de coordination. Conjonctions de subordination 144

  1. Coordination de phrases et coordination de constituants.
  2. Subordination de phrases.

31. La phrase déclarative simple : place et forme des groupes du nom et du verbe **147**

1. L'ordre des groupes du nom et du verbe.
2. L'ordre des constituants dans le groupe du verbe.

32. La phrase étendue **151**

1. Phrase simple, phrase étendue et phrase complexe.
2. Les formes de la phrase étendue.
3. Compléments du groupe du verbe et compléments de phrase.

33. La phrase interrogative . . . **155**

1. Interrogation directe et interrogation indirecte.
2. Interrogation totale et interrogation partielle.
3. La transformation interrogative.
4. Les mots interrogatifs.

34. La phrase impérative **159**

1. Emploi de la phrase impérative.
2. Formes de la phrase impérative.
3. Place des pronoms personnels compléments.
4. Renforcement des phrases impératives.

35. La phrase exclamative et les interjections **161**

1. Phrase exclamative et phrase interrogative.
2. Les interjections.

36. La phrase négative **163**

1. Négation totale et négation partielle.
2. Emplois de *ne* seul.
3. Les phrases négatives sans *ne*.
4. Les préfixes *in-*, *non-*.

37. La phrase passive **167**

1. La transformation passive.
2. Restrictions dans la transformation passive.
3. La transformation passive et la forme pronominale.

38. La phrase emphatique ou d'insistance **170**

1. La transformation emphatique.
2. L'emphase et les pronoms personnels.
3. L'emphase et les groupes prépositionnels.

39. Les règles d'accord dans la phrase simple et dans la phrase étendue **173**

1. Accord du verbe avec le groupe du nom sujet.
2. Accord du verbe avec plusieurs groupes du nom ou plusieurs pronoms sujets.
3. Accord de l'attribut dans les phrases avec *être*.
4. Accord de l'adjectif épithète ou mis en apposition.

40. La phrase complexe **177**

1. Subordination, coordination, juxtaposition.
2. La subordination.
3. La coordination.
4. La juxtaposition.

41. Les subordonnées relatives . . **181**

1. Rôle et nature des relatives.
2. La transformation relative et la place du sujet.
3. Le mode des relatives.
4. Les relatives sans antécédent.

42. Les complétives **184**

1. Qu'est-ce qu'une complétive ?
2. Formes des complétives.
3. Les complétives du nom et de l'adjectif.
4. Le mode dans les complétives par *que*.

43. Les circonstancielles (1) : temps, but, cause, concession ou opposition 189

1. Qu'est-ce qu'une subordonnée circonstancielle?
2. Les circonstancielles de temps.
3. Les circonstancielles de but.
4. Les circonstancielles de cause.
5. Les circonstancielles de concession ou d'opposition.

44. Les circonstancielles (2) : condition, conséquence, comparaison, manière, addition, exception 195
1. Les circonstancielles de condition.
2. Les circonstancielles de conséquence.
3. Les circonstancielles de comparaison.
4. Autres circonstancielles : manière, addition, exception.

45. L'infinitif et la transformation infinitive 199

1. L'infinitif comme mode des subordonnées complétives.
2. L'infinitif comme mode des subordonnées circonstancielles.
3. L'infinitif comme mode des phrases indépendantes.
4. L'infinitif comme forme nominale du verbe.

46. Participe, adjectif verbal, gérondif 204
1. Les formes en *-ant*.
2. Les formes en *-é, -i, -u, -s, -t*.
3. L'adjectif verbal en *-ble*.

47. Emploi des modes et des temps : le discours et le récit 210
1. Les types d'énoncés : discours et récit.
2. La narration.

3. Mode du verbe et type de phrase.
4. Concordance des temps.
5. Les valeurs stylistiques des temps et des modes.

48. Les transformations : les mots suffixés ou dérivés 219

1. Qu'est-ce qu'une transformation?
2. Les suffixes et les mots dérivés.
3. Les suffixes utilisés dans la transformation d'une phrase en un groupe du nom.
4. Les suffixes utilisés dans la transformation d'un complément du nom en un adjectif.
5. Les suffixes utilisés dans la transformation d'une relative en un nom.
6. Les verbes dérivés.

49. Les transformations : les mots préfixés et composés 225
1. Les différents types de mots composés.
2. Les mots préfixés.
3. Les mots composés de deux ou plusieurs mots.
4. Les mots composés de deux ou plusieurs radicaux savants.

50. Phonétique. Phonologie. Orthographe 230

1. Les phonèmes.
2. Quels sont les phonèmes du français?
3. La syllabe.
4. L'accent et l'intonation.
5. Les liaisons.
6. Les lettres.
7. La ponctuation.

Conjugaisons des verbes . . . 237

Index 260

1

Le langage et la langue

1. Qu'est-ce que le langage?

Tous les hommes ont cette aptitude particulière — on dit cette faculté — de pouvoir communiquer à d'autres hommes leurs pensées et de pouvoir exprimer leurs sentiments, leurs désirs ou leurs ordres au moyen d'une **langue.** Sans doute, les animaux peuvent-ils communiquer certains renseignements à d'autres animaux de la même espèce au moyen de signaux sonores (comme les cris des corbeaux) ou de mouvements particuliers du corps (comme la danse des abeilles), mais les hommes seuls ont cette capacité, propre à leur espèce, de transmettre des signaux sonores — on dit des **signes verbaux** — qui ont des caractères très spéciaux et se combinent d'une infinité de façons particulières pour former les phrases des langues. Cette aptitude est le **langage.**

2. Qu'est-ce qu'une langue?

Si tous les hommes ont cette capacité de parler, tous ne parlent pas la même langue : certains peuvent communiquer entre eux par des signes verbaux qui ne sont pas compris par d'autres hommes. Ainsi le français est une langue qui est faite d'un ensemble de signes verbaux différents de ceux de l'allemand, de l'anglais ou du chinois, et ces signes verbaux sont combinés entre eux selon des **règles** particulières pour former les phrases du français : ces règles sont différentes en français, en allemand, en anglais ou en chinois. Chaque langue — et il y en a des milliers qui sont actuellement parlées dans le monde — sert de **moyen de communication** à un groupe plus ou moins grand de personnes; ce groupe de personnes forme une communauté linguistique. Ainsi le français est parlé en France, au Canada, dans une partie de la Belgique, de la Suisse ou de l'Afrique : tous ceux qui se servent du français appartiennent à la même communauté linguistique, mais ils peuvent appartenir à des nations différentes. Il faut appartenir à la même communauté linguistique, c'est-à-dire parler la même langue, pour pouvoir se comprendre. Deux personnes ne peuvent échanger des idées que si elles ont une connaissance commune des mots et des règles d'une même langue.

3. Langue parlée et langue écrite.

Une langue est d'abord **parlée** : les hommes communiquent entre eux au moyen de signes, formés de **sons** qu'ils émettent en faisant vibrer l'air, expiré des poumons, par des mouvements particuliers des cordes vocales, de la langue et des lèvres. On dit que la langue est formée de signes vocaux réalisés par les organes de la parole. Mais ce moyen est insuffisant pour transmettre des renseignements à longue distance ou pour conserver un message; on a alors représenté ces signes parlés par des caractères ou des dessins spéciaux, ou par des **lettres** : la langue a été **écrite.**

Toutes les langues **vivantes** sont parlées, mais il existe en Asie, en Océanie et en Afrique des langues qui ne sont pas écrites. Les langues **mortes** sont celles qui ne subsistent plus que sous leur forme écrite. Le français est une langue vivante parlée et écrite; on l'écrit selon un système particulier, le système alphabétique, qui fait correspondre les lettres, formant un **alphabet,** à des sons : ainsi la lettre *t* correspond à un certain son /t/. (On représente les sons entre des barres obliques.) Mais la correspondance entre les sons parlés et les signes écrits n'est pas simple : ainsi les deux lettres *ch* représentent un seul son qui peut être /ʃ/ dans *chute* ou /k/ dans *chaos ;* la lettre *o* dans *mot*, les lettres *eau* dans *beau* et *au* dans *saut* représentent le même son /o/; la lettre *s* correspond à /s/ dans *sac* et à /z/ dans *rasait*. Il y a des règles d'orthographe du français.

4. Une langue est un système.

Les mots et les règles de combinaison de ces mots qui constituent une langue ne sont pas indépendants les uns des autres : ils forment un vaste réseau dont chaque partie est reliée à d'autres; on définit les règles et les mots par les **relations** qu'ils ont entre eux.

Ainsi les règles du passif sont en relation avec les constructions du verbe dans les phrases actives; il faut que le verbe ait à l'actif un complément d'objet direct pour que la phrase active puisse être transformée en une phrase passive :

Pierre a réparé le poste de radio → *Le poste de radio a été réparé par Pierre.*

La règle fondamentale du passif est donc étroitement liée à la règle qui donne un complément d'objet à certains verbes et qui définit la classe des verbes transitifs.

De même il existe en français des règles pour former le féminin de noms masculins : *paysan* → *paysanne, ami* → *amie*. Mais ces règles ne s'appliquent qu'à des noms désignant des personnes et à certains noms d'animaux; une règle relative à la **forme** des mots est donc reliée à une autre règle qui tient compte du **sens** des mots concernés.

C'est parce que ces règles sont ainsi reliées entre elles qu'elles constituent un système. L'organisation des règles, les relations entre les mots forment la structure de ce système. Étudier une langue en tant que moyen de communication à une époque donnée (on dit dans une **synchronie** donnée), par exemple au XXe siècle, c'est étudier la **structure** de ce système.

5. Langue et parole.

Quand on parle le français, on utilise ordinairement, même si l'on n'y songe pas au moment où l'on s'exprime, les règles de la langue française. Mais, dans les phrases de chacun (on dit de chaque « locuteur »), il y a des manières de parler qui lui sont propres : les accents, le choix des mots, des constructions peu fréquentes, etc. D'un côté, il y a les règles de la **langue,** celles qui définissent le français, et, de l'autre, les utilisations diverses que chacun fait des mots et des constructions que lui offre la langue dans des **actes** particuliers de **parole.**

La tâche des grammairiens est de découvrir les règles de la langue.

2

La grammaire

1. Qu'est-ce qu'une grammaire?

Décrire une langue, c'est en décrire le système, c'est-à-dire étudier la forme et l'organisation des règles qui constituent, avec les mots, la **structure** de la langue.

Quand on analyse ainsi la structure du français, on établit la grammaire du français.

Pour pouvoir faire cette grammaire, il faut analyser ce que disent les Français, leurs **énoncés,** afin de dégager les règles générales communes à tous ceux qui parlent français.

2. De quoi est composée la grammaire?

Un énoncé peut être analysé de plusieurs manières et selon divers points de vue. Soit, par exemple, l'énoncé :

L'électricien répare le poste.

● On peut constater qu'il est fait d'un certain nombre d'éléments ou **mots** qui ont un sens défini dans cet énoncé *(électricien, répare, poste)*.

Par ailleurs, si on remplace *poste* par *appareil*, on constate que la phrase a à peu près le même sens; il y a donc une relation entre *poste* et *appareil*.

Si l'on étudie les mots et les relations qu'ils ont entre eux, on étudie le **lexique.**

● Pour que l'énoncé qui contient ces mots ait un sens, il faut qu'ils aient une certaine **fonction** les uns par rapport aux autres. Leur disposition, leur ordre dans l'énoncé, correspond à une certaine construction propre au français et à certaines fonctions des mots dans cet énoncé. Ainsi, dans l'exemple précédent, on ne peut pas intervertir *électricien* et *poste,* car l'énoncé obtenu n'aurait pas de sens :

*Le poste répare l'électricien [1].

On constate aussi que la variation d'un mot peut entraîner la modification d'autres mots (c'est ce qu'on appelle un « accord »); par exemple, si l'on met *électricien* au pluriel, on obtient :

Les électriciens réparent le poste.

L'étude des fonctions et des constructions constitue la **syntaxe.**

● On peut réaliser des énoncés différents en modifiant la forme des mots; ainsi :

Les électriciens répareront les postes.
L'électricienne réparait le poste.

L'étude des diverses **formes** que peuvent prendre les mots (singulier et pluriel, masculin et féminin, temps des verbes, dérivés, composés, etc.) constitue la **morphologie.**

● Considérons un mot comme *répare :* il est composé d'une suite de « sons » / r / + / e / + / p / + / a / + / r / (ici, *e* final écrit ne correspond à aucun son en langue parlée); chacun des sons, appelés **phonèmes,** est représenté par une lettre.

Si on étudie les phonèmes du français, on en étudie la **phonologie,** et si on étudie la manière, très différente selon chaque Français, dont ils sont réalisés par les organes de la parole, on fait de la **phonétique :** ainsi le phonème / r / peut être prononcé très différemment selon les régions. Si on étudie la manière dont sont transcrits ces sons, on analyse l'**orthographe** du français.

● Cet énoncé et les mots qu'il contient ont un **sens.** Le sens des mots et le sens des énoncés qui résulte de l'emploi de ces mots et de leur construction syntaxique font l'objet d'une étude particulière, la **sémantique.**

● Enfin, tous les énoncés qui se succèdent, quand quelqu'un parle, sont reliés entre eux selon des règles qu'on appelle les règles de la narration, du récit, de la description, de la démonstration, du monologue, etc., c'est-à-dire du **discours :** c'est l'objet de la **rhétorique.**

---

1. On fait précéder d'un **astérisque** (*) toute phrase agrammaticale, c'est-à-dire toute phrase qui n'est pas française.

3. Interdépendance des parties de la grammaire.

Les règles de chacune de ces parties de la grammaire sont en relation non seulement entre elles, mais avec celles des autres parties. On ne peut donc pas étudier, par exemple, le lexique sans faire appel au sens des mots, donc à la sémantique; on ne peut étudier la sémantique sans considérer la fonction des mots dans la phrase, c'est-à-dire sans faire appel à la syntaxe, etc. La langue est un mécanisme dont toutes les parties concourent au bon fonctionnement du langage.

La syntaxe et la morphologie constituent la base de la grammaire, le centre du mécanisme. C'est à ces deux aspects de l'étude de la langue que se rapportent les chapitres essentiels de ce livre; ce n'est qu'ensuite que l'on peut analyser les autres parties de la grammaire.

4. Pourquoi étudie-t-on la grammaire?

On étudie la grammaire :

— pour acquérir une meilleure pratique de la langue maternelle, une meilleure maîtrise des règles du français et pour parvenir ainsi à la communication la plus large et la plus sûre;

— pour comprendre la structure et le fonctionnement de cet instrument de communication qui est à la base de nos relations avec les autres hommes, de notre développement intellectuel et de notre culture.

3

La phrase et les types de phrases

1. Qu'est-ce qu'une phrase?

Les énoncés sont formés de **phrases.** Les phrases sont des suites de mots ordonnés d'une certaine manière, qui entretiennent entre eux certaines relations, c'est-à-dire qui répondent à certaines règles de grammaire et qui ont un certain sens. Ainsi :

Les nuages courent dans le ciel

est une phrase.

Dans la langue parlée, les phrases sont caractérisées aussi par une **intonation** particulière, une mélodie et, dans la langue écrite, elles sont délimitées par des signes de ponctuation (point, point-virgule, point d'interrogation, d'exclamation, ou parfois simple virgule).

2. Les modes de communication et les types de phrases.

Selon le motif qui pousse quelqu'un à communiquer avec les autres, il peut recourir à plusieurs types de phrases :

● Quand on fait savoir simplement quelque chose à quelqu'un, quand on énonce ou déclare sa pensée, quand on exprime une idée, on fait une phrase **déclarative :**

Pierre est venu te voir ce matin.

● Quand on veut obtenir un renseignement de quelqu'un en lui posant une question, on fait une phrase **interrogative :**

Pierre est-il venu te voir ce matin?

● Quand on veut que quelqu'un agisse de telle ou telle manière, quand on veut lui donner un ordre, lui adresser une prière, on fait une phrase **impérative :**

Viens tout de suite me voir!

● Quand on exprime un sentiment vif (indignation, surprise, admiration, etc.), on fait une phrase **exclamative :**

Ce spectacle est étonnant!

Toute phrase de la langue appartient à l'un de ces quatre types et à un seul. Une phrase ne peut pas être à la fois interrogative et impérative, interrogative et déclarative, etc.

3. Les formes de phrases.

Chacun des quatre types qui viennent d'être indiqués peut lui-même se présenter sous plusieurs formes : une phrase est affirmative (ou négative), active (ou passive), emphatique (ou neutre).

1

Forme affirmative	Type
L'électricien a réparé le poste.	déclaratif
L'électricien a-t-il réparé le poste?	interrogatif
Répare le poste!	impératif
Comme c'est curieux!	exclamatif

Forme négative	
L'électricien n'a pas réparé le poste.	déclaratif
L'électricien n'a-t-il pas réparé le poste?	interrogatif
Ne répare pas le poste!	impératif
Ce n'est pas vrai!	exclamatif

● Ces deux formes, affirmative et négative, s'opposent l'une à l'autre : une phrase ne peut être qu'affirmative **ou** négative.

2

Forme active	Type
L'électricien a réparé le poste.	déclaratif
L'électricien a-t-il réparé le poste?	interrogatif
Que cette preuve vous convainque!	impératif
On a enfin obtenu satisfaction!	exclamatif

Forme passive	
Le poste a été réparé par l'électricien.	déclaratif
Le poste a-t-il été réparé par l'électricien?	interrogatif
Soyez convaincu par cette preuve!	impératif
Satisfaction est enfin obtenue!	exclamatif

● Ces deux formes, active et passive, s'opposent l'une à l'autre : une phrase ne peut être qu'active **ou** passive.

<table>
<tr><td>**3**</td><td></td></tr>
</table>

Forme emphatique (ou d'**insistance**)	**Type**
L'électricien, lui, a réparé le poste.	déclaratif
Le poste, l'électricien l'a-t-il réparé?	interrogatif
Vous, racontez-moi cela!	impératif
Ça, c'est extraordinaire!	exclamatif

● Quand une phrase n'est pas emphatique, elle est **neutre :** c'est alors une phrase déclarative ou interrogative ou exclamative ou impérative; passive ou active, affirmative ou négative comme dans **1** et **2.** La phrase :

> *Mon voisin se taisait*

est une forme neutre.

REMARQUE. Les exemples qui précèdent utilisent parfois des phrases différentes pour un même type, car certaines règles du lexique ou de la sémantique limitent l'application des règles générales de la syntaxe : si chaque type de phrase peut se présenter sous plusieurs formes, chaque phrase, constituée avec les mêmes mots, ne peut pas toujours apparaître sous toutes les formes indiquées ci-dessus. Ainsi, à la différence des types de phrases qui s'excluent mutuellement, les formes affirmative (ou négative), active (ou passive) et emphatique (ou neutre) peuvent être combinées dans la même phrase. Par exemple, la phrase :

> *Ce détail, les enquêteurs ne l'ont pas remarqué,*

est de type déclaratif et de formes active, négative et emphatique.

Toute phrase appartient à un certain type (déclaratif, interrogatif, impératif, exclamatif) et à plusieurs formes (affirmative ou négative, active ou passive, emphatique ou neutre).

4

Les constituants de la phrase

1. La structure de la phrase.

Une phrase ne se définit pas par sa longueur, par le nombre de ses mots, mais par les éléments qui la constituent, par les relations qu'ils ont entre eux, c'est-à-dire par sa **structure.**

Quand on dit, par exemple :

Le célèbre explorateur partit chasser le lion en Afrique,

on fait une phrase.

On peut supprimer certains éléments de cette phrase sans qu'elle cesse pour cela d'être compréhensible; ainsi on peut supprimer *en Afrique :*

Le célèbre explorateur partit chasser le lion.

La phrase obtenue est toujours une phrase française.

Si on essaie ainsi de supprimer tous les éléments qui ne sont pas absolument indispensables pour qu'il subsiste une phrase, il ne restera finalement que les éléments suivants :

L'explorateur partit.

Si on enlève *l'explorateur,* ou *le,* ou *explorateur,* ou *partit,* on obtient quelque chose qui n'est plus une phrase française :

*Explorateur partit. *Le partit. *L'explorateur.

2. La phrase minimale.

Une phrase à laquelle on ne peut ainsi plus rien retrancher (car autrement elle cesse d'être une phrase) s'appelle une phrase **minimale.** Mais, selon le verbe employé, on peut avoir plusieurs types de phrases minimales. Ainsi, dans :

L'homme s'empara d'une fourche,
Un poète a comparé le train à un taureau,

on ne peut rien retrancher, car les phrases n'auraient plus de sens; elles seraient incomplètes. Dans ces deux cas aussi, on a des phrases minimales.

3. Les constituants fondamentaux de la phrase.

Toute phrase se définit par sa structure, c'est-à-dire par les éléments qui la constituent. Mais comment déterminer ces éléments? Comment analyser la phrase?

● Prenons par exemple la phrase minimale :

Mon père achève sa lecture.

On peut remplacer *achève sa lecture* par *va à son bureau*, et obtenir ainsi une autre phrase française :

Mon père va à son bureau.

Les deux éléments *achève sa lecture* et *va à son bureau* peuvent se **substituer** l'un à l'autre. En revanche, on ne peut pas remplacer *mon père* par *va à son bureau;* ces deux éléments ne peuvent pas se substituer l'un à l'autre. On peut remplacer *mon père* par *mon frère*, par exemple :

Mon frère achève sa lecture. Mon frère va au bureau.

On a ainsi défini deux éléments dans cette phrase minimale : le premier élément est *mon père* (ou *mon frère*) et le second est *achève sa lecture* (ou *va à son bureau*). On dit que la phrase est constituée de deux groupes d'éléments (*mon père* et *achève sa lecture*, par exemple). On verra au chapitre 7 que, dans le premier groupe, l'élément essentiel est le **nom,** et que, dans le deuxième groupe, l'élément essentiel est le **verbe.** Aussi le premier élément est-il appelé **groupe du nom** et le deuxième **groupe du verbe** (les linguistes appellent le premier **syntagme nominal** et le second **syntagme verbal**). Ces deux groupes sont appelés les **constituants** de la phrase.

● Dans certaines phrases on peut trouver, outre le groupe du nom et le groupe du verbe, un ou plusieurs autres groupes qui ne dépendent ni de l'un ni de l'autre, mais qui sont aussi des constituants de la phrase. Ainsi, dans la phrase :

Le jardinier plante un arbre sur la pelouse avec une bêche,

les groupes *sur la pelouse, avec une bêche* se rapportent à toute la phrase et non au seul groupe du verbe (on peut d'ailleurs les séparer du groupe du verbe, par exemple en les plaçant au début de la phrase). Ces groupes sont introduits par des prépositions *(sur, avec)* : ce sont des **groupes prépositionnels.** Ils preuvent être supprimés : la phrase n'est donc pas une phrase minimale. On l'appelle une **phrase simple** parce qu'on ne peut rien retrancher à aucun des groupes qui la constituent (v. Chap. 32).

Les constituants fondamentaux d'une phrase sont donc :

1. Le groupe du nom;
2. Le groupe du verbe;
3. Facultativement, un ou plusieurs groupes prépositionnels.

REMARQUE. Les groupes facultatifs constituants de phrase sont presque toujours introduits par une préposition. Cependant, dans certains cas, ils ne contiennent pas de préposition. Par exemple, dans la phrase :

Pierre a reçu votre lettre ce matin,

ce matin est un groupe facultatif se rapportant à la phrase, mais sans préposition. On convient cependant de l'appeler « groupe prépositionnel ».

4. La nature et la fonction des groupes.

Dans la phrase *Mon père va à son bureau*, on a déterminé deux constituants : un groupe du nom *(mon père)* et un groupe du verbe *(va à son bureau)*. On a ainsi défini la **nature** des constituants de la phrase.

La nature des constituants est différente de leur **fonction.**

● Dans la phrase *Mon père va à son bureau*, le groupe du nom *mon père* désigne la personne dont je parle, c'est le « thème » de la phrase. Le groupe du verbe *va à son bureau* est ce que je dis de *mon père*, c'est le « commentaire ». Sur le plan de la syntaxe, et non plus du sens, *mon père* est le **sujet** de la phrase et *va à son bureau* est le **prédicat** de la phrase : sujet et prédicat sont des fonctions.

Un groupe du nom peut avoir des fonctions différentes; il peut être sujet *(mon père)* ou objet *(sa lecture)* dans la phrase :

Mon père achève sa lecture.

Il ne faut pas confondre la nature des constituants de la phrase et leur fonction.

On peut représenter la structure de la phrase sous la forme d'un **arbre** :

Phrase
Mon père va à son bureau

GROUPE DU NOM
Mon père

sujet

GROUPE DU VERBE
va à son bureau

prédicat

● Dans la phrase *Mon père est parti à son bureau avec un ami*, on a trois constituants ; le groupe du nom *(Mon père)* est le sujet, le groupe du verbe *(est parti à son bureau)* est le prédicat et le groupe prépositionnel *(avec un ami)* est une précision apportée à la phrase, une addition : on dit que c'est un **adjoint** de la phrase.

On peut représenter la structure de la phrase sous la forme d'un arbre :

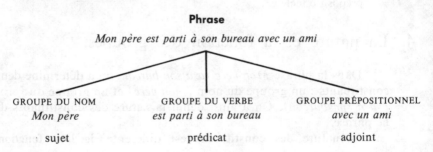

Phrase
Mon père est parti à son bureau avec un ami

GROUPE DU NOM
Mon père

sujet

GROUPE DU VERBE
est parti à son bureau

prédicat

GROUPE PRÉPOSITIONNEL
avec un ami

adjoint

5. Phrases incomplètes et phrases étendues.

● Il peut arriver que l'un de ces deux groupes ne soit pas exprimé. C'est le cas d'une phrase comme :

Venez tout de suite ici !

où n'apparaît que le prédicat (verbe suivi d'adverbes) et où le sujet, le pronom *vous*, n'est indiqué que par la forme du verbe ; la phrase est **incomplète** : elle a subi un **effacement.**

C'est le cas d'une phrase comme :

Pierre !

où n'apparaît que le nom sujet, et où le verbe (*viens, fais attention,* etc.) n'est exprimé que par le type exclamatif de la phrase.

● Inversement, le groupe du nom et le groupe du verbe peuvent être formés de plusieurs éléments; d'autres éléments peuvent en effet se rattacher aux constituants de base. Ainsi dans :

L'explorateur partit pour l'Afrique,

on peut ajouter certains éléments au groupe du nom (*l'explorateur*) ou au groupe du verbe *(partit en Afrique) ;* par exemple :

Le célèbre explorateur partit pour l'Afrique,

ou, encore, en ajoutant d'autres éléments :

Le célèbre explorateur, Tartarin de Tarascon, saluant la foule qui l'acclamait, partit chasser le lion en Afrique du Nord.

On peut toujours analyser cette phrase en deux groupes fondamentaux. Le premier est le groupe du nom, sujet de la phrase :

Le célèbre explorateur, Tartarin de Tarascon, saluant la foule qui l'acclamait ;

Le second est le groupe du verbe, prédicat de la phrase :

partit chasser le lion en Afrique du Nord.

Il y a en ce cas encore une seule phrase, car tous les éléments ajoutés se rattachent aux deux groupes de la phrase dont on est parti : on dit que ce sont des **expansions** du groupe du nom ou du groupe du verbe. Mais ce n'est plus une phrase simple, c'est une phrase **étendue** (v. Chap. 32).

Au contraire, dans :

Tartarin partit chasser le lion. Tout Tarascon était en fête,

on a deux phrases séparées par un point; chacune est formée d'un groupe du nom et d'un groupe du verbe; chacune est indépendante de l'autre du point de vue de la syntaxe.

5

Le mot et le morphème

1. La méthode d'analyse des groupes du nom et du verbe.

La phrase la plus simple s'analyse en deux constituants, le premier étant appelé « groupe du nom » et le second « groupe du verbe ». Peut-on **décomposer** chacun de ces groupes en éléments plus petits ?

Pour cela, on reprendra la même méthode qu'au chapitre 4. Soit la phrase :

Le gardien monte le courrier,

que l'on analyse en *le gardien*, groupe du nom, et *monte le courrier*, groupe du verbe. On peut remplacer dans le premier groupe l'élément *le* par les éléments *notre, mon, ce* :

NOTRE *gardien monte le courrier.*
MON *gardien monte le courrier.*
CE *gardien monte le courrier.*

En ce cas, le groupe du nom se décompose en deux éléments :

$$\left\{ \begin{array}{l} le \\ notre \\ mon \end{array} \right\} \; + \; gardien.$$

On peut aussi remplacer *gardien* par un autre terme, comme *facteur* ou *concierge* :

Le FACTEUR *monte le courrier.*
Le CONCIERGE *monte le courrier.*

Si on représente l'analyse par un arbre, on obtient :

On peut procéder de la même manière avec le groupe du verbe. Au lieu de *monte le courrier*, on peut avoir *monte les lettres*, en substituant *les lettres* à *le courrier*. On peut aussi remplacer *monte* par *distribue* ; on obtient toujours une phrase :

Le gardien monte LES LETTRES. *Le gardien* DISTRIBUE *le courrier*.

Le groupe du verbe peut être analysé en plusieurs éléments et on représente cette analyse de la manière suivante :

On peut de même analyser *le courrier*, groupe du nom, en ses deux éléments *le* et *courrier*, puisque l'on peut remplacer *le* par *notre* et *courrier* par *journal* :

Le gardien monte NOTRE courrier. *Le gardien monte le* JOURNAL.

2. Le mot est-il la plus petite unité de la phrase?

Peut-on aller plus loin dans la décomposition de la phrase en ses divers éléments? Dans la phrase simple, le groupe du nom est formé de deux éléments, par exemple *le* et *gardien;* peut-on encore diviser ces éléments en éléments plus petits qui aient toujours un sens?

On ne peut pas diviser *gardien* en *ga* + *rdien* ou *gar* + *dien;* *gar* et *ga*, *-rdien* et *dien* ne sont pas remplaçables par d'autres éléments qui soient des mots ou des morphèmes significatifs (*bardien*, par exemple n'est pas un mot français).

Mais on peut diviser *gardien* en *gard* + *ien;* en effet, on dit *une gardeuse d'oies*. *Gardeuse* est un mot formé de deux éléments : *gard* + *euse*, *-euse* pouvant se substituer à *-ien*.

Le mot *gardien* est donc formé de deux éléments distincts qui, chacun séparément, ne sont pas capables de former un groupe du nom, mais qui ont un sens; *gard-* représente un **radical** de verbe, qui a le sens de « garder », et *-ien* est un **suffixe** qui sert à former des noms, et qui signifie « celui qui fait l'action de »; radicaux et suffixes sont des **morphèmes.**

Aussi distingue-t-on les **mots** comme *gardien, raffinement, définition, laveur,* etc., et les **morphèmes,** qui sont les plus petites unités qui aient un sens, c'est-à-dire *gard + ien, raffine + ment; défini(r) + tion, lav + eur.*

Un mot comme *gardien* est formé de deux morphèmes. Il arrive que le mot comporte un seul morphème; en ce cas, mot et morphème se confondent, comme dans *le, notre, fier, table, concierge*, etc. Certains mots peuvent être formés de plus de deux morphèmes; ainsi *redistribution* est formé de trois morphèmes : *re + distribu + tion*, car -*tion* peut se trouver en combinaison avec d'autres morphèmes *(définition, construction)* comme *re- (refaire, reprendre)*, et on peut avoir *distributeur* où -*teur* a été substitué à -*tion*, avec un sens différent.

Le morphème est la plus petite unité significative indécomposable des constituants de la phrase. Le mot est la plus petite unité significative capable d'être à elle seule un constituant de n'importe quel groupe du nom ou groupe du verbe, selon les cas.

3. L'analyse grammaticale de la phrase.

A cette étape de l'analyse grammaticale de la phrase, on peut en dessiner l'arbre complet :

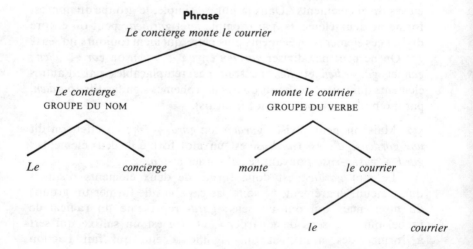

On a donné des étiquettes (phrase, groupe du nom, groupe du verbe) aux éléments dont on a déjà défini la nature.

6

Les classes de mots ou parties du discours

1. Qu'est-ce qu'une classe de mots?

Chaque mot appartient à une classe; une classe est un **ensemble** comportant tous les mots qui peuvent se substituer les uns aux autres dans une phrase sans que celle-ci cesse d'être française.

CLASSE A	CLASSE B	CLASSE C	CLASSE D	CLASSE E
Le	*concierge*	*monte*	*nos*	*lettres*
Un	*gardien*	*donne*	*les*	*clefs*
Notre	*facteur*	*apporte*	*ces*	*imprimés*

Un mot appartient à la même **classe** qu'un autre quand il est possible de le remplacer dans une phrase par un autre mot (de les **commuter**), en changeant certes le sens de la phrase, mais en lui conservant sa structure de phrase française. Les mots *le*, *un*, *notre* appartiennent à la même classe; *concierge, gardien, facteur*, forment une deuxième classe; *monte, donne, apporte* forment une autre classe.

La répartition des mots en classes est donc liée à la manière dont on peut les employer dans des phrases, à la fonction qu'ils peuvent avoir, à leurs propriétés syntaxiques.

Quelles sont les principales classes de mots que l'on peut définir par cette méthode d'analyse?

2. La classe des noms.

Dans la phrase :

Le facteur porte rarement des paquets dans cette ferme lointaine,

on peut remplacer *facteur* par *postier, livreur, commissionnaire*, etc. Tous ces mots appartiennent à la même classe, celle des **noms** (on dit aussi « substantifs »).

25

Facteur et *paquet* appartiennent-ils à la même classe? Sans doute ne peut-on pas remplacer l'un par l'autre, car les phrases que l'on obtiendrait alors n'auraient pas de sens. Mais on peut faire des phrases dans lesquelles cette substitution est possible :

Le FACTEUR *est arrivé.*
Le PAQUET *est arrivé.*

Je regarde le FACTEUR.
Je regarde le PAQUET.

Au contraire, on ne pourra jamais remplacer *facteur,* ou *paquet,* par *rarement,* ou *dans,* ou *ce,* etc. : ces derniers mots n'appartiennent pas à la classe des noms, essentielle pour constituer le groupe du nom.

3. La classe des verbes.

De même, on peut remplacer *porte* par *distribue, dépose, laisse,* ou encore (même si l'idée est surprenante) par *jette, casse, achète, classe,* etc. :

Le facteur PORTE *les lettres.*
Le facteur DISTRIBUE *les lettres.*
Le facteur LAISSE *les lettres.*
Le facteur JETTE *les lettres.*

Les phrases obtenues sont compréhensibles et bien formées. Tous ces mots appartiennent à une même classe, que l'on appelle la classe des **verbes,** essentielle pour exprimer le prédicat.

4. La classe des déterminants.

Au lieu de *le facteur,* on peut dire *ce facteur, un facteur, notre facteur, quel facteur,* etc. :

CE *facteur porte rarement des lettres.*
UN *facteur porte rarement des lettres.*
NOTRE *facteur porte rarement des lettres.*
QUEL *facteur porte rarement des lettres?*

Les mots *le, ce, un, notre, quel,* etc., appartiennent à une même classe, appelée classe des **déterminants,** qui sert à constituer le groupe du nom.

5. La classe des adjectifs.

Le mot *lointaine* peut être remplacé par *solitaire, moderne, ancienne, croulante*, etc., mais non par *facteur, distribue*, etc. :

La ferme LOINTAINE.
La ferme MODERNE.
La ferme ANCIENNE.
La ferme CROULANTE.

Lointaine, solitaire, moderne, ancienne, croulante font partie de la même classe de mots que l'on appelle la classe des **adjectifs.**

6. La classe des adverbes.

Le mot *rarement* peut être remplacé par *toujours, souvent, parfois, peut-être*, etc. :

Le facteur porte RAREMENT *des lettres.*
Le facteur porte TOUJOURS *des lettres.*
Le facteur porte PARFOIS *des lettres.*
Le facteur porte PEUT-ÊTRE *des lettres.*

Ces mots appartiennent à une même classe, qu'on appelle la classe des **adverbes.**

7. La classe des prépositions.

Le mot *dans* peut être remplacé par *vers, à, devant, près de*, etc. :

Le facteur porte des lettres VERS *la ferme.*
Le facteur porte des lettres À *la ferme.*
Le facteur porte des lettres DEVANT *la ferme.*
Le facteur porte des lettres PRÈS DE *la ferme.*

Ces mots appartiennent à une même classe, qu'on appelle la classe des **prépositions.**

8. La classe des pronoms.

Enfin, au lieu de *Le facteur porte*, on peut dire : *il porte, je porte, tu portes, on porte*, etc. *Je, tu, il, on*, etc., qui peuvent être substitués à *le facteur* ou à *Jacques*, semblent donc appartenir à la même classe que ces mots, c'est-à-dire à celle des noms. Cependant, en raison de nombreuses particularités d'emploi, qui seront détaillées au chapitre 18 et qui les distinguent des noms, on les range dans une classe voisine, qu'on appelle la classe des **pronoms.**

9. La classe des conjonctions.

Si l'on a une suite de deux phrases comme :

Je n'ai pas attendu Pierre, CAR *il ne m'avait pas prévenu de son arrivée,*

on peut remplacer *car*, qui relie les deux phrases, par *puisque* ou par *du fait que*, etc. Ces mots ou groupes de mots appartiennent à la même classe, que l'on appelle la classe des **conjonctions.**

De même, si on a la phrase :

Je viendrai avec mon père ET *ma mère,*

et, qui relie les deux groupes du nom *mon père* et *ma mère*, appartient à la classe des conjonctions; il peut être remplacé par *ou :*

Je viendrai avec mon père OU *ma mère.*

10. Les classes de mots.

Les classes de mots sont aussi appelées **parties du discours.** Les parties fondamentales du discours sont :

Le **nom**   : *Pierre, le film, le chien,* etc.
L'**adjectif**   : *heureux, rouge, grand,* etc.
Le **déterminant** : *le, un, ce, mon, quel, chaque,* etc.
Le **verbe**   : *déclarer, voir, travailler,* etc.
L'**adverbe**   : *souvent, beaucoup, facilement,* etc.
Le **pronom**   : *je, tu, il, qui,* etc.
La **préposition** : *à, de, par, dans,* etc.
La **conjonction** : *et, ou, or, donc, quand, si, que,* etc.

On a ainsi huit parties du discours, ou classes de mots.

REMARQUE.   On ajoute parfois à cette liste l'**interjection** : *hélas! oh! ah!* etc. En réalité, les mots de cette série remplacent une phrase exclamative tout entière. On ne les range donc pas parmi les parties du discours, qui sont des éléments de la phrase.

11. La classe d'un mot n'est pas définie par son sens.

Supposons qu'une tache d'encre rende illisible un des mots de la phrase suivante :

A	B	C	D	E
Le	piéton	traverse	la	rue

Quel que soit le mot disparu, nous pourrons dire cependant à quelle classe il appartient, en considérant les autres mots qui permettent de reconnaître le modèle de phrase : A ou D ne peuvent être que des déterminants, B ou E des noms et C un verbe.

Et la suite incompréhensible :

La mune crille dans le diel

est conforme à un type de phrase française; *mune* et *diel* doivent être interprétés comme des noms, et *crille* comme un verbe. (Il suffit, dans ce cas particulier, de remplacer la première lettre de chacun de ces mots par la lettre précédente de l'alphabet pour obtenir : *la lune brille dans le ciel*.)

Les mots d'une même classe ne peuvent donc figurer dans les phrases qu'à des places déterminées et, réciproquement, une certaine place, dans un type donné de phrase, détermine la classe d'un mot.

Symbolisation

On a donné aux constituants de la phrase, aux constituants du groupe du verbe et du groupe du nom des dénominations, c'est-à-dire des **étiquettes.** On peut remplacer ces étiquettes par des abréviations qui en seront les **symboles.**

● Nous aurons ainsi la liste :

P	phrase	Adj	adjectif
GV	groupe du verbe	V	verbe
GN	groupe du nom	Adv	adverbe
GP	groupe prépositionnel	Pro	pronom
D	déterminant	Prép	préposition
N	nom	Conj	conjonction

● En remplaçant les étiquettes par des symboles dans l'arbre du chapitre 5, nous avons la figure suivante :

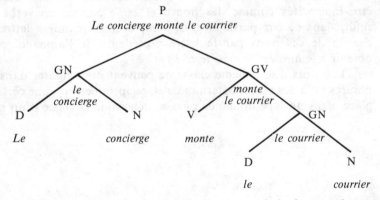

On peut construire l'arbre de la phrase de la façon suivante, en mettant sur une dernière ligne les mots qui la constituent :

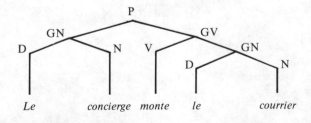

7

Les formes fondamentales du groupe du verbe et du groupe du nom

1. Les diverses formes du groupe du verbe.

Dans la classe des verbes, on distingue des **sous-classes,** caractérisées par des propriétés syntaxiques particulières. Selon la sous-classe à laquelle appartient le verbe, le groupe du verbe a des structures différentes; il existe plusieurs types fondamentaux du groupe du verbe.

1. Groupe du verbe avec un ou plusieurs compléments d'objet.

● Beaucoup de verbes sont suivis d'un ou plusieurs groupes du nom compléments d'objet; ce sont des groupes où le verbe est transitif (v. Chap. 24). Par exemple, dans :

Le conducteur a évité l'obstacle,

le groupe du verbe *a évité l'obstacle* est formé d'un verbe *(a évité)* et d'un groupe du nom complément d'objet, non précédé d'une préposition (direct), exprimant ce sur quoi porte l'action indiquée par le verbe, ce qui est le but de l'action, etc.

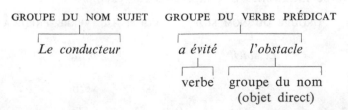

Le groupe du nom complément peut être précédé d'une préposition comme *à, de, contre,* etc. En ce cas, le groupe du verbe est formé d'un verbe suivi d'un groupe prépositionnel, complément d'objet indirect. Le groupe prépositionnel est formé d'une

préposition et d'un groupe du nom. Le verbe est transitif indirect.
Par exemple :

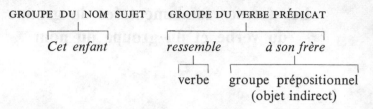

GROUPE DU NOM SUJET   GROUPE DU VERBE PRÉDICAT

Cet enfant   *ressemble*   *à son frère*

verbe   groupe prépositionnel
(objet indirect)

● Certains verbes peuvent être suivis d'un premier groupe du nom complément d'objet, non précédé d'une préposition, et d'un deuxième groupe du nom précédé de la préposition *à*, plus rarement *de ;* ces verbes sont donc suivis d'un groupe du nom objet direct et d'un groupe prépositionnel objet indirect. Ce deuxième complément est dit parfois « complément d'objet second », ou « complément d'attribution ». Ce sont des verbes transitifs à double complément.
Par exemple :

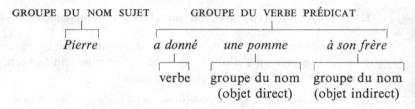

GROUPE DU NOM SUJET   GROUPE DU VERBE PRÉDICAT

Pierre   *a donné*   *une pomme*   *à son frère*

verbe   groupe du nom   groupe du nom
(objet direct)   (objet indirect)

2.   Groupe du verbe sans complément d'objet.

Parfois le groupe du verbe comprend seulement un verbe qui ne peut pas être suivi d'un complément d'objet. Ce verbe est un verbe intransitif (v. Chap. 24). Par exemple :

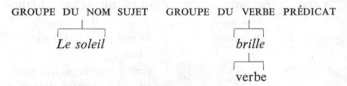

GROUPE DU NOM SUJET   GROUPE DU VERBE PRÉDICAT

Le soleil   *brille*

verbe

3. Groupe du verbe avec attribut du sujet; la copule *être*.

Certains verbes, dont le plus caractéristique est *être* (avec *devenir, sembler, paraître, rester*), peuvent être suivis d'un adjectif qui a la fonction d'attribut du sujet; mais le mot qui suit ces verbes peut être aussi un groupe du nom, souvent sans déterminant et qui a aussi la fonction d'attribut. Pour le distinguer des verbes ordinaires, *être* est appelé « copule ». Par exemple :

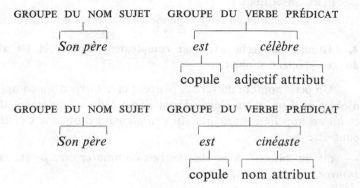

GROUPE DU NOM SUJET   GROUPE DU VERBE PRÉDICAT

Son père   *est*   *célèbre*

copule   adjectif attribut

GROUPE DU NOM SUJET   GROUPE DU VERBE PRÉDICAT

Son père   *est*   *cinéaste*

copule   nom attribut

REMARQUE. La différence syntaxique entre *Son père est un cinéaste* (copule et attribut) et *Son père connaît un cinéaste* (verbe transitif et complément d'objet) réside dans le fait qu'on peut remplacer, dans le premier cas, le nom par un adjectif *(Son père est heureux)* sans que la phrase cesse d'être française, alors que, dans le second cas, on ne le peut pas (**Son père connaît heureux* n'est pas français).

● Le groupe du verbe formé avec *être* peut aussi comporter un groupe prépositionnel :

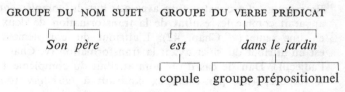

GROUPE DU NOM SUJET   GROUPE DU VERBE PRÉDICAT

Son père   *est*   *dans le jardin*

copule   groupe prépositionnel

ou un adverbe de lieu :

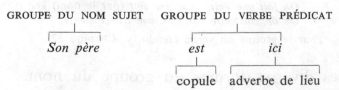

GROUPE DU NOM SUJET   GROUPE DU VERBE PRÉDICAT

Son père   *est*   *ici*

copule   adverbe de lieu

Si l'on oppose le verbe transitif ou intransitif à la copule *être (devenir)*, on a alors deux grands types de groupes de verbes :

le type avec **verbe** :   le type avec **copule** :
L'enfant LANCE *la balle. L'enfant* COURT;   *L'enfant* EST *heureux.*

33

REMARQUE. Le groupe du verbe peut être la locution *il y a*. Cette locution peut équivaloir à la copule *être*, mais ne permet pas d'introduire un attribut :

> *Il y a un chien dans le jardin* (= un chien est dans le jardin).

4. Groupe du verbe avec un complément d'objet et un attribut du complément d'objet.

Un petit nombre de verbes peuvent être suivis d'un complément d'objet et d'un autre élément qui dépend du complément d'objet et qu'on appelle l' « attribut du complément d'objet ». Cet élément peut être :

— soit un **adjectif,** avec des verbes comme *croire, juger, estimer, trouver, rendre, laisser* :

> *Je crois cette solution* HEUREUSE.

Heureuse est un adjectif attribut du complément d'objet *cette solution* (v. Chap. 23 et 44);

— soit un **groupe du nom,** avec des verbes comme *appeler, nommer, élire* :

> *On appelle cette machine* UNE TRONÇONNEUSE.

Une tronçonneuse est un groupe du nom attribut du complément d'objet *cette machine*.

REMARQUE. La construction avec attribut du complément d'objet apparaît comme le résultat de la transformation de deux phrases en une seule (v. Chap. 42). L'attribut du complément d'objet est un attribut du sujet avant la transformation (v. Chap. 23 pour l'adjectif). Dans le cas d'un nom attribut du complément d'objet, le verbe *appeler*, par exemple, équivaut à *faire que* (quelqu'un, quelque chose) *soit* (par le nom) ... :

> *On fait que cette machine soit* (par le nom) *une tronçonneuse*
> → *On appelle cette machine une tronçonneuse*.

Pour le groupe du verbe étendu, v. Chapitre 32.

2. Les diverses formes du groupe du nom.

● Le groupe du nom **simple** est formé d'un déterminant et d'un nom. Dans la phrase :

> MON FILS *joue dans* LA COUR,

le groupe du nom *mon fils* est formé d'un déterminant *(mon)* et d'un nom *(fils)* ; le groupe du nom *la cour,* qui appartient au groupe prépositionnel *dans la cour,* est formé du déterminant *la* et du nom *cour.*

● Le groupe du nom **étendu** peut être formé d'un déterminant, d'un adjectif et d'un nom :

LE PETIT ENFANT *joue dans la cour.*

Dans cette phrase, le groupe du nom *le petit enfant* est formé d'un déterminant *(le),* d'un adjectif *(petit)* et d'un nom *(enfant).*

● Le groupe du nom **étendu** peut être formé aussi d'un premier groupe du nom (avec ou sans adjectif) suivi d'un groupe prépositionnel.

Par exemple, dans la phrase :

LE PETIT ENFANT DU VOISIN *joue dans la cour,*

le groupe du nom étendu *le petit enfant du voisin* est formé d'un premier groupe du nom *(le petit enfant),* suivi d'un groupe prépositionnel *(du voisin).*

De même dans la phrase :

LA CIRCULATION EN VILLE *est difficile,*

le groupe du nom étendu *la circulation en ville* est formé d'un premier groupe du nom simple *(la circulation)* et d'un groupe prépositionnel *(en ville).*

V. aussi Chapitre 32.

3. Le groupe prépositionnel.

Le groupe prépositionnel est formé d'un **groupe du nom,** simple ou étendu, précédé d'une préposition (ou locution prépositive).

Par exemple, dans la phrase :

Le petit enfant joue dans la cour,

le groupe prépositionnel *dans la cour* est formé du groupe du nom *la cour* précédé de la préposition *dans.*

Symbolisation

● On a vu au chapitre 6 que l'on pouvait remplacer les noms des constituants de la phrase et des groupes du verbe et du nom, etc., par des symboles. On peut ainsi remplacer, dans la phrase :

Le groupe du nom est formé d'un déterminant et d'un nom,

l'expression *est formé* par un symbole; ce symbole sera une **flèche**. Si on remplace *groupe du nom*, *déterminant* et *nom* par leurs symboles respectifs, on écrira :

$$GN \rightarrow D + N$$

qui se lira « le groupe du nom est formé d'un déterminant suivi d'un nom » (ou « d'un déterminant et d'un nom », « d'un déterminant plus un nom »).

● Si on veut écrire par des symboles les règles que nous venons de voir dans ce chapitre, on écrira, par exemple :

$P \rightarrow GN + GV$	la phrase est formée d'un groupe du nom et d'un groupe du verbe.
$GV \rightarrow V + GN$	le groupe du verbe est formé d'un verbe et d'un groupe du nom, si le verbe est transitif.
$GV \rightarrow V$	le groupe du verbe se réduit au verbe si celui-ci est intransitif.
$GV \rightarrow V + GN + GP$	le groupe du verbe est formé d'un groupe du nom et d'un groupe prépositionnel (que nous avons abrégé par GP).

ou $GV \rightarrow Cop + Adj$ ou $GV \rightarrow Cop + GN$ ou $GV \rightarrow Cop + GP$ ou $GV \rightarrow Cop + Adv$	le verbe est la copule *être* (abrégé en Cop).

● On peut aussi donner un symbole à cet « ou » qui indique que l'on a plusieurs manières de former un groupe verbal; ce symbole est l'**accolade.** Ainsi on écrira :

$$
\text{GV} \rightarrow
\begin{cases}
\text{V} \\
\text{V} & + \text{GN} \\
\text{V} & + \text{GN} + \text{GP} \\
\text{Cop} & + \text{Adj} \\
\text{Cop} & + \text{GN} \\
\text{Cop} & + \text{Adv} \\
\text{Cop} & + \text{GP}
\end{cases}
\begin{cases}
\text{le groupe du verbe est} \\
\text{formé soit d'un verbe,} \\
\text{soit d'un verbe suivi} \\
\text{d'un groupe du nom,} \\
\text{soit de la copule suivie} \\
\text{d'un adjectif, etc.}
\end{cases}
$$

8

Le nom : sous-classes et catégories

1. Qu'est-ce qu'un nom?

Le groupe du nom, sous sa forme la plus simple, est formé d'un nom précédé d'un déterminant :

$$GN \rightarrow D + N$$

1. Fonctionnement syntaxique.

Le nom est le constituant essentiel du groupe du nom, c'est-à-dire du groupe qui peut être le sujet d'une phrase minimale; il est (ou peut être) précédé d'un déterminant.

Parmi les mots *jardin, ouvert, Laurent, demandait, puisque, fréquent, prudence, nous, Paris,* seuls seront rangés parmi les noms les mots *jardin, Laurent, prudence, Paris.*

En effet, ces quatre mots peuvent faire partie d'un groupe du nom qui prend la place de A dans une phrase minimale du modèle :

A est B : *Le jardin est grand*
ou A fait B : *Laurent fait son devoir.*

Parmi les noms, les uns, les plus nombreux, sont normalement précédés d'un déterminant :

{ LE JARDIN *est grand.*
 MON JARDIN *est grand.*
 CE JARDIN *est grand.*

{ LA PRUDENCE *est nécessaire.*
 CETTE PRUDENCE *est nécessaire.*
 SA PRUDENCE *est nécessaire.*

D'autres noms ne sont pas ordinairement précédés d'un déterminant, mais ils peuvent l'être dans certains cas :

{ LAURENT *est arrivé.*
 MON LAURENT *fait ses devoirs.*

$\begin{cases} \text{PARIS } se \ reconstruit. \\ \text{CE PARIS } est \ inconnu. \end{cases}$

En revanche, *nous*, qui peut être sujet et avoir le rôle d'un groupe du nom, ne peut pas être précédé d'un déterminant : ce n'est pas un nom.

Tout mot qui, avec un déterminant, constitue le groupe du nom sujet est un nom, même si, dans d'autres phrases, il appartient à une classe différente.

Ainsi, *bleu*, qui est adjectif dans *Cette robe est bleue*, est un nom dans la phrase :

CE BLEU *est lumineux.*

De même, *dehors*, qui est adverbe dans *Attendez-moi dehors*, est un nom dans la phrase :

L'affaire se présente sous des dehors engageants.

2. Le sens.

Les noms peuvent désigner des êtres animés *(homme, chien, Jacques)* ou des objets matériels *(vase, voiture, livre)* ; ils désignent souvent aussi des qualités *(beauté, grandeur)* ou des actions *(nettoyage, départ)*, c'est-à-dire des notions très diverses, qui pourraient convenir aussi bien à une définition des adjectifs (qualité) ou des verbes (action). C'est pourquoi il est préférable de définir la classe des noms non par le sens des mots qui la constituent, mais par le fonctionnement syntaxique qui est le leur.

L'ensemble des noms (classe des noms) peut être divisé en plusieurs groupes, ou sous-classes, et de diverses façons. Chaque nom peut appartenir à plusieurs sous-classes.

2. Noms communs et noms propres.

On distingue des noms communs et des noms propres :

Lapin, courage, livre sont des noms communs.
François, Hugo, Marseille sont des noms propres.

1. Fonctionnement syntaxique.

Quelle est la principale différence syntaxique entre ces deux sous-classes? Les groupes du nom dans lesquels entrent les noms communs ont normalement un déterminant, du moins dans la fonction sujet, alors que les groupes du nom dans lesquels entrent les noms propres n'ont pas de déterminant exprimé :

LE LAPIN *est craintif.* / GEORGES *est heureux.*

Toutefois, certains noms, comme les noms de pays ou de régions *(la France, la Touraine)* et les noms d'habitants *(un Français, un Grenoblois)*, sont classés parmi les noms propres, quoique précédés d'un déterminant exprimé. Inversement, le déterminant peut, dans certains cas (avec un adjectif, une relative), être exprimé devant les noms propres de ville ou de personne, etc. :

LE PETIT GEORGES *dont je te parle est le cadet de la famille.*

Parmi les noms propres, on distingue donc :

— ceux qui ne sont pas précédés d'un déterminant exprimé (prénoms, noms de famille, noms de ville, etc.);
— ceux qui sont normalement précédés d'un déterminant, comme les noms de pays, de cours d'eau : *la France, le Danemark, le Rhône ;*
— ceux qui sont ou non précédés d'un déterminant, comme les noms d'époque : *la Noël (à Noël).*

Même lorsque les noms propres sont précédés d'un déterminant, dans les groupes de noms sujets, ils peuvent se distinguer des noms communs, dans d'autres fonctions, par certaines particularités syntaxiques; par exemple, le jeu des prépositions *dans* et *en* est différent pour les noms communs et les noms propres :

Je vais DANS MA PROPRIÉTÉ. / *Je vais* EN ITALIE.

2. Le sens.

La différence grammaticale constituée par la présence du déterminant ne suffit donc pas à distinguer toujours un nom commun d'un nom propre. Si on considère le sens des noms de chacune des classes, on constate que les noms communs s'appliquent à tous les êtres ou à toutes les choses d'une même espèce, d'une même catégorie, alors que les noms propres, comme les pronoms personnels *je* et *tu*, ne s'appliquent en général qu'à des êtres ou des objets individualisés : *chaise* désigne un objet qui appartient à la classe des objets répondant tous à la même définition (celle de « chaise »); *Paris* désigne une ville bien précise; il n'y a pas de classe de villes nommées « Paris ». Mais cela n'est pas toujours vrai; ainsi, les noms d'habitants sont classés parmi les noms propres, bien qu'ils désignent des catégories.

On peut finalement définir la classe des noms propres en énumérant simplement les types de noms compris dans cette classe : prénoms, noms de pays ou de leurs habitants, noms de ville, de montagne, de cours d'eau. Les autres noms constituent alors la classe des noms communs.

3. L'écriture.

Dans l'écriture, les noms propres se distinguent en français des noms communs par le fait qu'ils commencent par une **majuscule**.

4. Passage du nom propre au nom commun.

On emploie un nom propre comme nom commun pour désigner non pas un individu, mais un type d'hommes qui lui ressemblent, non pas une région, mais une chose à laquelle le nom de cette région est attaché, etc. :

Cet homme est un vrai TARTUFFE (c'est-à-dire un hypocrite).
Il a commandé une bouteille de BOURGOGNE (c'est-à-dire de vin de Bourgogne).

Dans ce cas, le nom propre devenu nom commun s'écrit avec une minuscule.

3. Noms humains, noms animés et noms non-animés.

On observe certaines différences syntaxiques selon qu'un nom désigne un être humain, un être animé en général (homme ou animal) ou une chose (objet non-animé).

1. La classe des noms humains.

Considérons les deux questions :

QUI *vois-tu?* QUE *vois-tu?*

La première appelle une réponse telle que :

Je vois LE GARAGISTE, LES PASSANTS, UNE FEMME, PIERRE.
Je vois QUELQU'UN. *Je ne vois* PERSONNE.

La seconde appelle une réponse telle que :

Je vois UNE VOITURE, LE TABLEAU, DES FLEURS.
Je vois QUELQUE CHOSE. *Je ne vois* RIEN.
Je vois UN CHAT, DES POISSONS.

Ainsi, aux noms de la classe des humains correspond une certaine série de mots grammaticaux, par exemple les pronoms *qui, quelqu'un, personne*, et aux noms de la classe des non-humains (choses et animaux) correspond une autre série, par exemple les pronoms *quoi, quelque chose, rien*.

2. La classe des noms animés et la classe des noms non-animés.

C'est sur la distinction entre les noms animés (humains + animaux) et les noms non-animés (objets + choses) que se fondent certaines règles grammaticales. Ainsi les noms animés varient en général en genre selon le sexe de la personne (ou de l'animal), alors que les seconds ont un genre grammatical fixe :

le paysan / la paysanne ; le fauteuil / la chaise.

4. Noms concrets et noms abstraits.

On distingue les noms concrets et les noms abstraits. Cette distinction correspond à une différence de fonctionnement grammatical et à une différence de sens.

1. Fonctionnement grammatical.

Les noms abstraits sont en rapport
— soit avec un verbe, ou un groupe de mots comprenant un verbe (locution verbale) :

course-courir ; chute-tomber ; idée-penser ;

— soit avec un adjectif :

légèreté-léger ; fraîcheur-frais.

L'emploi d'un nom abstrait permet d'exprimer d'une autre façon une idée qui peut être exprimée au moyen d'un verbe ou d'un adjectif :

Le train part → le départ du train.
Le chemin est long → la longueur du chemin.

Beaucoup de noms abstraits dérivent ainsi d'adjectifs ou de verbes. A l'inverse, les noms concrets sont le point de départ d'adjectifs ou de verbes dérivés :

livre → livresque ; caramel → caraméliser.

2. Le sens.

Les noms concrets désignent des êtres ou des choses qui appartiennent au monde extérieur, à la réalité, qui sont perceptibles par la vue, le toucher, etc., ou que l'on imagine appartenir à ce monde (monde de l'imagination) :

enfant, maison, Jupiter, fantôme, etc.

Les noms abstraits désignent des actions, des qualités, des états, des propriétés reconnues aux êtres ou aux choses :

arrachage, maturité, espoir, poids.

REMARQUE. Le même nom peut être tantôt abstrait, tantôt concret. Dans la phrase :

La CONSTRUCTION *de cette maison a été rapide,*

construction est abstrait : c'est l'action de construire.

Mais dans la phrase :

On a abattu de vieilles CONSTRUCTIONS,

constructions est concret : ce sont les maisons construites.

5. Noms comptables et noms non-comptables.

On distingue les noms comptables des noms non-comptables.

1. Fonctionnement syntaxique.

Considérons les phrases suivantes :

Pierre traverse la rue. La rue est encombrée.

On peut dire au pluriel :

Pierre traverse une rue, deux rues, plusieurs rues. Les rues sont encombrées.

Si on considère, au contraire, les phrases :

On blâme l'orgueil. L'orgueil de Pierre est insupportable,

on constate qu'on ne peut pas dire :

On blâme les orgueils. Les orgueils de Pierre sont insupportables.

Les noms *rue* et *orgueil* ne sont donc pas soumis aux mêmes règles syntaxiques. Les noms qui ont, touchant le nombre, les mêmes propriétés syntaxiques que *rue* sont appelés « noms comptables », les autres sont les « noms non-comptables ».

2. Le sens.

Les noms comptables désignent des êtres ou des choses qu'on peut considérer comme des unités distinctes, qu'on peut compter. Les noms non-comptables désignent des choses qu'on se représente comme une masse indistincte, comme une matière indivisible.

Les noms non-comptables peuvent être des noms abstraits désignant des états ou des qualités : *laideur, orgueil, raffinement*. Mais ils peuvent être aussi des noms concrets, notamment des termes désignant des « matières » : *magnésium, oxygène* (on ne dit pas normalement *des oxygènes, des magnésiums*).

3. Rapports entre noms comptables et noms non-comptables.

La plupart des noms comptables peuvent s'employer comme noms non-comptables, mais avec un sens différent. Quand on dit :

Le veau est dans le pré,

veau est un nom comptable ; on peut dire : *un veau, deux veaux*, etc.

Quand on dit :

J'ai mangé du veau à midi,

veau est un nom non-comptable; il désigne non plus l'animal, mais la viande de cet animal (une matière).

Inversement, beaucoup de noms non-comptables peuvent s'employer comme noms comptables, mais avec une valeur ou un sens différents. *La curiosité, la colère, la gentillesse* sont en général des noms abstraits non-comptables; mais *des curiosités, des colères, des gentillesses* sont des noms comptables désignant des objets (ou des sites) curieux, des mouvements de colère, des actions gentilles. *L'ivoire, le vin* sont en général des noms concrets non-comptables; mais *un ivoire, des ivoires, un vin, des vins* sont des noms comptables désignant soit des objets en ivoire, soit des qualités diverses d'ivoire ou de vin.

6. Noms masculins et noms féminins : le genre.

Tous les noms, communs ou propres, animés ou non-animés, concrets ou abstraits, comptables ou non-comptables, se répartissent en deux catégories, masculin et féminin, qu'on appelle des «genres».

1. Fonctionnement grammatical.

Dans les phrases :

Je regarde LA TÉLÉVISION, *Je regarde* LE CIEL,

on peut remplacer *télévision* par *mer, Loire, cigogne,* etc., et *ciel* par *livre, Rhône, corbeau,* etc., mais on ne peut pas remplacer *télévision* par *livre* sans changer en même temps le déterminant *la* en *le,* etc.

On a donc deux genres pour les noms :

— le **masculin,** qui comprend les noms pouvant être précédés de *le* ou *un :*

Le mur, un fauteuil sont des masculins;

— le **féminin,** qui comprend les noms pouvant être précédés de *la* ou *une :*

La porte, une chaise sont des féminins.

2. Le sens.

La différence des genres ne joue pas le même rôle pour tous les noms.

● Dans la classe des non-animés, les noms ont un genre fixe, masculin ou féminin, auquel n'est attaché aucun sens particulier. On dit parfois que, dans ce cas, le genre est arbitraire : *soleil* est masculin et *lune* féminin en français, mais l'inverse peut être observé dans d'autres langues.

La différence de genre est parfois la seule marque distinctive entre deux mots de la classe des non-animés ayant la même forme, mais non le même sens (ce sont des homonymes) :

LE POÊLE *est chaud.* LA POÊLE *est chaude.*

Le cas est surtout fréquent dans la langue parlée, où les différences d'orthographe ne jouent pas :

LE COURS [kur] *est long.* LA COUR [kur] *est longue.*

● Dans la classe des animés, le genre d'un certain nombre de noms est sujet à variation. C'est dans cette classe seulement qu'un sens peut être attaché au genre (v. Chap. 9).

REMARQUES. 1. Quelques noms non-animés peuvent s'employer, sans différence de sens, au masculin ou au féminin : *un* ou *une après-midi; un* ou *une après-guerre.*

2. Les mots *amour*, *délice* et *orgue* sont masculins au singulier et féminins au pluriel :

Il l'aimait d'un amour fou. | *Il avait connu de folles amours* (langue littéraire).

Ce gâteau est un délice. | *C'étaient chaque jour de nouvelles délices* (langue littéraire).

Cette fugue a été jouée sur un orgue ancien. | *Les grandes orgues résonnent.*

Symbolisation

Tous les noms peuvent être répartis en une série de sous-classes. Autrement dit, chaque nom est un nom commun ou un nom propre, un nom animé ou non-animé, comptable ou non-comptable, et ainsi de suite. Par exemple, *Pierre* est un nom propre, animé, humain, concret, etc.

On peut symboliser cette appartenance à une sous-classe par une caractéristique ou **trait** : si le nom possède cette caractéristique, ce trait, on fera précéder cette propriété du signe + ; s'il ne la possède pas, on la fera précéder du signe —.

Si on reprend l'exemple de *Pierre*, on dira que celui-ci est (chaque trait étant mis entre crochets) :

[—commun], [+animé], [+humain], [+concret], [+comptable]...

En revanche, *laideur* est :

[+commun], [—animé], [—humain], [—concret], [—comptable]...

9

Le nom : la variation en genre

1. Genre naturel et genre grammatical.

Alors que, dans la classe des non-animés, le genre des noms (masculin ou féminin) est imposé par la langue, sans liberté de choix *(le fauteuil, la chaise)*, dans la classe des animés le genre adopté peut résulter d'un choix entre le masculin et le féminin, tous deux possibles *(le concierge ; la concierge ; le chat ; la chatte)*. On dit que ces derniers sont variables en genre. Ainsi, dans la classe des animés (humains + animaux), beaucoup de noms ont un masculin et un féminin :

> UN ÉLÈVE *est absent*. UNE ÉLÈVE *est absente*.
> CE CHIEN *est blanc*. CETTE CHIENNE *est blanche*.

La différence entre les genres correspond alors à la différence entre les sexes : **masculin** pour les êtres **mâles**, **féminin** pour les êtres **femelles**.

Le masculin ou le féminin des noms à genre variable est appelé **genre naturel**, par opposition au genre fixe ou arbitraire des autres noms, appelé **genre grammatical**.

2. Les noms humains.

Dans la classe des humains, la plupart des noms peuvent avoir les deux genres, selon qu'ils désignent des hommes ou des femmes :

> LE VENDEUR *est poli*. LA VENDEUSE *est polie*.

Toutefois, certains noms n'ont que le masculin : *un censeur, un magistrat, un conjoint* peuvent désigner une femme aussi bien qu'un homme. En cas de nécessité on peut préciser : *une femme censeur, une femme magistrat*, etc.

D'autre part, certains noms uniquement féminins désignent des hommes *(une sentinelle, une vigie)* et certains noms uniquement masculins désignent des femmes *(un mannequin, un bas-bleu)*.

3. Les noms d'animaux.

Un très grand nombre de noms d'animaux ont un genre unique, comme les noms de choses ; mais les noms des animaux domestiques et les noms des animaux sauvages les plus connus ont les deux genres :

coq / poule ; chien / chienne ; lion / lionne.

Quand il y a un genre unique, la distinction des sexes est exprimée par l'addition des mots *mâle* et *femelle* :

un rhinocéros mâle / un rhinocéros femelle ;
une girafe mâle / une girafe femelle.

4. L'opposition entre les noms animés et les noms non-animés exprimée par le genre.

Pour certains noms, l'opposition du masculin et du féminin correspond à une opposition entre la classe des animés et celle des non-animés. Ainsi on constate souvent l'existence d'un masculin et d'un féminin pour la classe des animés et d'un genre unique pour la classe des non-animés :

> *un moissonneur ; une moissonneuse* (une personne qui moissonne) ;
> *une moissonneuse* (une machine qui sert à moissonner).

5. Le masculin générique.

Le masculin s'emploie souvent pour désigner n'importe quel représentant de l'espèce, sans considération de sexe ; c'est le masculin générique :

L'homme est un être doué de raison (« homme » = homme et femme).
Le chien est fidèle (« chien » = chien et chienne).

6. La formation du féminin.

Quand on parle de la formation du féminin, il s'agit seulement des noms de la classe des animés où la variation de la forme du mot permet d'exprimer la distinction des sexes.

1. Langue écrite.

● Le féminin se forme par l'addition d'un *e* au masculin, sauf pour les noms qui se terminent déjà par un *e* :

un avocat | une avocate ; un architecte | une architecte.

— Cette addition du *e* entraîne parfois une modification de la forme du masculin ; ainsi les noms en *-er* ont un féminin en *-ère* :

un fermier | une fermière.

— Les noms terminés en *-et, -el, -on, -ien* doublent la consonne finale, ainsi que *paysan, Jean* et *chat* :

Gabriel | Gabrielle ; baron | baronne ;
gardien | gardienne ; Jean |Jeanne.

— Les noms terminés en *-eau* ont un féminin en *-elle* :

jumeau | jumelle.

— Les noms terminés en *-eur* ont un féminin en *-euse*, et ceux qui ont le suffixe *-teur* ont le plus souvent un féminin en *-trice* :

un vendeur | une vendeuse ; un instituteur | une institutrice.

— Quelques noms terminés en *-f* ont un féminin en *-ve* :

un veuf | une veuve.

— Certains féminins se font par l'addition du suffixe *-esse* :

un prince | une princesse.

● Le féminin se forme aussi par le recours à un mot entièrement **différent** du masculin :

un homme | une femme ; un singe | une guenon ;
un canard | une cane.

2. Langue parlée.

Les différences entre le masculin et le féminin sont quelquefois plus importantes que ne l'indique l'écriture ; il y a une différence dans la prononciation du masculin et du féminin, comme le souligne la transcription phonétique.

● Ainsi le féminin s'oppose au masculin :

— soit par l'addition d'une consonne, avec ou sans modification de la voyelle finale du masculin :

avocat | avocate   *lion | lionne*
[avɔka] [avɔkat]   [ljɔ̃] [ljɔn]

— soit par l'addition ou la modification de plusieurs sons à la finale du masculin :

prince / princesse *instituteur / institutrice*
[prɛ̃s] [prɛ̃sɛs] [ɛ̃stitytœr] [ɛ̃stitytris]

— soit par le recours à un mot différent :

homme / femme *singe / guenon* *canard / cane.*
[ɔm] [fam] [sɛ̃j] [gənɔ̃] [kanar] [kan]

● Pour les noms qui ont une forme commune aux deux genres *(concierge, élève, enfant),* la marque du féminin apparaît seulement dans le déterminant ou dans l'accord des adjectifs :

L'élève est attentif. *Le concierge est poli.*
L'élève est attentive. *La concierge est polie.*

10

Le nom : la variation en nombre

1. Le singulier et le pluriel.

On a vu qu'un nombre limité de noms, appartenant à la classe des animés, peuvent varier en genre. Il existe une autre variation, concernant cette fois une autre classe de noms, les noms comptables : c'est la variation en **nombre**.

Comparons les couples de phrases suivants :

Je lis LE JOURNAL. *Je lis* LES JOURNAUX.
Il interrompt SON TRAVAIL. *Il interrompt* SES TRAVAUX.
J'ai UN SAC. *J'ai* DEUX SACS.

La différence de forme entre les groupes du nom *le journal* et *les journaux, son travail* et *ses travaux, un sac* et *deux sacs* correspond au fait que, dans chacun de ces couples, le premier nom désigne une seule chose ou un seul être et que, dans le second, il en désigne plusieurs.

La forme que prend le groupe du nom quand le nom désigne une seule chose ou un seul être s'appelle le **singulier;** la forme qu'il prend quand le nom en désigne plusieurs s'appelle le **pluriel :** *le journal* est au singulier, *les journaux* est au pluriel. Le singulier et le pluriel sont les deux nombres du nom en français.

2. Noms ayant un seul nombre.

Certains noms ne varient pas en nombre.

● Il y a des singuliers sans pluriel correspondant; par exemple, des adjectifs employés comme noms :

Il plaide LE FAUX *pour savoir* LE VRAI.

Dans cette phrase, on ne peut pas mettre au pluriel *le faux, le vrai.* Ces mots appartiennent à la classe des noms singuliers.

● Il y a des pluriels sans singulier correspondant :

des affres, des alentours, des appas, des archives, des arrhes, des armoiries, des bestiaux, des brisées, des calendes, des décombres, des entrailles, des environs, des fastes, des fiançailles, des funérailles, des frusques, des matériaux, des mœurs, des obsèques, des pierreries, des ténèbres, etc.

Certains de ces mots désignent des ensembles de choses ou d'êtres : *des frusques, des décombres, des bestiaux.* Mais d'autres ne comportent pas plus l'idée de pluralité que tel ou tel synonyme correspondant : *les ténèbres* (ou *l'obscurité*), *des arrhes* (ou *un acompte*).

Ces mots constituent une classe de noms à nombre fixe : les noms pluriels.

● Les noms non-comptables (désignant des choses qu'on ne peut pas compter) n'ont qu'un singulier. Lorsqu'ils sont au pluriel, c'est avec un sens différent ; le pluriel désigne des choses comptables :

La gentillesse (= qualité).
Les gentillesses (= actes qui manifestent cette qualité).

Ce sont donc deux mots distincts : l'un (*la gentillesse* comme qualité) est un nom non-comptable et il n'a qu'un singulier ; l'autre (*la gentillesse* comme acte) est un nom comptable : il a un singulier et un pluriel *(la gentillesse* et *faire une gentillesse, des gentillesses à quelqu'un).*

● Il y a des pluriels auxquels correspond un singulier dont le sens est différent :

des ciseaux (de couturière) / *un ciseau* (de menuisier).
les assises (d'un parti, etc.) / *l'assise* (d'un monument).
les toilettes (w.-c.) / *la toilette* (soins corporels).
montrer ses papiers (d'identité) / *ramasser un papier.*

En réalité, il y a lieu de considérer le nom singulier et le nom pluriel qui lui correspond comme deux mots distincts. Les pluriels appartiennent alors à la classe des noms pluriels (*des ciseaux* il y a *2 branches*, une paire de ciseaux = des ciseaux [de couturière]), et les singuliers à la classe des noms à nombre variable (*un ciseau /
des ciseaux* [de menuisier]).

3. Le singulier générique.

Quand on dit :

LA POIRE *est chère cet hiver,*
LE FRANÇAIS *prend ses vacances en août,*

le sens est très proche de :

LES POIRES *sont chères cet hiver,*
LES FRANÇAIS *prennent leurs vacances en août.*

La poire, le Français désignent, dans ces phrases, non seulement une poire ou un Français en particulier, mais un ensemble de fruits, d'humains. Le singulier ainsi employé à la place d'un pluriel est appelé « singulier générique. »

4. La formation du pluriel.

● Le pluriel est le plus souvent différent du singulier dans le groupe du nom, mais il arrive que le déterminant seul change de forme, le nom restant sans changement.

● Dans la langue **écrite,** le pluriel se forme, dans la plupart des noms, en ajoutant un *s* à la forme du singulier :

une table | des tables ; un enfant | des enfants.

Quand le singulier se termine déjà par un *s* (ou par *x, z*), le nom garde la même forme au pluriel :

un tas | des tas ; une croix | des croix ; un gaz | des gaz.

Mais, cet *s* de pluriel n'étant pas prononcé, il n'y a généralement pas de différence dans la langue parlée entre un nom singulier et un nom pluriel. Ainsi :

le mur [lə myr] *| les murs* [le myr].

● Dans la langue **écrite,** quelques noms reçoivent un *x* au lieu d'un *s*. Ce sont :

— les noms terminés au singulier par *-au, eau, -eu :*
des tuyaux, des manteaux, des cheveux ;

— sept noms en *-ou :*
des bijoux, des cailloux, des choux, des genoux, des hiboux, des joujoux, des poux (mais : *des clous, des trous,* etc.).

Cet *x* du pluriel ne se prononce pas non plus :
un hibou [ɶ̃ ibu] / *des hiboux* [de ibu].

● Dans la langue **écrite** et la langue **parlée :**

— les noms terminés au singulier par *-al* [al] ont le pluriel en *-aux* [o] :

un journal / *des journaux.*
[ɶ̃ ʒurnal] [de ʒurno]

Quelques noms en *-al* font cependant exception à cette règle et prennent un *s* au pluriel. On dit par exemple :

des bals, des carnavals, des cérémonials,
des chacals, des chorals, des festivals,
des gavials, des récitals, des régals.

— Parmi les noms en *-ail* [aj], quelques-uns ont aussi le pluriel en *-aux* [o]. Ainsi :

des baux, des coraux, des émaux,
des soupiraux, des travaux, des vantaux, des vitraux.

Mais les autres sont en *-ails :*

des détails, des éventails, etc.

● Le mot singulier et le mot pluriel sont différents pour *œil, ciel, aïeul ;* en revanche *œuf* et *bœuf* suivent la règle normale de la langue écrite (addition de *s*) ; mais dans tous les cas le son final du pluriel est [ø] (œ fermé) et il diffère du son final [œ] (œ ouvert) du singulier :

œil / *yeux ;*   *œuf* / *œufs ;*
[œj]   [jø]   [œf]   [ø]

ciel / *cieux ;*   *bœuf* / *bœufs.*
[sjɛl] [sjø]   [bœf]   [bø]

aïeul / *aïeux ;*
[ajœl] [ajø]

Toutefois, on dit : *des ciels de lit, les ciels d'un peintre, des œils-de-bœuf, des aïeuls* (au sens de grands-parents).

● Quelques noms empruntés à des langues étrangères restent invariables :

des amen, des interim, des veto.

Certains gardent le pluriel de la langue d'origine :

un soprano | des soprani ;
un maximum | des maxima ;
un barman | des barmen ;
un lied | des lieder.

Mais on tend à les soumettre aux règles du français *(des lieder* ou *des lieds).*

● Les **noms propres** de personnes prennent la marque du pluriel quand ils désignent des familles royales *(les Bourbons)* ou illustres *(les Condés),* les modèles ou les types *(les Hugos),* les œuvres artistiques *(des Renoirs),* mais restent invariables quand ils désignent les membres d'une famille *(les Martin),* ou quand il sont pris dans un sens emphatique *(les Molière).*

● Les **noms composés** obéissent à des règles particulières :

Les noms composés d'un adjectif et d'un nom ou de deux noms en apposition prennent la marque du pluriel sur les deux mots.	*un coffre-fort	des coffres-forts ; un chou-fleur	des choux-fleurs.*
Les noms composés de deux verbes, d'une phrase, de prépositions ou d'adverbes restent invariables.	*un laissez-passer	des laissez-passer ; un va-et-vient	des va-et-vient.*
Les noms composés d'un nom suivi d'un complément introduit ou non par *de* ne prennent la marque du pluriel que sur le premier mot.	*un chef-d'œuvre	des chefs-d'œuvre ; un timbre-poste	des timbres-poste.*
Les noms composés formés d'une préposition et d'un nom sont tantôt variables, tantôt invariables, selon les cas (v. DICTIONNAIRE DU FRANÇAIS CONTEMPORAIN).	*un après-midi	des après-midi ; un avant-poste	des avant-postes.*
Les noms composés d'un verbe et de son complément sont le plus souvent invariables, mais les exceptions sont nombreuses. Il faut se reporter au dictionnaire.	*un abat-jour	des abat-jour ; un tire-bouchon	des tire-bouchons.*

5. Comparaison du genre et du nombre.

Classes	Genre		Nombre	
FIXES	masc. : *le fauteuil*		sing. : *le vrai* *la gentillesse* (qualité)	
	fém. : *la chaise*		plur. : *les mœurs* *les ciseaux* (de couturière)	
À VARIATION	masc./fém. : *le chat* / *la chatte*		sing./plur. : *le chat* / *les chats* *le ciseau* (de menuisier) / *les ciseaux* (de menuisier) *une gentillesse* (acte) / *des gentillesses* (actes)	
	INDIVIDUEL	GÉNÉRIQUE	INDIVIDUEL	GÉNÉRIQUE
	masc./fém. : *le chat* / *la chatte*	masc. : *le chat* [*est un félin*]	sing./plur. : *le chat* / *les chats* *la chatte* / *les chattes*	sing. : *le chat* [*est un félin*]

11

Les déterminants

1. Le déterminant, constituant du groupe du nom.

Le déterminant est un des éléments constituants du groupe du nom; sa présence est normale, en particulier quand le groupe du nom a la fonction de sujet. * *Livre est sur table* n'est pas une phrase française; il faut que le nom soit **précédé** d'un déterminant, par exemple :

LE *livre est sur* LA *table.* UN *livre est sur* LA *table.*

Des mots comme *le, un, ce, mon, la, une*, etc., appartiennent à la classe des déterminants. Ils fournissent des indications sur la manière dont on se représente l'objet ou l'être désignés par le nom : ces objets ou ces êtres sont présentés comme connus avec précision, ou désignés *(le, ce)*, ou indéterminés *(un)*; ils sont rapportés à quelqu'un ou à quelque chose *(mon, ton, son)* ; ils sont l'objet d'une question *(quel?)*, etc.

Comme les déterminants sont en général variables en genre et en nombre, ils permettent souvent de distinguer, en particulier dans la langue parlée, le masculin *(le concierge)* du féminin *(la concierge)*, le singulier *(le discours)* du pluriel *(les discours)* quand les noms ne connaissent pas de variations de genre ou de nombre.

2. Les classes de déterminants.

1. Les six classes.

En considérant le fonctionnement syntaxique et le sens de tous les mots qui, précédant le nom, peuvent se substituer les uns aux autres, on peut ranger les déterminants en six classes (dans ce chapitre on n'indiquera comme exemple que le masculin singulier) :

les **articles** : *le, un, du,* etc.;

les **démonstratifs** : *ce, cet,* etc.;

les **possessifs** : *mon, ton, son, notre, votre, leur,* etc.;

l'**interrogatif**, l'**exclamatif** et le **relatif** : *quel, quels,* etc.; *lequel, laquelle,* etc.;

les **numéraux** : *deux, cent,* etc.;

les **indéfinis** : *tout, quelques, chaque, autre, plusieurs,* etc.

2. Comment distinguer les classes par leur fonctionnement syntaxique ?

On peut regrouper ces déterminants en deux ensembles selon qu'ils peuvent ou non se combiner entre eux devant un même nom :

● On ne peut pas associer un article et le démonstratif (**le ce livre* est impossible), ni un article et un possessif (**le mon livre* est impossible), ni le démonstratif et un possessif (**ce mon livre* est impossible), etc. Les articles, les démonstratifs et les possessifs peuvent se substituer les uns aux autres devant le nom, mais ils ne peuvent pas se combiner entre eux.

● Au contraire, les numéraux *(deux, cent)* et les indéfinis *(autre, tous,* etc.) peuvent être associés pour la plupart aux articles, aux démonstratifs ou aux possessifs : *tous les livres, ces quelques livres, mes deux autres livres.* Ces déterminants et l'interrogatif *(quel ?)* peuvent aussi être associés entre eux, du moins dans certains cas : *plusieurs autres livres, quel autre livre ?*

Le fonctionnement syntaxique de ces deux groupes de déterminants est donc différent.

3. L'absence de déterminant.

Le déterminant n'est pas exprimé :

● avec les **noms propres** de personne, les noms de ville ou de cours d'eau, etc. :

PIERRE *se promène* à PARIS.

On explique cette absence de déterminant par le fait que les noms propres sont définis par eux-mêmes et qu'il n'y a pas lieu de les déterminer plus précisément. On remarque en effet que les noms propres ordinairement accompagnés d'un déterminant sont précédés de l'article défini :

> LA TOURAINE *est une des plus belles régions du centre de* LA FRANCE.

● avec des **locutions verbales** ou **nominales,** c'est-à-dire avec certains groupes du nom ou du verbe dont les constituants sont étroitement dépendants les uns des autres pour le sens et pour la forme :

> *faire grâce, prendre soin, aller nu-pieds,* etc.

● avec les **appositions** de groupes du nom :

> *Paris,* CAPITALE *de la France.*

● avec les noms **attributs** qui jouent un rôle d'adjectifs :

> *Pierre est* INGÉNIEUR (= Pierre est un ingénieur).

● avec des **groupes du nom compléments** précédés d'une préposition; le déterminant, s'il avait été exprimé, aurait été indéfini *(un) :*

> *une table de* MARBRE *vert, voyager par* AVION, *un collier en* ARGENT, *marcher avec* PEINE, *être sans* INQUIÉTUDE.

REMARQUE. Le déterminant, l'article en particulier, n'est pas exprimé dans les proverbes ou dans les énumérations :

> PIERRE *qui roule n'amasse pas* MOUSSE.
> *Il ramasse tout :* FERRAILLE, CHIFFONS, VIEUX VÊTEMENTS.

12

Les articles

1. Les articles : forme, syntaxe et sens.

1. Les articles sont les déterminants les plus simples du groupe du nom; ils précèdent le nom :

— quand on ne le désigne pas de manière très précise (par opposition au démonstratif);

— quand on n'indique pas son appartenance, sa relation à quelqu'un ou à quelque chose (par opposition au possessif);

— quand on ne pose pas sur le nom une question (par opposition à l'interrogatif);

— quand on ne donne pas avec précision son nombre, au pluriel (par opposition aux numéraux), etc.

2. Selon leur forme et leur emploi, on distingue l'**article défini**, l'**article indéfini** et l'**article partitif**.

● Supposons que quelqu'un soit là. Si on ne sait rien de particulier à son sujet, on dira :

UN *homme est là.* UNE *femme est là ;*

et, s'il y a plusieurs personnes :

DES *hommes sont là.* DES *femmes sont là.*

Le déterminant *un* (féminin *une*, pluriel *des* aux deux genres) est appelé « article indéfini ». Il s'emploie devant un nom désignant un être ou une chose dont il n'a pas encore été question, qui ne sont pas présentés comme connus :

UN *client a téléphoné pour toi.*

REMARQUE. Devant un nom précédé d'un adjectif, on emploie souvent *de* à la place de l'article indéfini *des :*

Nous avons fait de belles excursions ou *des belles excursions.*

● Si la personne dont il s'agit est connue, ou attendue, on dira :

LE *livreur est venu. J'ai pris rendez-vous avec* LA *coiffeuse;* et, s'il s'agit de plusieurs personnes :

Les hommes sont là. Les femmes sont là.

Le déterminant *le* (féminin *la*, pluriel *les* aux deux genres) est appelé « article défini ». Il s'emploie devant un nom désignant un être ou une chose qui sont présentés comme connus

— soit par l'expérience commune :

LE *soleil,*

— soit parce qu'il en a été question :

Un homme est venu... L'homme était grand,

— ou par les précisions qu'apportent des relatives, des adjectifs, des compléments du nom, etc. :

L'homme qui est venu était grand. Nettoie LE *linge sale.*

● Combinées avec les prépositions *à* et *de*, les formes *le* et *les* de l'article défini deviennent *au, aux, du, des* (article défini contracté) :

Il s'adresse AU *fils* DU *voisin,* AUX *enfants* DES *voisins.*
Elle n'est pas encore revenue DU *marché.*

Devant une voyelle ou un *h* muet, *le, la* se réduisent *l'* (article défini élidé) :

L'été. L'habitude.

● Il y a une différence de sens entre :

Il mange DU *fromage | Il mange* LE *fromage.*
Prends DU *pain | Prends* LE *pain.*

Dans la première phrase de chaque paire de phrases, on désigne une partie de la « matière » *(du fromage, du pain)*, dans la seconde on désigne la totalité d'un fromage ou un pain précis, déterminé. Le changement de sens correspond à l'emploi de *du* ou de *le*.

L'article *du* (féminin *de la*, pluriel *des*) qui résulte de l'association de la préposition *de* et de l'article défini ([une partie] *du* fromage) est alors considéré comme un article distinct, l' « article partitif » :

Mange DU *pâté. Mange* DE LA *confiture. Mange* DES *rillettes.*
Prends encore DES *épinards.*

2. Les articles et l'expression de la quantité.

● L'article indéfini *un* est un emploi particulier du déterminant numéral *un ;* il exprime à la fois l'unité et l'indétermination.

● Au singulier, *un, une* s'opposent à *le, la,* en ce sens qu'avec l'article indéfini on laisse entendre qu'il y a d'autres êtres ou d'autres choses de la même catégorie, tandis qu'avec l'article défini le nom désigne un être ou une chose considérés comme **uniques :**

> UN *élève est absent*   (parmi ceux de la classe).
> L'*élève est absent*   (le seul dont il soit présentement question).

● Au pluriel, l'imprécision attachée à l'article indéfini *des* porte à la fois sur l'identité et sur la quantité : quand on dit *des élèves,* on n'indique ni lesquels, ni combien.

L'article indéfini *des* indique qu'il s'agit d'une partie et non de la totalité des êtres ou des choses d'une catégorie. Il s'oppose par là à l'article défini *les* qui exprime la totalité :

> DES *élèves sont absents*   (la classe est incomplète).
> LES *élèves sont absents*   (la classe est vide).

● L'article indéfini pluriel *des* et l'article partitif singulier *du* ont donc une valeur commune : ils expriment l'un et l'autre la notion de **partie** d'un ensemble ou d'un tout. Leur différence d'emploi tient au fait que l'article indéfini accompagne en principe des noms comptables et l'article partitif des noms non-comptables, mais certains noms comptables peuvent devenir des noms comptables et réciproquement (v. Chap. 8).

Dans la classe des noms pluriels, l'article indéfini et l'article partitif ont à peu près le même sens et il est parfois difficile de les distinguer; comparons les phrases :

> *Il a repris* DES *rillettes*

(*des* est un partitif, car *rillettes* est un nom non-comptable, toujours au pluriel),

> *Il a repris* DES *champignons*

(*des* est ici un partitif ou un indéfini, *champignon* étant non-comptable au sens de « plat de champignons » et comptable au sens de « plante comestible »).

13

Les déterminants démonstratifs

1. Les déterminants démonstratifs : syntaxe, sens et formes.

1. Syntaxe.

Les déterminants démonstratifs *ce, cet, cette, ces* ne peuvent être ni précédés ni suivis d'un article ou d'un déterminant possessif :

*Ce le garçon, *ce mon garçon ne sont pas français.

Ils peuvent être suivis d'un déterminant numéral ou de certains indéfinis :

CES *deux enfants.* CES *quelques mots.* CET *autre côté.*

2. Sens.

Les déterminants démonstratifs servent à désigner, à indiquer un être ou une chose : on les appelle aussi des **déictiques.** Ils peuvent accompagner un nom désignant un être ou une chose qui sont présents dans la situation de communication :

Regardez CE *chien : il va sauter la barrière.*
Je vous prête CETTE *photo, mais rendez-la-moi.*

Les déterminants démonstratifs peuvent indiquer aussi ce dont on vient de parler ou dont on va parler :

J'ai acheté un appartement. CET *appartement est petit.*
Retenez bien CETTE *adresse : 17, rue du Montparnasse.*

3. Formes.

● Le choix entre *ce* et *cet* (masculins tous deux) dépend de l'initiale du mot qui suit le démonstratif : on emploie *cet* devant un mot commençant par une voyelle ou un *h* muet :

CE *garçon.* CE *vieux château.*
CET *enfant.* CET *homme.* CET *ancien château.*

● La variation en **genre** se marque au singulier par l'opposition entre *ce, cet* (masculin) et *cette* (féminin). L'opposition entre *cet* et *cette* n'est pas observable dans la langue orale, puisque les deux mots se prononcent [sɛt] :

> CE *garcon* / CETTE *fille.*
> CET *arbre* [sɛtarbr] / CETTE *plante* [sɛtplãt].

● La variation en **nombre** se marque par l'opposition entre *ce, cet, cette* (singulier) et *ces* (pluriel); c'est-à-dire qu'au pluriel la variation en genre n'apparaît pas dans le démonstratif (on a constaté le même phénomène pour les articles) :

> CE *garçon,* CET *enfant,* CETTE *fille* / CES *garçons,* CES *filles.*

2. Formes et emplois particuliers des démonstratifs.

● Le groupe du nom comprenant un démonstratif est parfois précisé par les particules *-ci* et *-là* placées après le nom. En principe, *-ci* s'applique à ce qui est plus proche dans l'espace ou dans le temps, et *-là* à ce qui est plus éloigné :

> *Il habite de* CE *côté-*CI *de la rue* (= du côté où je suis).
> *Je vais aller voir de* CE *côté-*LÀ. CES *jours-*CI, *il pleut souvent.*
> *En* CE *temps-*LÀ, *les voitures étaient rares.*

Souvent, cependant, la particule *-là* s'emploie simplement pour insister sur la valeur de désignation du démonstratif :

> *Ce travail-*LÀ *est très intéressant.*
> *Cet homme-*LÀ *nous surprendra toujours.*

● Le démonstratif s'emploie avec une valeur emphatique dans certaines expressions exclamatives marquant la surprise, l'indignation, etc. :

> CE *mensonge! J'ai reçu un de* CES *savons!*

14

Les déterminants possessifs

1. Les déterminants possessifs : syntaxe et sens.

Si on dit *Le fils de Pierre est arrivé*, on ne dit jamais en revanche **Le fils de lui est arrivé*. Un pronom personnel ne s'emploie pas comme complément d'un nom déterminé par l'article : on doit transformer la phrase de la façon suivante :

Son *fils est arrivé*.

Le déterminant *son (mon, ton)* joue le même rôle syntaxique que l'article défini; on l'appelle « possessif » parce que, dans certains de ses emplois, il exprime un rapport de possession (*sa [ma, ta]* voiture, c'est ordinairement celle qui *lui [m', t']* appartient).

Mais le déterminant possessif peut exprimer des rapports de sens très variés, comme tous les compléments de nom. Il indique essentiellement une relation avec la première, la deuxième ou la troisième personne.

Le déterminant possessif équivaut à l'ensemble formé par **l'article défini** et un **pronom personnel complément d'un nom** :

le chapeau DE MOI → MON *chapeau*
le chapeau DE TOI → TON *chapeau*.

2. Les formes des déterminants possessifs.

● Les déterminants possessifs qui contiennent les pronoms personnels des trois personnes du singulier portent, dans les mêmes conditions que l'article défini, les marques de **genre** et de **nombre** des **noms** qu'ils déterminent (au pluriel, la marque de genre n'apparaît pas) :

LE *chapeau* DE MOI → MON *chapeau* (masc. sing.).
LA *valise* DE MOI → MA *valise* (fém. sing.).
LES { *chapeaux* DE MOI } → MES { *chapeaux* (masc. plur.).
     { *valises* DE MOI }   { *valises* (fém. plur.).

65

Cependant on emploie *mon, ton, son* devant les noms ou les adjectifs féminins commençant par une voyelle ou un *h* muet : *mon amie, son habitude,* ou devant les ajdectifs commençant par une voyelle : *mon étrange mésaventure.*

● Les déterminants possessifs portent les marques de **personne** et de **nombre** des **pronoms personnels** qu'ils contiennent :

MON *chapeau,* c'est *le chapeau* DE MOI (1re personne du singulier).
TA *valise,* c'est *la valise* DE TOI (2e personne du singulier).
NOS *amis,* ce sont *les amis* DE NOUS (1re personne du pluriel).
LEUR *chien,* c'est *le chien* D'EUX (3e personne du pluriel).

Mais le **genre** du pronom personnel n'apparaît pas dans le déterminant possessif :

SON *chapeau,* c'est aussi bien *le chapeau de* LUI que *le chapeau d'*ELLE.
LEUR *chapeau* c'est aussi bien le *chapeau d'*EUX que *le chapeau d'*ELLES.

	Nom déterminé		
PERSONNE	SINGULIER		PLURIEL
	MASCULIN	FÉMININ	MASCULIN OU FÉMININ
1re	*mon chapeau*	*ma valise*	*mes chapeaux valises*
2^e	*ton chapeau*	*ta valise*	*tes chapeaux valises*
3^e	*son chapeau*	*sa valise*	*ses chapeaux valises*
1re	*notre chapeau*	*notre valise*	*nos chapeaux valises*
2^e	*votre chapeau*	*votre valise*	*vos chapeaux valises*
3^e	*leur chapeau*	*leur valise*	*leurs chapeaux valises*

3. Exceptions et emplois particuliers.

● Avec les noms désignant une partie du corps, on utilise ordinairement les **articles définis** et non les possessifs quand ces noms ne sont pas sujets :

> *Il a mal* AU *pied. Il lève* LA *tête.*

La référence à la personne est exprimée, quand c'est nécessaire, par un pronom personnel :

> *On* LUI *bande* LES *yeux. Il* SE *lave* LES *mains.*

● L'emploi du mot singulier *chacun* avec un nom ou un pronom pluriel n'empêche pas d'utiliser les formes de possessifs au « pluriel » parallèlement aux formes du « singulier » *notre (nos), votre (vos), leur (leurs)* :

> *Ces voitures ont* CHACUNE LEUR *défaut* (chacune en a un).
> *Ces voitures ont* CHACUNE LEURS *défauts* (chacune en a plusieurs).
> *On nous a indiqué à* CHACUN NOTRE *place.*
> *Ils sont partis* CHACUN *de* SON *côté,* ou CHACUN *de* LEUR *côté.*

● Le choix entre *leur* et *leurs* est parfois libre, selon qu'on veut insister soit sur chaque cas particulier, soit sur la généralité des cas :

> *Les invités ont garé* LEUR *voiture dans la cour* (chacun a garé *une voiture).*
> *Les invités ont garé* LEURS *voitures dans la cour* (cela fait beaucoup de voitures dans la cour).

4. Les adjectifs possessifs : *mien, tien, sien, nôtre, vôtre, leur.*

Il existe une série d'adjectifs correspondant aux déterminants possessifs et dérivés aussi des pronoms personnels :

> *mien, tien, sien, nôtre, vôtre, leur.*

Ces adjectifs ne s'emploient que rarement et dans des cas précis; ils ont la syntaxe des adjectifs qualificatifs. On les emploie comme attributs :

> *Cette opinion est* MIENNE. *Nous faisons* NÔTRES *vos conclusions,*

ou, dans un style ironique ou affecté, comme épithètes entre un article indéfini et un nom :

> *J'ai reçu la visite d'un* MIEN *cousin.*

15

Les déterminants interrogatif, exclamatif et relatif

1. Le déterminant interrogatif : syntaxe, formes, sens.

1. Syntaxe et sens.

Le déterminant interrogatif a les formes *quel, quels, quelle, quelles.* Il constitue avec le nom un groupe du nom. Il ne peut être ni précédé ni suivi d'un article ou d'un déterminant démonstratif ou possessif. Il indique dans les phrases interrogatives que la question porte sur l'identité ou la nature d'un être animé ou d'une chose :

— dans l'interrogation directe :

QUELLE *personne demandez-vous?* QUEL *métier exerce-t-il?*

— ou dans l'interrogation indirecte :

J'ignore à QUELLE *date il reviendra.*

L'interrogatif *quel* peut s'employer aussi comme attribut : en ce cas il ne joue un rôle de déterminant que par rapport à un nom qui n'est pas exprimé :

QUELLES *sont ses intentions?* (= quelles intentions sont ses intentions?).

2. Genre et nombre.

La variation en genre apparaît dans la langue écrite, mais non dans la langue parlée :

QUEL *jour?*   QUELLE *heure?*
[kɛl ʒur]   [kɛl œr]

La variation en nombre n'apparaît que dans la langue écrite et, oralement, dans les cas de liaison seulement (devant les mots commençant par une voyelle ou un *h* muet) :

QUEL *enfant?* QUELLE *histoire?* QUELS *enfants?* QUELLES *histoires?*
[kɛl ãfã]   [kɛl istwar]   [kɛlzãfã]   [kɛlzistwar]

2. Le déterminant exclamatif.

Le déterminant exclamatif, qui a les mêmes formes que le déterminant interrogatif, s'emploie dans les phrases exclamatives où la surprise, l'admiration, l'indignation portent sur le thème indiqué par le groupe du nom. Comme le déterminant interrogatif, il ne s'emploie pas avec un autre déterminant (article, démonstratif, possessif) :

QUEL *courage il a montré dans l'adversité!*

Il peut s'employer aussi comme attribut :

QUELLE *ne fut pas ma surprise de le voir arriver!* (= quelle surprise ne fut pas ma surprise).

3. Emplois particuliers de *quel.*

● Les locutions *n'importe quel, je ne sais quel, on ne sait quel* jouent le rôle de déterminants indéfinis (ce sont des phrases inachevées devenues de véritables déterminants composés) :

Ne mettez pas ces papiers à N'IMPORTE QUEL *endroit.*

● *Quel* entre aussi comme adjectif attribut dans des phrases subordonnées *(quel que)* exprimant soit une valeur d'indéfini, soit une valeur d'opposition (ou de concession) :

QUELLE QUE *soit sa décision, je la respecterai.*
QUEL QUE *soit son courage, il ne pourra pas résister.*

Quel s'accorde alors avec le nom sujet de la subordonnée, placé après le verbe *être.*

4. Le déterminant relatif.

Quel précédé de l'article défini *(lequel, laquelle, lesquels, lesquelles)* s'emploie comme déterminant relatif, spécialement dans un style administratif ou littéraire; le groupe formé par le nom et l'adjectif équivaut à un pronom relatif :

Je lui ai adressé une lettre recommandée, LAQUELLE *lettre ne lui a jamais été remise* (usuellement : *qui ne lui a jamais été remise*).

16

Les numéraux

1. Les déterminants numéraux : syntaxe, formes et sens.

1. Syntaxe et sens.

Les nombres *un, deux, trois, quatre*, etc., constituent la classe des déterminants numéraux. On les emploie sans article devant les noms désignant des êtres ou des choses qu'on peut compter (noms comptables) pour préciser le nombre d'unités, la quantité de choses ou de personnes. Ce sont des **quantitatifs** :

> *Il y a* DEUX *couverts sur la table.*
> *Le voyage a duré* QUATORZE *jours.*

REMARQUE. Certains déterminants peuvent indiquer des quantités imprécises (grandes ou petites) :

> *Je vous l'ai dit* VINGT *fois,* CENT *fois,* MILLE *fois* (= très souvent).
> *Je reviens dans* DEUX *minutes* (= dans très peu de temps).

Ces déterminants peuvent être aussi précédés de l'article défini (avec un complément du nom, une relative, etc.), d'un démonstratif ou d'un possessif :

> LES DEUX *chats de ma tante sont noirs.*
> *J'ai déjà lu* CES TROIS *livres. Il ne fait rien de* SES DIX *doigts.*

Ils ne sont précédés ni d'un article indéfini ni d'un article partitif.

REMARQUE. Les déterminants numéraux indiquent non le nombre, mais le rang dans les noms de souverains d'une dynastie *(Louis XI, onze)*, dans les parties d'un livre *(chapitre* SEPT) et dans les jours du calendrier *(le* DEUX *avril)*.

2. Formes des déterminants numéraux.

Les déterminants numéraux sont de forme *simple*, comme *un, deux, dix, trente, cent, mille*, ou de forme *composée*, soit par simple juxtaposition : *dix-sept, vingt-cinq*, etc.; soit par coordination :

vingt et un, quarante et un, etc.; soit par multiplication : *quatre-vingts, cinq mille,* etc.

Certains déterminants numéraux ont des formes variables dans la langue parlée, selon l'élément qui les suit (phénomène de « liaison ») :

trois ans [trwazɑ̃] / *trois jours* [trwaʒur];
huit ans [ɥitɑ̃] / *huit jours* [ɥiʒur];
vingt ans [vɛ̃tɑ̃] / *vingt jours* [vɛ̃ʒur], *vingt-cinq jours* [vɛ̃tsɛ̃ʒur];
vingt et un [vɛ̃teœ̃] / *quatre-vingt-un* [katrəvɛ̃œ̃];
cinq ans [sɛ̃kɑ̃] / *cinq jours* [sɛ̃ʒur] ou [sɛ̃kʒur].

Il ne se produit ni liaison ni élision devant *huit* et *onze* :

Écrivez ces HUIT *mots* [ekrive seɥimo].
Il est venu le ONZE *mars* [ilɛvny ləɔ̃zmars].

3. **Emploi pronominal des numéraux.**

Dans certains emplois, les numéraux non suivis d'un nom peuvent apparaître comme des noms ou des pronoms : il s'agit de déterminants dont le nom n'est pas exprimé (v. Chap. 18, nº 8) :

Nous n'étions que DEUX *dans la pièce* (= deux personnes).
DEUX *et* DEUX *font* QUATRE (= deux unités, quatre unités).

4. **Accord des numéraux.**

Les déterminants numéraux sont en règle générale **invariable :**

Ils sont QUATRE *amis.*

REMARQUE. Cependant, on met un *s* à *vingt* et *cent* quand ils sont multipliés par un nombre :

Ce livre coûte QUATRE-VINGTS *francs.*
DEUX CENTS *personnes assistaient à la séance.*

Quand un autre nombre complète *vingt* et *cent* ainsi multipliés, il est d'usage de les écrire sans *s,* quoique cet *s* soit toléré :

Deux cent trois personnes ou *Deux cents trois personnes.*

2. Les adjectifs numéraux.

1. Formes des adjectifs numéraux.

A chaque déterminant numéral correspond un adjectif numéral indiquant l'ordre, le rang. On l'appelle parfois numéral **ordinal,** par opposition au nom de numéral **cardinal** qu'on donne aussi au déterminant numéral.

Ces adjectifs sont formés par l'addition du suffixe *-ième* au déterminant numéral simple, ou au dernier élément du déterminant numéral composé :

> *Lisez le* TROISIÈME *chapitre.*
> *C'est aujourd'hui le* DEUX CENT VINGT-SEPTIÈME *jour de l'année.*

Si le déterminant numéral se termine par un *-e*, cet *e* disparaît de la forme écrite de l'adjectif :

> *quatre* → QUATRIÈME; *douze* → DOUZIÈME.

A *un* correspond l'adjectif numéral *premier* (sauf dans les adjectifs composés, comme *trente et unième*), et à *deux* correspondent les adjectifs *deuxième* et *second*, qui s'emploient à peu près indifféremment. Ces adjectifs sont variables en genre et en nombre :

> *La* PREMIÈRE *place est vide. Il a obtenu plusieurs* SECONDS *prix.*

2. Fonctionnement syntaxique.

Les adjectifs numéraux ne peuvent jamais tenir lieu de déterminants. Ils s'emploient :

● **avant un nom** (mais après son déterminant quand celui-ci est exprimé) :

> *Il voyage en* DEUXIÈME *classe. Prenez la* QUATRIÈME *rue à droite ;*

● comme **attributs** des noms ou des pronoms :

> *Pierre est* CINQUIÈME *au slalom géant.*

Ces adjectifs peuvent former un groupe du nom avec un simple déterminant, sans que le nom soit exprimé :

> *Le* TROISIÈME *est un Suisse* (= le troisième concurrent).

3. Les noms et les adjectifs de nombre.

Sur la base des déterminants numéraux sont formées plusieurs séries de noms ou d'adjectifs, au moyen de divers **suffixes.** Ce sont :

● les **multiplicatifs,** comme *(le) triple, (le) quadruple, (le) centuple ;*

● les noms indiquant des **fractions,** comme *le tiers, le quart*. A partir de *cinq*, on emploie ainsi les adjectifs numéraux : *le cinquième, le sixième*, etc. (= une quantité cinq fois, six fois moindre, etc.);

● les noms **collectifs** indiquant un groupe d'êtres ou d'objets (suffixe : *-aine*) : *une douzaine, une centaine*, etc. Pour *dix*, on remarquera l'orthographe : *une dizaine*, et non *une *dixaine*.

REMARQUE. Sur des racines savantes (d'origine latine) on forme aussi des noms ou des adjectifs indiquant l'âge (suffixe *-aire*): *un quadragénaire* (quarante ans), *un vieillard octogénaire* (quatre-vingts ans); ou la chronologie : *un millénaire* (durée de mille ans).

17

Les déterminants indéfinis

1. Les classes d'indéfinis.

Dans la phrase :

Les invités sont arrivés,

on peut remplacer l'article *les* par les mots *quelques, certains, plusieurs, divers, différents ;* si le sens est modifié, la phrase reste une phrase grammaticalement correcte :

QUELQUES *invités sont arrivés.*
CERTAINS *invités sont arrivés.*

Les mots que nous substituons ainsi à *les* jouent, comme cet article, le rôle de déterminants : ils appartiennent à la classe des déterminants indéfinis.

Dans la classe des déterminants indéfinis, on range :

● des mots qui expriment, avec certaines nuances, des notions de **nombre** ou de **quantité** (on les appelle aussi **quantitatifs**) :

— QUANTITÉ NULLE : *nul, aucun, pas un.*
— SINGULARITÉ : *quelque, maint* (rare)*, un certain, tout, chaque, tel.*
— PLURALITÉ : *quelques* (pluralité restreinte)*, certains, plusieurs, maints* (rare)*, divers, différents* (pluralité + diversité).
— QUANTITÉ INDÉTERMINÉE : *quelque* (devant un nom non-comptable).
— TOTALITÉ NUMÉRIQUE : *tous.*
— TOTALITÉ QUANTITATIVE : *tout (le) ;*

● deux mots qui expriment les notions d'identité et de différence :

— IDENTITÉ : *même.*
— DIFFÉRENCE : *autre.*

REMARQUE. *Quelconque* est un adjectif qualificatif, souvent considéré comme indéfini, mais qui n'est pas un déterminant :

Passez me voir un jour QUELCONQUE (= indéterminé).
Ces fruits sont très QUELCONQUES (= ordinaires).

DÉTERMINANTS INDÉFINIS QUANTITATIFS
ET LEURS CORRESPONDANCES AVEC LES NUMÉRAUX ET LES ARTICLES

	QUANTITÉ NULLE	SINGU-LARITÉ	PLURALITÉ	QUANTITÉ INDÉTER-MINÉE	TOTALITÉ NUMÉ-RIQUE	TOTALITÉ QUANTI-TATIVE
Indéfinis	*nul* *aucun* *pas un*	*tout* [1] *chaque* *tel* *quelque* *un certain* *maint*	*quelques* *certains* *maints* *plusieurs* *divers* *différents*	*quelque* [4]	*tous* [2]	*tout* [3]
Numéraux	*zéro*	*un*	*deux, trois quatre,* etc.			
Articles		*un*	*des*	*du, de la des* [5]	*les*	*le, un*

1. *Tout homme peut se tromper;* 2. *Tous les invités sont là;* 3. *Il a plu toute la nuit;* 4. *Dans quelque temps;* 5. *Des rillettes.*

2. La syntaxe des déterminants indéfinis.

Les déterminants indéfinis quantitatifs remplacent des déterminants numéraux dont ils ont la syntaxe; ils ne peuvent pas s'employer avec un déterminant numéral (*deux, trois, cent :* *plusieurs trois personnes* n'est pas français), ni avec un article indéfini (*des plusieurs personnes* n'est pas français), sauf *certain* dans *un certain* (la construction sans article *certain renard gascon* est archaïque).

● Les indéfinis *quelques, divers, différents* sont précédés de l'article défini pluriel *les* quand le groupe du nom dont ils font partie est suivi d'une relative ou accompagné d'un adjectif qui le caractérise :

LES QUELQUES *personnes qui sont là sont très attentives.*

● Les indéfinis *même* et *autre* peuvent être précédés d'un déterminant numéral ou d'un indéfini :

Pierre habite un AUTRE *immeuble.*

Ils sont postposés aux pronoms personnels :

*Eux-*MÊMES *me l'ont dit.*
Vous AUTRES, *vous vous taisez toujours.*

● Les déterminants *autre, divers, différents, plusieurs* peuvent être employés comme adjectifs attributs :

Ils sont PLUSIEURS *à vouloir rester.*
Pierre est AUTRE *qu'il n'était.*

● Dans la phrase :

TOUT *homme est mortel,*

on peut remplacer *tout* par *chaque* ou par l'article *l'* :

CHAQUE *homme est mortel. L'homme est mortel.*

Au contraire, dans la phrase :

TOUS *les invités sont arrivés,*

on ne peut pas supprimer l'article *les* : dans ce cas, *tous* ne se substitue pas à l'article. L'indéfini *tous* se place obligatoirement **avant** le groupe formé par le déterminant et le nom, ce qui le distingue de n'importe quel adjectif qualificatif, qui ne pourrait se placer qu'après le déterminant.

Il en est de même pour *tout* dans la phrase :

Il a plu TOUTE *la nuit.*

Cette particularité syntaxique permet de ranger *tous* et *tout* dans les déterminants indéfinis.

● *Nul, tel* et *certains* employés comme déterminants ont un sens bien distinct de *nul, tel* et *certains* employés comme adjectifs attributs ou comme adjectifs épithètes placés après le nom. On peut s'en rendre compte par des exemples tels que ceux-ci :

NUL *travail ne le rebute.* / *Ce travail est* NUL. *C'est un travail* NUL.

J'arriverai TEL *jour.* | *Il est* TEL *que je l'imaginais.*
CERTAINS *résultats sont faux.* | *Ces résultats sont* CERTAINS;
il a obtenu des résultats CERTAINS.

● Certaines locutions indéfinies exprimant la quantité, comme
la plupart, une foule, une multitude, peuvent être suivies de la préposition *de* et d'un groupe du nom au pluriel (classe des noms
comptables); les locutions *une quantité de, une masse de* peuvent
être suivies d'un nom au pluriel (classe des noms comptables) ou
au singulier (classe des noms non-comptables); ces locutions jouent
alors le rôle de quantitatifs indéfinis (pour les adverbes de quantité,
v. Chap. 28, n⁰ 1) :

> *J'ai* UNE FOULE *d'amis.* LA PLUPART *des gens le savent.*

Plusieurs de ces locutions peuvent s'employer sans groupe
du nom complément. Le nom à suppléer est alors un mot désignant
les humains, comme *hommes, gens, personnes* :

> LA PLUPART *sont venus de très loin pour l'écouter.*

3. Les emplois adverbiaux des indéfinis.

● Le mot *tout* est employé comme adverbe au sens de *tout
à fait, entièrement,* devant un **adjectif** :

> *Je suis* TOUT *heureux.*

Tout, quoique adverbe, prend alors les formes *toute* et éventuellement *toutes* quand il se trouve devant un adjectif féminin
commençant par une consonne; devant un adjectif commençant
par une voyelle ou un *h* muet, il reste invariable :

> *Elle reste* TOUTE *surprise.*
> *Elles sont* TOUTES *confuses.*
> *Elles sont* TOUT *attentives* TOUT *heureuses.*

● Le mot *tout* est employé comme adverbe :
— devant un **adverbe** ou une **locution adverbiale** :

> *Il faudrait s'y prendre* TOUT DIFFÉREMMENT.
> *Vous pourrez l'interroger* TOUT À LOISIR;

— devant un **gérondif** pour exprimer une circonstance accompa-
gnante :

> *Il réfléchit* TOUT EN MARCHANT,

ou une opposition :

> TOUT EN ÉTANT *très riche, il vit très simplement.*

● Le mot *tout* adverbe, suivi d'un adjectif, peut aussi exprimer un rapport de concession :

Tout *habiles qu'ils sont, ils ont échoué.*

● Le mot *même* est parfois employé comme adverbe, placé avant le groupe du nom :

Même *les enfants étaient silencieux.*

● Le mot *quelque* est parfois adverbe et invariable au sens de « environ », devant un déterminant numéral (en langue soutenue) :

Il y a quelque *dix ans de cela.*

Quelque est encore adverbe invariable au sens de « si », devant un adjectif, quand il introduit une phrase concessive au subjonctif (en langue soutenue) :

Quelque *prudents qu'ils soient, ils se sont laissé prendre.*

4. Noms et pronoms indéfinis.

● Les déterminants indéfinis peuvent être seuls exprimés, le nom constituant du groupe du nom étant absent. En ce cas, les déterminants indéfinis ont un **emploi pronominal** (v. Chap. 18, n° 8) :

Tous les gens *sont venus* → Tous *sont venus.*
Les mêmes invités *sont revenus* → Les mêmes *sont revenus.*

En général, la forme du déterminant est la même dans l'emploi comme déterminant et comme pronom; elle peut être différente comme pour *chaque* (déterminant) et *chacun* (emploi comme pronom) :

On donne un cahier à chaque élève → *On donne à* chacun *un cahier.*

En particulier, *quelque* déterminant indéfini s'oppose aux pronoms *quelqu'un* et *quelque chose*.

● Il existe deux **noms indéfinis** : *personne* et *rien;* ces deux noms négatifs ont la syntaxe des noms, mais ne sont précédés d'aucun déterminant. Si *personne* a toujours la place du groupe du nom, *rien* complément d'objet se trouve entre l'auxiliaire et le verbe :

Je n'ai vu personne. *Je n'ai* rien *vu.*

Ces deux termes négatifs sont accompagnés dans la phrase de la négation *ne.*

18

Les pronoms

1. Qu'est-ce qu'un pronom?

● Supposons ces deux phrases :

Mon petit frère courait dans le jardin. Mon petit frère est tombé en butant contre une pierre.

On dit plutôt, en évitant de répéter le groupe du nom :

Mon petit frère courait dans le jardin. Il est tombé en butant contre une pierre;

ou, en intégrant la deuxième phrase dans la première :

Mon petit frère, QUI *courait dans le jardin, est tombé en butant contre une pierre.*

En comparant ces diverses phrases, on constate que le groupe du nom *mon petit frère* peut être remplacé par un seul mot, *il* ou *qui;* ce dernier est une sorte de relais qui se substitue au groupe du nom et permet d'en éviter la répétition.

Les pronoms jouent donc dans la phrase le rôle des groupes du nom, et non des seuls noms.

Ils ont les fonctions des groupes du nom qu'ils remplacent (sujet, objet, complément circonstanciel, etc.), tout en ayant parfois des constructions particulières.

● Les pronoms, ou substituts, jouent des rôles différents selon la nature de la phrase, selon le type de substitution, selon la nature du groupe du nom, etc. :

— Ils peuvent remplacer un groupe du nom déjà exprimé : ils en sont les **représentants;**

— Ils peuvent se substituer à un groupe du nom qui annonce un groupe du nom qui va suivre : ils **anticipent** sur ce dernier;

— Ils peuvent représenter une personne qui participe à la communication : ils la **désignent.**

2. Rôle de représentant.

Soit la suite des deux phrases :

Mon père était assis dans un fauteuil. Mon père lisait le journal.

On peut **substituer** un pronom au deuxième groupe du nom *mon père* :

Mon père était assis dans un fauteuil. IL *lisait le journal.*

On peut **transformer** ces deux phrases en une seule en substituant au deuxième groupe *mon père* le pronom *qui* :

Mon père, QUI *lisait le journal, était assis dans un fauteuil.*

Les pronoms *il* et *qui* ont été substitués au deuxième groupe du nom *mon père ;* ils représentent ce groupe du nom exprimé auparavant dans la première phrase.

Les pronoms qui peuvent ainsi remplacer à eux seuls un groupe du nom quand ce dernier a déjà été exprimé auparavant ont le rôle de représentants.

V. aussi paragraphe 6.

3. Rôle d'anticipant.

Soit la suite des deux phrases :

QUI *est venu ce matin? Un visiteur.*

Le pronom *qui* se substitue à un groupe du nom :

QUELLE PERSONNE *est venue ce matin?*

Mais le groupe du nom est exprimé après la première phrase dans la réponse *(Un visiteur).* Le groupe du nom que remplace le pronom est de même nature que le groupe du nom qui doit figurer dans la réponse à cette question. Le pronom *qui* représente « quelqu'un, une personne » par **anticipation;** on répond par un groupe du nom de même nature : animé, humain.

De même, dans la phrase *Il manque deux cartes*, le pronom *il* occupe la place du groupe du nom sujet déplacé après le verbe; il a le rôle d'anticipant :

DEUX CARTES *manquent* → IL *manque deux cartes.*

On dit que *il* est le sujet apparent de *manque,* qui est au singulier, et que *deux cartes* est le sujet réel du verbe.

4. Rôle de désignation d'une personne participant à la communication.

Dans les phrases :

Je *suis venu ce matin.* On *part demain pour la campagne,*

les pronoms *je* et *on* jouent le même rôle syntaxique qu'un groupe du nom; ils sont les sujets de la phrase. Mais ce groupe du nom n'a pas été exprimé et ne le sera pas. Les pronoms *je* et *on* désignent des personnes qui participent à la communication.

Ainsi le pronom *je* désigne celui qui parle (locuteur); *il* joue le même rôle syntaxique que le groupe *un voyageur* dans :

Un voyageur est venu ce matin,

mais *il* désigne celui qui parle. De même, *on* peut signifier « moi et d'autres » et joue le même rôle que *mon père et ma mère* dans :

Mon père et ma mère partent demain pour la campagne,

mais il désigne alors celui qui parle et d'autres personnes que ce dernier associe à lui.

Ces pronoms désignent les participants à la communication : locuteur et interlocuteurs.

5. Complexité du rôle des pronoms.

Le même pronom peut avoir le rôle de représentant (ou d'anticipant) ou désigner un participant à la communication.

Ainsi, dans la phrase :

Pierre est malade ; il *n'est pas venu hier,*

il est un pronom qui joue le rôle de représentant puisqu'il se substitue à *Pierre*, déjà exprimé.

Dans la phrase :

Regarde-le ; je te *dis qu'*il *n'écoute pas,*

je, te et *il* désignent les participants à la communication; *je* est celui qui parle, *te (tu)* est l'interlocuteur et *il* est une troisième personne, dont les deux autres interlocuteurs parlent et qui est donc l'objet de la communication.

Les pronoms de la troisième personne ont, en particulier, un rôle complexe : ils peuvent tout aussi bien représenter un groupe du nom déjà exprimé, ou une personne ou un objet présent pendant la communication.

6. La représentation du groupe du nom, cas particulier d'un phénomène plus général.

● L'emploi des pronoms permet d'éviter la répétition des mêmes groupes du nom; c'est donc un facteur d'économie. Or un pronom comme *le* peut se substituer non seulement à un groupe du nom, mais à une phrase tout entière. Par exemple, quand on dit :

> *Il ment, je* LE *sais,*

le représente *il ment*, ou plutôt toute la subordonnée dans :

> *Je sais qu'il ment.*

Le même pronom *le* peut aussi représenter un adjectif dans la phrase :

> *Nous avons été inquiets, mais nous ne* LE *sommes plus* (= nous ne sommes plus inquiets).

On conserve à *le* dans de tels emplois l'appellation de pronom, alors qu'il remplace en fait une phrase ou un adjectif.

REMARQUE. Le verbe *faire* peut représenter n'importe quel verbe déjà exprimé, transitif ou intransitif, ou n'importe quel groupe du verbe comprenant un complément d'objet. Par exemple, dans :

> *Il travaille mieux qu'il ne* FAISAIT *autrefois,*

faisait représente *travaillait*.

Dans :

> *Je relis la lettre, comme j'*AI *toujours* FAIT,

ai fait représente *ai relu la lettre*.

Faire est un **pro-verbe**.

7. Les classes de pronoms.

Selon leur forme et leur sens, on range les pronoms en différentes classes :

les pronoms **personnels** : *je, tu, il, nous, vous, ils, elle, eux, elles, lui, on,* etc.;

les pronoms **démonstratifs** : *ce, celui, cela,* etc.;

les pronoms **relatifs** : *qui, que, lequel, quoi, dont, où,* etc.;

les pronoms **interrogatifs** : *qui, que, quoi, lequel,* etc.

Les pronoms **indéfinis** sont, en fait, des adjectifs indéfinis employés pronominalement (v. Paragraphe 8).

8. Emplois pronominaux des déterminants.

On a vu au chapitre 7 que, le groupe du nom étant constitué d'un déterminant et d'un nom, il arrive que le déterminant ne soit pas exprimé. Parfois, c'est le nom qui n'est pas exprimé; en ce cas, il ne reste plus que le déterminant, accompagné ou non d'un adjectif. Prenons les phrases :

DEUX HOMMES *sont venus.* DEUX AUTRES HOMMES *sont venus.* PLUSIEURS HOMMES *sont venus.*

Supposons que le nom *hommes* ne soit pas exprimé; en ce cas il reste les phrases :

DEUX *sont venus.* DEUX AUTRES *sont venus.* PLUSIEURS *sont venus.*

Deux ne cesse pas d'être un déterminant numéral, ni *autre* et *plusieurs* des déterminants indéfinis; mais ils représentent à eux seuls (ou en combinaison) le groupe du nom. Ces déterminants représentent le groupe du nom dont le nom n'est pas exprimé et c'est ce qui les a fait appeler parfois « pronoms ».

Prenons un autre cas :

TOUS LES GENS *sont venus.*

Si le nom et l'article défini sont omis, il ne reste plus que le déterminant *tous* qui représente tout le groupe du nom :

TOUS *sont venus.*

Tous ne cesse pas d'être un déterminant indéfini; mais il est le seul constituant du groupe du nom à être exprimé.

On dira donc que les déterminants numéraux (*deux, trois, cent, mille,* etc.) et les déterminants indéfinis *(plusieurs, tout, tel, nul, certain)* sont **employés pronominalement** dans des groupes du nom où le nom a été omis.

Les formes *le mien, le tien, le sien, le nôtre, le vôtre, le leur* sont des groupes du nom constitués d'un déterminant (article défini *le*) et d'un adjectif possessif *(mien, tien, sien,* etc.). Le nom est omis, mais l'article et l'adjectif varient en genre et en nombre avec ce nom qui n'est pas exprimé :

J'aime bien ta cravate, mais je préfère LA MIENNE.

On retrouve cette omission du nom dans des phrases comme :

Il y a là deux voitures : LA BLEUE *est celle de Pierre,* LA ROUGE *est celle de Jacques* (= la voiture bleue, la voiture rouge).

9. Différences et ressemblances entre les pronoms et les groupes du nom.

● Les pronoms se distinguent des groupes du nom sur trois points :

— Ils n'ont pas de sens par eux-mêmes; ils ont celui du groupe du nom qu'ils remplacent (ou celui de l'adjectif, de la phrase auxquels ils se substituent) ou bien ils désignent les personnes qui participent à la communication;

— Ils n'ont pas la même syntaxe que les groupes du nom; ainsi les pronoms personnels compléments sont placés avant le verbe (en général), alors que les groupes du nom compléments sont placés après le verbe :

Je regarde LE PAYSAGE → *Je* LE *regarde ;*

— Les pronoms peuvent avoir des formes différentes selon leurs fonctions syntaxiques; ainsi pour les pronoms personnels et pour les pronoms relatifs :

Je regarde Paul → *Je* LE *regarde.*
Je parle à Paul → *Je* LUI *parle.*
Cette personne a téléphoné → *Voici la personne* QUI *a téléphoné.*
Je t'ai parlé de cette personne → *Voici la personne* DONT *je t'ai parlé.*

Autrement dit, les pronoms ont une **déclinaison**.

● Les pronoms ont cependant certains caractères en commun avec les groupes du nom :

— Ils peuvent varier en **genre** :

IL *vient.* ELLE *vient.*
CELUI-CI *est grand.* CELLE-CI *est grande.*

Cette variation se manifeste parfois uniquement dans l'accord de l'adjectif :

JE *suis heureux.* JE *suis heureuse ;*

— Ils peuvent varier en **nombre** :

Je LE *vois. Je* LES *vois.*
Je LUI *parle. Je* LEUR *parle.*

REMARQUE. La variation en genre et en nombre n'apparaît pas dans certains pronoms comme *qui, que, dont, en, y.*

La distinction entre la classe des **animés** et la classe des **non-animés** se manifeste parfois par des formes différentes de pronoms. Les questions :

QUI *vois-tu?* QUE *vois-tu?,*

appellent les réponses différentes :

Je ne vois PERSONNE. *Je ne vois* RIEN.

10. Ressemblances entre les pronoms et les déterminants.

Les pronoms ont des ressemblances avec les déterminants puisqu'ils remplacent des groupes du nom dont le nom est en quelque sorte omis, mais dont le déterminant subsisterait.

● Les formes *le, la, les* sont employées soit comme articles définis (déterminants), soit comme pronoms personnels objets directs :

Je prends LA *voiture* → *Je* LA *prends.*
Je lis LES *journaux* → *Je* LES *lis.*

● Les formes du pronom relatif *lequel, laquelle, lesquels, lesquelles* sont faites du déterminant *le (la, les)* et du déterminant *quel* (qui existe aussi pour l'interrogation). Les déterminants *le, la, les* se combinent de la même manière que les articles définis avec les prépositions *à* et *de* : *auquel, duquel, auxquels, desquels*, etc. On a vu au chapitre 15 que ces formes pouvaient d'ailleurs être employées (mais rarement) avec des noms exprimés :

Si j'étais absent, AUQUEL *cas je vous téléphonerais, prévenez les autres.*

● Les pronoms démonstratifs sont formés du déterminant démonstratif *ce* suivi soit d'un adverbe de lieu, *là* ou *[i]ci (cela, ceci)*, soit d'un pronom, *lui, elle (celui, celle)*, ou des deux *(celui-ci, celle-là).*

● Les pronoms personnels et les déterminants possessifs ont aussi d'étroits rapports puisque les possessifs sont l'équivalent de l'article défini et d'un complément du nom formé par le pronom :

moi et *mon (le ... de moi) ; toi* et *ton (le ... de toi) ; soi* et *son (le ... de soi).*

19

Les pronoms personnels

1. Les trois personnes de la communication.

Si François dit à Bernard :

JE *suppose que* TU *as vu Dominique ;* IL *devrait être ici,*

je désigne François, qui parle, *tu* désigne Bernard, à qui il s'adresse, et *il* désigne Dominique, dont il vient de parler.

Je est un pronom et il désigne la **première personne,** celle qui parle, le **sujet parlant** : *tu* est le pronom de la **deuxième personne,** celle à qui l'on s'adresse, l'**interlocuteur** : *il* le pronom de la **troisième personne,** l'être ou la chose dont on parle ou qui est présent au moment où l'on parle.

2. Les deux sortes de pronoms personnels.

Si Bernard répond à François :

JE *croyais que* TU *savais qu'*IL *est malade,*

je désigne cette fois Bernard, *tu* désigne François, et *il* désigne Dominique, par exemple.

On voit que, dans un dialogue, *je* et *tu* désignent tantôt l'un, tantôt l'autre des interlocuteurs : chacun, à son tour, se désigne par *je* et appelle l'autre *tu ;* au contraire, dans le même passage de dialogue, *il* prononcé par l'un ou par l'autre désigne le même être (ou la même chose).

D'autre part, *je* et *tu* (ou *vous,* dit « de politesse ») sont les seules façons normales par lesquelles les interlocuteurs se désignent, tandis que la troisième personne peut toujours être désignée par son nom.

On peut distinguer de même, d'une part, *nous* et *vous,* d'autre part, *ils.*

Ainsi donc, il y a lieu de distinguer deux groupes dans les pronoms personnels :

1.	*je*	(1re pers. du singulier),	*nous*	(1re pers. du pluriel);
	tu	(2e — —),	*vous*	(2e — —);
	on	(3e — —);		
2.	*il, elle*	(3e — —),	*ils, elles*	(3e — —).

Je, *tu*, *nous*, *vous*, *on* désignent des animés participant à la communication, alors que *il*, *elle*, *ils*, *elles* peuvent désigner des animés ou des non-animés, ou bien déjà exprimés par un nom, ou bien présents à l'esprit des interlocuteurs. *Je*, *tu*, *nous*, *vous*, *on* sont toujours des **noms personnels,** remplaçant des noms propres; *il*, *ils*, *elle*, *elles* sont soit des **pronoms personnels,** remplaçant des groupes du nom déjà prononcés, soit des **noms personnels** désignant des personnes présentes au moment de la communication.

3. Le genre dans les pronoms personnels.

La variation en genre concerne les pronoms personnels, comme les noms. Cependant :

● Pour *je*, *tu*, *nous*, *vous*, cette variation ne se manifeste que par les accords des adjectifs attributs, ces pronoms ne changeant pas de forme selon le genre, qui correspond au sexe de la personne ou des personnes désignées :

Je suis heureux. Je suis heureuse.
Vous êtes heureux. Vous êtes heureuses.

● Le pronom *il* prend au féminin la forme *elle*, et le choix du genre dépend soit du sexe de la personne ou de l'animal désignés par le pronom, soit du genre grammatical du nom représenté par ce pronom :

IL *est heureux.* ELLE *est heureuse.*
IL [le camion] *est neuf.* ELLE [la voiture] *est neuve.*

4. Le nombre dans les pronoms personnels.

1. Le pronom *il (elle)* a un pluriel *ils (elles)* caractérisé dans la langue écrite par l'addition d'un *s*, et dans la langue orale par la liaison en [z] :

IL *aime* [ilɛm]. ILS *aiment* [ilzɛm] ou [izɛm].

À *je* et *tu* correspondent des formes de pluriel *nous* et *vous*.

2. Le sens de la variation en nombre est plus complexe dans les pronoms personnels que dans les noms :

● On emploie le pronom *nous* quand celui qui parle est associé à une ou plusieurs personnes; *nous* veut dire *je* et *tu*, *je* et *il*, *je*, *tu* et *il*, *je* et *elle*, etc. :

> *Pierre et moi,* NOUS *travaillons (mes amis et moi, toi et moi, vous tous et moi* NOUS *travaillons.)*

● On emploie le pronom *vous* quand celui à qui on parle est associé à une ou plusieurs personnes :

> *Pierre et toi,* VOUS *travaillez. Tes amis et toi,* VOUS *travaillez.*

Quand on s'adresse indistinctement à plusieurs personnes, *vous* veut dire *toi* et *toi ; toi, toi* et *toi ; toi, toi* et *lui ;* etc.

> *Vous tous,* VOUS *travaillez. Tes amis et toi,* VOUS *travaillez.*

● On emploie *ils (elles)* pour représenter un groupe du nom au pluriel :

> *Les enfants jouent ;* ILS *sont joyeux*
> (êtres ou choses considérés comme semblables).

> *Nous avons visité les environs :* ILS *sont très pittoresques*
> (pluriel sans singulier).

On emploie aussi *ils (elles)* pour représenter des groupes du nom coordonnés ou juxtaposés désignant des êtres ou des choses qu'on associe :

> *Le chien et le chat sont couchés ;* ILS *dorment.*

Quand les groupes du nom représentés sont de genre différent, on emploie le masculin pluriel *ils :*

> *Jean et Françoise se taisent ;* ILS *réfléchissent.*

5. Les cas des pronoms personnels.

Soit la suite de phrases :

Pierre arrive. Tous regardent Pierre. Alain parle à Pierre.

Si on remplace *Pierre* par un pronom personnel, on obtient :

IL *arrive. Tous* LE *regardent. Alain* LUI *parle.*

Ainsi le même mot, *Pierre,* est représenté, selon les phrases, par *il, le* ou *lui,* parce que sa fonction syntaxique est différente dans chacune des phrases. Les formes *il, le, lui* sont trois **cas** du pronom personnel de la troisième personne du singulier.

On a de même, au féminin singulier, *elle, la, lui ;* au masculin pluriel, *ils, eux, les, leur ;* à la première personne du singulier, *je, me, moi,* et à la deuxième personne du singulier, *tu, te, toi.*

Les pronoms *le, la, me, te,* employés devant un mot commençant par une voyelle ou un *h* muet, s'élident en *l', m', t',* c'est-à-dire qu'ils se réduisent à leur consonne initiale.

6. Les formes *en* et *y*.

Le pronom de la troisième personne peut en outre prendre les formes *en* et *y*. *En* équivaut à *de* suivi d'une des formes *lui, elle, eux, elles,* et *y* équivaut à *à* suivi d'une des mêmes formes.

● Dans la langue surveillée, on emploie de préférence *en* et *y* pour représenter des noms de la classe des **non-animés,** et *de lui, d'elle,* etc., *à lui, à elle,* etc., pour représenter des animés :

*Cette affaire me préoccupe : j'*EN *parle souvent, j'*Y *pense.*
Benoît est absent ; je parle souvent DE LUI, *je pense* À LUI.

Toutefois, dans la langue courante, *en* peut généralement s'employer pour représenter des **animés :**

*Benoît est absent ; j'*EN *parle souvent.*

● *En* ne s'emploie pas comme complément d'un groupe du nom pour représenter un animé; on emploie alors un **déterminant possessif :**

Paul habite Lyon ; connaissez-vous SON *adresse?* et non : **en connaissez-vous l'adresse?.*

Mais on dira :

Ce restaurant est à Lyon : EN *connaissez-vous* L'ADRESSE? (ici, *en* représente *ce restaurant,* non-animé).

● *En* ne s'emploie pas comme complément d'un groupe du nom introduit par une préposition; on emploie alors un **déterminant possessif :**

Cet incident est sérieux ; je songe à SES *conséquences* et non : **j'en songe aux conséquences.*

Mais : *J'*EN *imagine* LES *conséquences.*

7. Formes réfléchies.

Quand le pronom personnel remplace un groupe du nom ou un nom représentant le sujet de la phrase, on emploie une forme particulière, dite **réfléchie.**

● A la troisième personne, le pronom réfléchi masculin ou féminin, singulier ou pluriel, employé sans préposition, a une forme particulière, *se,* qui s'élide en *s'* devant une voyelle ou un *h* muet. Aux autres personnes, le réfléchi a la même forme que le pronom objet *(me, te, nous, vous)* :

> *Pierre regarde Pierre dans la glace*
> → *Pierre* SE *regarde dans la glace.*

● Après une préposition, le pronom réfléchi prend la forme *soi* quand le sujet est singulier et indéterminé ou non exprimé :

> *Chacun travaille pour* SOI. *Il faut penser à* SOI.

Mais *lui* dans les autres cas :

> *Ce garçon pense trop* À LUI.

8. Le pronom *on.*

On est un pronom de la troisième personne qui désigne toujours des *humains* (= n'importe qui, tout le monde, les gens); il ne s'emploie que comme sujet, et le verbe est au singulier :

> *Quand on veut*, ON *peut.*

La forme *l'on* s'emploie parfois dans la langue soignée, en particulier pour éviter un hiatus, par exemple après *si, ou, et,* etc. :

> *Si* L'ON *me demande, prévenez-moi.*

9. Emplois particuliers de *nous, vous, on.*

● Les auteurs emploient parfois *nous* au lieu de *je*, en particulier dans des textes de caractère scientifique. Dans ce cas, les adjectifs ou participes qui se rapportent au pronom sont au singulier :

> NOUS *ne sommes pas* CONVAINCU *par une telle argumentation.*

L'emploi de *vous* au lieu de *tu* exprime une moins grande

familiarité avec l'interlocuteur (*vous* « de politesse »). Dans ce cas, les adjectifs ou participes se rapportant au pronom de la deuxième personne sont au singulier :

> *Êtes*-VOUS PRÊT? VOUS *serez* SATISFAITE.

● *On* peut être substitué avec diverses valeurs de style aux différents pronoms personnels sujets :

> ON *fait ce qu'on peut* (= je).
> *Alors,* ON *fait l'intéressant?* (= tu, vous).

Il s'emploie très souvent dans la langue familière à la place de *nous* (moi et d'autres), et dans ce cas l'adjectif attribut se met au pluriel, masculin ou féminin selon le cas :

> ON *est arrivés en retard.*

10. Les formes accentuées des pronoms personnels.

Les pronoms personnels ont aussi une série de **formes accentuées** : *moi, toi, (à, de) lui, eux, nous, vous,* qui sont utilisées après les prépositions, ou comme pronoms d'insistance (d'emphase).

> *Pierre est venu avec lui, avec eux, après toi, avant vous. Moi, je le connais.*

20

Les pronoms démonstratifs

1. Formes des pronoms démonstratifs.

Les pronoms démonstratifs sont *ce* (ou *c'* devant un mot commençant par une voyelle), et des formes composées de *ce* par addition soit des pronoms personnels *lui*, *eux*, *elle*, *elles*, soit à la fois de ces pronoms personnels et des éléments *-ci*, *-là*.

ce + *lui* → *celui*; *ce* + *lui* + *-ci* → *celui-ci*.

ce, c'			{ + *ci* → *ceci* { + *là* → *cela, ça*	
ce	+ lui	→ *celui*	{ + *ci* → *celui-ci* { + *là* → *celui-là*	
ce	+ eux	→ *ceux*	{ + *ci* → *ceux-ci* { + *là* → *ceux-là*	
ce	+ elle	→ *celle*	{ + *ci* → *celle-ci* { + *là* → *celle-là*	
ce	+ elles	→ *celles*	{ + *ci* → *celles-ci* { + *là* → *celles-là*	

N. B. *Cela*, *ça* s'écrivent sans accent grave.

2. Sens et fonctionnement syntaxique de *ce (c')*.

● *Ce (c')* renvoie (se substitue) à un groupe du nom déjà exprimé ou à un groupe du nom qui va suivre. Ce groupe du nom peut être masculin ou féminin (*ce* est parfois appelé « pronom neutre »); les adjectifs se rapportant à *ce (c')* sont accordés au masculin :

Mon meilleur ami, c'est vous. C'est ennuyeux, cette affaire.

Ce (c') peut aussi renvoyer (se substituer) à une phrase entière :

J'ai cru que tout s'arrangerait. C'était une erreur.

● *Ce (c')* s'emploie :

— soit seul, comme sujet du verbe *être* (parfois **précédé de** *pouvoir* ou *devoir*) :

Ce *serait regrettable.* Ce *devait être vrai;*

— soit complété par une proposition relative ou interrogative indirecte :

Ce *que tu dis est intéressant. Je me demande* ce *qu'il pense.*

3. L'expression *c'est.*

● *Ce* perd parfois sa valeur de pronom renvoyant (se substituant) à un groupe du nom ou à une phrase, lorsqu'il forme avec le verbe *être* la locution *c'est* (*c'était, ce sera,* etc.), qui sert à présenter un élément de la phrase : on appelle parfois *c'est* un **présentatif;** il sert aussi à mettre en évidence un des constituants de la phrase, c'est-à-dire à former des phrases emphatiques :

Qui est le responsable? — C'est *moi.*
Partir, c'est *mourir un peu.*

REMARQUE. Il existe un autre présentatif, *voici, voilà* :

Me voici. Voilà ton sac. Voici qu'il n'est pas content.

Ces locutions sont suivies d'un groupe du nom, d'une proposition qui jouent le rôle d'un complément.

● *C'est,* suivi d'une proposition introduite par la conjonction *que* ou d'un groupe du nom suivi d'une proposition relative, sert aussi à **insister** (à mettre l'emphase) sur un élément de la phrase :

C'est *maintenant qu'il faut agir*
(forme sans emphase : *Il faut agir maintenant*).

C'est *notre équipe qui a gagné.*
(forme sans emphase : *Notre équipe a gagné*).

● Le mot qui suit *c'est* peut être un nom ou un pronom précédé d'une préposition; c'est sur cette suite de mots que porte l'insistance (l'emphase). Dans ce cas, la proposition qui suit est introduite par la conjonction *que* plutôt que par le pronom relatif précédé de la même préposition répétée :

C'est à lui que *je veux parler,*

plutôt que :

C'EST À LUI À QUI *je veux parler*
(forme sans emphase : *Je veux lui parler*).

● Le présentatif *c'est* s'emploie soit au singulier, soit au pluriel, quand le nom ou le pronom qu'il introduit est au pluriel. On dit donc soit :

Ces vaches, C'EST *celles du voisin.*
C'EST *les crédits qui manquent ;*

soit :

Ces vaches, CE SONT *celles du voisin.*
CE SONT *les crédits qui manquent.*

Dans la langue écrite, on préfère employer dans ce cas le pluriel *ce sont.*

REMARQUE. On emploie toujours le singulier *c'est* avant *nous* et *vous*, ainsi qu'avant un nom ou un pronom pluriel précédé d'une préposition :

C'EST NOUS *les responsables.*
C'EST AUX ENFANTS *que je m'adresse.*

4. Emplois de *celui (ceux, celle, celles).*

● *Celui* peut renvoyer (se substituer) à un nom déjà exprimé ou non encore exprimé. Quand il renvoie à un nom déjà exprimé, ce mot peut désigner un **animé** ou un **non-animé :**

Cet homme n'est pas CELUI *que je cherche.*
Ma voiture est en panne ; j'ai emprunté CELLE *de mon frère.*

Celui qui (*dont*, etc.) ne représentant aucun nom déjà exprimé signifie *toute personne qui* (*dont*, etc.) :

CELUI QUI *s'arrête à ces détails est un esprit mesquin.*

Celui est normalement suivi soit d'un groupe du nom complément, soit d'une proposition relative :

Le poids spécifique du plomb est plus élevé que CELUI *de l'argent.*
La meilleure solution est CELLE *que vous proposez.*

● L'emploi de *celui* avec un participe appartient à la langue familière :

De tous les cadeaux, j'ai préféré CELUI OFFERT *par ma mère.*

Dans la langue soignée, on emploie une proposition relative :

De tous les cadeaux, j'ai préféré CELUI QUI M'A ÉTÉ OFFERT *par ma mère.*

5. Emplois de *ceci, cela, ça, celui-ci, celui-là.*

● *Ceci, cela, ça* renvoient (se substituent) à des noms non-animés déjà exprimés ou non exprimés, sans distinction de genre (*ceci, cela, ça* sont parfois appelés « pronoms neutres »). Les adjectifs se rapportant à ces pronoms sont accordés au masculin :

Je retiens votre proposition : CELA *me paraît intéressant.*

Ceci, cela, ça se substituent souvent à une phrase entière :

Le temps s'assombrit. CELA *m'inquiète.*

Ça est une forme qu'on évite dans la langue écrite, mais qui est courante dans la langue familière; elle se substitue en général à *ce (c')* devant les verbes autres que *être :*

C'est prêt. ÇA *va être prêt.*

● *Celui-ci, celui-là* se substituent à des groupes du nom comportant soit des animés, soit des non-animés :

De tous ses enfants, CELUI-LÀ *est le plus fantaisiste.*
Si vous cherchez un livre drôle, je vous conseille CELUI-CI.

On réserve *ceci, celui-ci* à la désignation des choses et des êtres **proches,** dont on vient de parler ou dont on va parler, alors que *cela, celui-là* servent à désigner des choses ou des êtres plus **éloignés,** ou dont on a parlé auparavant :

Laissez-donc CELA, *et prenez plutôt* CECI.
Remarquez bien CECI : *tout a été prévu.*
Paul et sa sœur sont arrivés, CELLE-CI *par le train,* CELUI-LÀ *par la route.*

Mais on ne tient pas souvent compte de cette opposition, et on emploie simplement *cela, ça, celui-là* sans exprimer ces valeurs particulières.

21

Les pronoms relatifs

1. Syntaxe des pronoms relatifs.

Considérons les deux phrases :

Prends ce livre. Ce livre est sur la table.

Au lieu de répéter le groupe du nom *ce livre*, on peut le remplacer par le pronom personnel *il :*

Prends ce livre ; IL *est sur la table.*

On peut aussi lui substituer *qui*, pronom relatif :

Prends ce livre QUI *est sur la table.*

En employant le pronom relatif *qui*, on rattache la deuxième phrase à la première de façon plus étroite que quand on emploie un pronom personnel : *qui est sur la table* ne peut pas être une phrase isolée, comme *il est sur la table*, qui peut constituer la réponse à une question (par exemple : *Où est ce livre?*).

On dit que la phrase *qui est sur la table* est **subordonnée** à la phrase *prends ce livre*. Le groupe du nom *ce livre*, qui est remplacé par le pronom relatif, est appelé l'**antécédent** de ce pronom relatif.

Le pronom relatif a donc une double fonction :

— il se **substitue** à un groupe du nom, comme les autres pronoms;

— il **subordonne** une phrase à une autre : la phrase subordonnée est dite « relative », et l'autre « principale », l'ensemble formant une seule phrase étendue.

2. Les formes des pronoms relatifs.

Le pronom relatif se présente sous deux séries de formes :

● des formes **simples** : *qui, que* ou *qu', quoi, dont, où ;*

● des formes **composées** de l'article défini *le (la, les)* et du déterminant *quel : lequel, laquelle, lesquels, auquel, auxquels, auxquelles, duquel, desquels, desquelles.*

Le choix entre l'une ou l'autre de ces formes n'est pas affaire de sens; il est commandé soit par le genre et le nombre de l'antécédent, soit par la fonction du pronom relatif; c'est pourquoi on considère souvent qu'il s'agit non de pronoms différents, mais des divers cas du même pronom.

3. Le genre et le nombre dans les pronoms relatifs.

● Les formes simples sont invariables en genre et en nombre : *qui* peut représenter *ce livre, cette gravure, ces livres, ces gravures.*

● Les formes composées varient en genre et en nombre; on dit que l'accord se fait avec l'antécédent, c'est-à-dire que le pronom relatif a les marques de genre et de nombre du groupe du nom qu'il représente :

Prends ce livre SUR LEQUEL (*cette gravure* SUR LAQUELLE, *ces livres* SUR LESQUELS, *ces gravures* SUR LESQUELLES) *est posé un coupe-papier.*

4. Formes et fonctions des pronoms relatifs.

Le choix entre les diverses formes des pronoms relatifs dépend de la fonction de ces pronoms dans la phrase, et parfois de la classe, animée ou non-animée, de l'antécédent :

— *qui, que, dont* peuvent représenter un antécédent **animé** ou **non-animé;**

— *quoi* et *où* ne représentent qu'un antécédent **non-animé.**

● *Qui* s'emploie comme **sujet.** Il est invariable en genre et en nombre, mais le verbe et les adjectifs attributs s'accordent en fonction de l'antécédent :

Prends la route QUI *est à ta droite.*
Relis ces pages QUI *sont si intéressantes.*
Toi QUI *es adroit, essaie donc d'atteindre la balle.*
Moi QUI *suis si étourdi, je n'ai pourtant pas oublié le rendez-vous.*

Qui peut aussi s'employer comme complément précédé d'une

97

préposition : *à qui, de qui, pour qui, avec qui*, etc., mais seulement pour représenter un antécédent humain :

> *L'employé* à QUI *je me suis adressé m'a donné tous les renseignements.*

Mais on dira :

> *Le bureau* AUQUEL *je me suis adressé...*

Dans cet emploi de complément prépositionnel, on peut utiliser une forme composée même avec un antécédent humain :

> *L'employé* AUQUEL *je me suis adressé...*

● *Que* s'emploie comme **complément d'objet** :

> *La personne* QUE *je vous envoie est au courant*
> (je vous envoie une personne).

> *Montre-moi ces lettres* QUE *tu as reçues*
> (tu as reçu ces lettres).

Que s'emploie aussi comme attribut du sujet :

> *L'enfant* QUE *j'étais a grandi*
> (j'étais un enfant).

● *Dont* s'emploie pour représenter un **groupe du nom précédé de la préposition « de »** (complément d'un nom, d'un adjectif, d'un verbe) :

> *Il raconta l'histoire* DONT *il avait été le témoin*
> (il avait été le témoin de cette histoire).

> *C'est un succès* DONT *il est fier*
> (il est fier de ce succès).

> *Faites-nous part des détails* DONT *vous vous souvenez*
> (vous vous souvenez de ces détails).

> *La maladie* DONT *il est mort paraissait bénigne*
> (il est mort de cette maladie).

REMARQUE. On ne peut employer *dont* pour représenter un antécédent complément d'un nom que si ce nom n'est pas lui-même précédé d'une préposition (même particularité que pour *en*, pronom personnel). Ainsi, avec les deux phrases :

> *Il a entrepris des démarches. On prévoit déjà le succès de ces démarches,*

on peut faire la phrase :

> *Il a entrepris des démarches* DONT *on prévoit déjà le succès.*

Mais on ne peut pas relier par *dont* les deux phrases suivantes :
Il a entrepris des démarches. On s'attend déjà au succès de ces démarches.

Dans ce cas, on emploie le relatif composé, ou *de qui* pour représenter des humains :

Il a entrepris des démarches au succès DESQUELLES *on s'attend.*

● *Quoi* s'emploie comme **complément précédé d'une préposition,** pour représenter un groupe du nom non-animé (généralement *ce, cela, quelque chose, rien*) :

C'est CE À QUOI *je réfléchissais.*
Y a-t-il QUELQUE CHOSE EN QUOI *je puisse vous être utile?*
Il n'y a RIEN À QUOI *je ne sois prêt.*

Quoi représente souvent une phrase entière :

Il exposa rapidement son plan, APRÈS QUOI *il se retira.*

On emploie ainsi : *sans quoi, faute de quoi, moyennant quoi, grâce à quoi,* etc.

● *Où* s'emploie pour représenter un **groupe du nom non-animé précédé ou non d'une préposition** *(sur, dans, en),* **complément de lieu** ou **de temps :**

Le village OÙ *il s'est retiré est loin de la route nationale*
(il s'est retiré dans ce village).

Il faisait très froid la semaine OÙ *vous êtes partis*
(vous êtes partis cette semaine).

5. La place des pronoms relatifs.

Le pronom relatif se met **en tête de la phrase relative,** même si le groupe du nom qu'il représente avait une autre place dans la phrase :

Montre-moi ce livre. Tu lis CE LIVRE
→ *Montre-moi le livre* QUE *tu lis.*

Cependant, quand le pronom relatif est précédé d'une préposition, il peut se trouver rejeté après plusieurs mots de la phrase relative :

J'ai remercié la personne À LA BIENVEILLANTE INTERVENTION DE QUI *je dois cette faveur.*

6. Les relatifs indéfinis.

● Le pronom relatif *qui* peut s'employer sans antécédent. Il se substitue alors à un groupe du nom dont le nom désigne un humain d'identité indéterminée :

QUI *vivra verra.*

Qui vivra est substitué à *tout homme, toute personne qui vivra.*
On emploie, à peu près dans les mêmes conditions, *quiconque* :

QUICONQUE *prétend cela se trompe.*

● D'autres relatifs indéfinis de forme complexe se substituent à un antécédent humain (*qui que, qui que ce soit qui* [*que, dont*, etc.]) ou non-humain (*quoi que, quoi que ce soit qui* [*que, dont*, etc.]) :

QUI QUE *vous soyez, attendez votre tour.*
QUOI QUE *vous disiez, on ne vous croira pas.*
QUI QUE *ce soit qui vienne, dites que je suis occupé.*
QUOI QUE *ce soit qui te tracasse, tout s'arrangera.*

22

Les pronoms interrogatifs

1. Les pronoms interrogatifs : rôle et syntaxe.

● Le pronom interrogatif se substitue à un groupe du nom qui n'a pas été exprimé, mais qui le sera dans la réponse à la question posée. Il a un rôle d'**anticipant** :

> QUI *a téléphoné ce matin?* — *Ton frère.*

Dans ce cas, *qui?* correspond au groupe du nom *quelle personne?* comprenant un déterminant interrogatif.

● Le pronom interrogatif permet de **poser une question** sur l'identité d'une personne, d'un animal ou d'une chose qui seraient désignés par un nom exerçant une fonction quelconque dans la phrase :

> À QUI *as-tu donné ce livre?* — *J'ai donné ce livre à Pierre.*
> DE QUOI *parlez-vous?* — *Je parle de la situation politique.*
> QUE *voyez-vous?* — *Je vois un cheval et une charrette.*

● Le pronom interrogatif se place, en règle générale, **en tête** de la phrase interrogative, même quand le groupe du nom auquel il se substitue devrait occuper une autre place.

> QUI *appelez-vous?* — *J'appelle Jean.*
> DE QUI *a-t-il suivi l'avis?* — *Il a suivi l'avis de Jacques.*

Cependant, il peut être situé à l'intérieur de cette phrase s'il est complément d'un nom introduit par une préposition :

> *A l'avis* DE QUI *s'est-il rangé?* — *Il s'est rangé à l'avis de Laurent.*

REMARQUE. Il existe aussi des adverbes interrogatifs :

— de lieu   : OÙ *est-il allé?*
— de cause   : POURQUOI *ne parles-tu pas?*
— de temps   : QUAND *est-il parti?*
— de manière : COMMENT *avez-vous joué?*
— de quantité : COMBIEN *coûte ce tableau?*

2. Formes des pronoms interrogatifs.

1. Les formes **simples** sont *qui, que, quoi.*

● *Qui* s'emploie dans les différentes fonctions grammaticales, avec ou sans préposition, comme substitut d'un groupe du nom désignant un **humain,** c'est-à-dire quand celui qui interroge prévoit une réponse faisant intervenir un nom d'humain :

QUI *frappe à la porte?* QUI *êtes-vous?* À QUI *dois-je répondre?* DE QUI *est-il jaloux?* PAR QUI *fut-il nommé?*

Qui est presque toujours masculin et singulier.

● *Que* (ou *qu'* devant une voyelle) et *quoi* s'emploient comme substituts de noms **non-humains.**

Que (qu') n'est jamais précédé d'une préposition, tandis que *quoi* est précédé d'une préposition :

QUE *se passe-t-il?* QUE *désirez-vous?* QUE *coûte ce livre?* A QUOI *cela peut-il servir?* Par QUOI *est-il ému?* Sur QUOI *avez-vous parlé?*

Quoi ne s'emploie sans préposition que dans des interrogations sans verbe ou ayant un verbe à l'infinitif :

QUOI *de nouveau?* Et QUOI *encore?* *Je ne sais pas* QUOI *faire* (plus familier que : *Je ne sais que faire*).

2. Il existe une série de formes **composées** de l'article défini et de l'adjectif interrogatif *quel : lequel, laquelle, lesquels, lesquelles.* Ces formes, combinées avec les prépositions *à* et *de*, deviennent : *auquel, à laquelle, duquel, de laquelle, auxquels, desquels,* etc.

Ces formes s'emploient avec un groupe du nom ou un pronom complément (souvent en style soutenu) :

LEQUEL *d'entre vous désire me parler?* LAQUELLE *de ces gravures préfères-tu?* AUQUEL *des deux employés vous êtes-vous adressé?*

Le complément peut ne pas être exprimé dans la phrase interrogative, si c'est un mot exprimé auparavant :

Vous avez deux itinéraires possibles. — LEQUEL *me conseillez-vous?*

3. Les formes des pronoms interrogatifs peuvent être suivies de l'élément *est-ce qui* (interrogatif sujet) ou *est-ce que* (interrogatif complément) :

> QUI EST-CE QUI *t'a dit cela?* QUI EST-CE QUE *tu cherches?* QU'EST-CE QUE *tu dis?* À QUOI EST-CE QUE *tu penses?* LEQUEL EST-CE QUE *tu choisis?*

La forme *qu'est-ce qui* est la seule possible comme substitut d'un sujet non-humain :

> QU'EST-CE QUI *te tracasse?*

REMARQUE. L'élément *est-ce que* se trouve aussi avec les adverbes interrogatifs (style de la conversation familière) :

> QUAND EST-CE QUE *tu partiras?*
> POURQUOI EST-CE QUE *Pierre n'est pas revenu?*
> COMMENT EST-CE QUE *Georges a fait?*

4. Dans l'interrogation indirecte, les formes du pronom interrogatif sont les mêmes que dans l'interrogation directe, sauf *que*, qui devient *ce que* et *qu'est-ce qui, qu'est-ce que*, qui deviennent *ce qui, ce que* (v. Chap. 42) :

> QUE *fais-tu?* → *Dis-moi* CE QUE *tu fais.*
> QU'EST-CE QUI *se passe?* → *J'ignore* CE QUI *se passe.*

23

L'adjectif qualificatif

1. Définition de la classe des adjectifs qualificatifs.

1. L'adjectif qualificatif est un **constituant facultatif du groupe du nom** ou un **constituant d'un groupe du verbe,** ordinairement avec *être (sembler, paraître, devenir, rester).*

Le groupe du nom est alors de la forme :

Déterminant + Nom + Adjectif : *Le chat* GRIS *ronronne.*

Le groupe du verbe est de la forme :

Être + Adjectif : *Le chat est* GRIS.

2. L'adjectif est un mot qui, sous le rapport de la syntaxe et sous le rapport du sens, dépend d'un nom.

● Sur le plan *syntaxique*, un adjectif qualificatif, s'il peut entrer dans un groupe du nom, ne peut pas normalement le constituer seul ou avec un déterminant (v., cependant, Paragraphe 6).

De la phrase :

Ce chat GRIS *ronronne,*

on peut ôter le mot *gris (Ce chat ronronne)*, alors qu'on ne peut pas ôter le mot *chat (*Ce gris ronronne* n'est pas une phrase normale, sauf quand le mot *chat* a déjà été exprimé auparavant). *Gris* est un adjectif, *chat* est un nom.

On peut ajouter d'autres adjectifs au mot *chat* sans modifier le rôle du groupe du nom :

Ce PETIT *chat* GRIS *ronronne. Ce* JOLI PETIT *chat* GRIS *ronronne.*

Les deux seuls mots indispensables du groupe du nom sont toujours *ce* et *chat* (déterminant et nom).

Les adjectifs peuvent prendre les marques de genre et de nombre selon des modèles semblables à ceux des noms, mais le choix du genre et du nombre est commandé par le nom dont dépend l'adjectif :

Le PETIT *chat ronronne. La* PETITE *chatte ronronne.*
Les PETITS *chats ronronnent.*

En outre, la variation en genre est la règle générale pour les adjectifs, alors qu'elle ne concerne qu'un nombre restreint de noms.

● Sur le plan *sémantique*, un adjectif qualificatif indique une propriété, une qualité de l'être ou de la chose désignés par le nom : couleur, forme, manière d'être, etc.

2. Fonctions de l'adjectif qualificatif.

1. Quand l'adjectif qualificatif est un constituant du groupe du nom, il a la fonction d'**épithète.** Dans la phrase :

Le PETIT *chat* GRIS *ronronne,*

les adjectifs *petit* et *gris,* qui dépendent du nom *chat,* appartiennent au groupe du nom *le petit chat gris ;* ils sont épithètes de *chat.*

2. L'adjectif qualificatif, lorsqu'il appartient au groupe du verbe, peut dépendre soit du groupe du nom sujet, soit du groupe du nom complément d'objet.

● Avec un verbe copule (*être, sembler, paraître, devenir, rester,* v. Chap. 24), l'adjectif dépend du groupe du nom sujet, comme le manifeste son accord avec ce nom ; il est alors **attribut du sujet :**

Le chat est GRIS. *Le chat devient* MAIGRE.
Nicole m'a semblé INQUIÈTE. *Pierre est resté* JOUEUR.

● Avec quelques verbes comme *croire, estimer, juger, trouver, rendre, laisser,* l'adjectif dépend du complément d'objet et s'accorde avec lui ; il est alors **attribut du complément d'objet :**

Je crois (j'estime, je juge) ces précautions INSUFFISANTES. *Je trouve votre idée* INTÉRESSANTE. *Une tache rend ces mots* ILLISIBLES. *Ne laissez pas les enfants* SEULS *près de l'étang.*

On peut voir dans cette construction le résultat de la transformation de deux phrases en une seule (v. Chap. 42), l'adjectif qualificatif étant attribut du sujet de la deuxième phrase avant la transformation :

Je crois ceci : ces précautions sont insuffisantes
→ *Je crois que ces précautions sont insuffisantes*
→ *Je crois ces précautions insuffisantes.*

Les verbes *rendre* et *laisser,* dans cet emploi, équivalent à *faire que (quelqu'un, quelque chose) soit..., permettre que (quelqu'un, quelque chose) soit... :*

   Une tache fait que ces mots sont illisibles.
→ *Une tache* REND *ces mots illisibles.*
   Ne permettez pas que les enfants soient seuls.
→ *Ne* LAISSEZ *pas les enfants seuls.*

> REMARQUE. L'adjectif qualificatif peut aussi, naturellement, être un constituant du groupe du nom complément d'objet ou attribut faisant partie d'un groupe du verbe :
>
>   *Le jardinier cueille les fruits* MÛRS.
>   *La truite est un poisson* DÉLICAT.
>
> Une phrase telle que *J'ai trouvé ce livre amusant* peut s'interpréter de deux façons, selon que l'adjectif *amusant* est employé comme épithète ou comme attribut du complément d'objet *livre,* le verbe *trouver* ayant des sens différents dans chacun des deux cas :
>
>   *J'ai trouvé* (= découvert) *ce livre amusant : amusant* est épithète de *livre.*
>   *J'ai trouvé* (= jugé) *ce livre amusant : amusant* est attribut de *livre.*

3. Supposons qu'on ajoute une relative appositive au groupe du nom, c'est-à-dire une relative qui n'est pas nécessaire au sens :

   Le chat, qui est satisfait, ronronne.

L'adjectif *satisfait* est attribut de *qui,* sujet de la relative. On peut supprimer le relatif *qui* et le verbe *être;* on obtient :

   Le chat, satisfait, ronronne,

ou, si on inverse les termes :

   SATISFAIT, *le chat ronronne.*

L'adjectif *satisfait,* ainsi séparé par une pause du nom dont il dépend, est dit **apposé** ou **mis en apposition** à ce nom.

La construction de l'adjectif apposé peut donc être considérée comme issue d'une phrase relative appositive, elle-même séparée de l'antécédent par une pause :

   Le chat, [qui est] *satisfait, ronronne.*

Pour obtenir l'adjectif opposé on supprime le pronom relatif et le verbe *être.*

3. Classes morphologiques d'adjectifs.

On peut distinguer plusieurs classes d'adjectifs, selon leurs formes (leur morphologie).

● Les adjectifs **radicaux** (ou non dérivés) peuvent être employés, en principe, comme épithètes, comme attributs ou en apposition :

Il a cassé ce BEAU *vase. Ce vase était* BEAU.

La plupart de ces adjectifs peuvent être employés dans des constructions indiquant des degrés de comparaison : *plus beau, moins beau, aussi beau, très beau, le plus beau.* Quelques-uns, comme *aîné, dernier*, ne sont pas susceptibles de comparaison.

● Les adjectifs **dérivés** sont formés à partir de noms :

Les industries DE LA FRANCE → *les industries* FRANÇAISES.

Certains de ces adjectifs dérivés ne peuvent pas être attributs, ni avoir des degrés de comparaison (v. Chap. 28), ainsi *géographique, solaire, circulatoire*, etc.

● Les adjectifs **composés** sont formés de plusieurs mots (v. Chap. 49). Certains de ces adjectifs sont constitués par l'association de deux adjectifs dont le second précise le premier :

Du tissu ROUGE FONCÉ.

REMARQUE. Les adjectifs de couleur composés sont invariables. Les adjectifs formés d'un adverbe et d'un adjectif *(court-vêtu)* ou ceux qui sont formés d'un radical en *o-* et d'un adjectif *(franco-russe)* voient l'adjectif seul varier en nombre et en genre.
Ceux qui sont formés de deux adjectifs *(aigre-doux)* voient les deux adjectifs varier en nombre et en genre.

4. Classes sémantiques et syntaxiques des adjectifs.

1. Adjectifs à noms animés / à noms non-animés.

Certains adjectifs ne peuvent normalement être joints qu'à des noms d'animés, ou plus spécialement d'humains. Ainsi *pensif* est un adjectif d'animé humain :

Georges est PENSIF.

Ce n'est que par métaphore qu'il pourrait s'appliquer aux animaux ou aux choses :

La vache est PENSIVE. *La fleur est* PENSIVE.

D'autres adjectifs ne peuvent être normalement utilisés qu'avec les noms de choses (noms non-animés) :

Une tige LIGNEUSE. *Une réaction* CHIMIQUE.

De nombreux adjectifs ont des sens différents (« sens propre », « sens figuré ») selon qu'ils se rapportent à des noms animés ou à des noms non-animés :

Ce lait est TIÈDE. *Ce garçon m'a paru bien* TIÈDE.
L'herbe est VERTE. *Ce vieillard est encore* VERT.

2. Adjectifs indiquant un état permanent / une qualité passagère.

Certains adjectifs indiquent un état permanent, durable :

Pierre est GRAND. *La table est* BASSE.

D'autres adjectifs indiquent une qualité passagère :

Cet homme est IVRE.

3. Adjectifs concrets / abstraits.

Certains adjectifs indiquent une propriété concrète :

Le bureau est RECTANGULAIRE.

D'autres adjectifs indiquent une qualité abstraite :

Pierre est BON, GÉNÉREUX.

4. Adjectifs transitifs / intransitifs.

Certains adjectifs, transitifs, sont suivis d'un complément :

Pierre est désireux DE BIEN FAIRE.
Paul est fier DE SON FILS.

D'autres adjectifs, intransitifs, ne s'emploient pas avec un complément : *généreux, aimable, peureux*, etc.

REMARQUE. Il existe aussi d'autres classes sémantiques : adjectifs de couleur (*blond, rouge, vert*, etc.), adjectifs de dimension (*haut, bas, large, étroit*, etc.).

Certains adjectifs ont parfois le sens de véritables adverbes, s'opposant à leur emploi d'adjectif : ainsi *un bon danseur* est un homme qui *danse bien* et non pas un homme qui *est bon* (généreux).

5. Place des adjectifs épithètes.

1. Les adjectifs se répartissent en trois classes lexicales selon leur **place** dans le groupe du nom.

● Un petit nombre d'adjectifs se placent normalement **avant le nom** (et après le déterminant). Ils n'ont généralement qu'une syllabe, parfois deux : *bon, beau, grand, gros, joli, petit*, etc. :

> *Un* BON *repas. Une* GRANDE *maison.*

● Certains adjectifs se placent normalement **après le nom.** C'est le cas, en particulier, des participes passés et, moins systématiquement, des adjectifs verbaux en *-ant* :

> *Un voyageur* FATIGUÉ. *Un renard* APPRIVOISÉ. *Un spectateur* RAVI. *Un marchand* AMBULANT. *Un chemin* MONTANT.

● C'est aussi le cas, en général, pour les adjectifs qui expriment une couleur ou une forme, une nationalité, une religion, etc. :

> *Des fleurs* ROUGES. *Une salle* RECTANGULAIRE.
> *L'armée* FRANÇAISE. *Le culte* CATHOLIQUE.

● La plupart peuvent se placer soit **avant,** soit **après le nom** :
— parfois avec un changement complet de sens (et on peut alors les considérer comme de simples homonymes) :

> *Mon* CHER *ami. Du tissu* CHER.
> *Un* BRAVE *garçon. Un garçon* BRAVE.
> *Une voiture* NOIRE. *Un* NOIR *chagrin ;*

— ordinairement avec un changement de valeur (la position avant le nom, moins fréquente, a une valeur affective, emphatique, et met en relief la notion exprimée par l'adjectif), ou sans différence appréciable de valeur :

> *Une aventure* EXTRAORDINAIRE. *Une* EXTRAORDINAIRE *aventure.*
> *Une apparition* RAPIDE. *Une* RAPIDE *apparition.*

2. Du point de vue de la syntaxe :

● un adjectif suivi de son complément est toujours placé après le nom. Comparons :

> *Un* BEL *enfant. Un enfant* BEAU *de visage.*
> *Une* GRANDE *victoire. Une victoire* GRANDE *par ses conséquences.*
> *Un* LONG *récit. Un récit* LONG *à faire ;*

● si un même nom a deux adjectifs épithètes dont l'un se place normalement avant lui, l'autre après lui, chacun conserve sa place habituelle :

Une VIEILLE maison DÉLABRÉE. Une BELLE robe BLEUE;

● plusieurs adjectifs peuvent être placés avant un nom ou après lui ; dans ce dernier cas, ils sont coordonnés ou séparés par une pause (une virgule dans l'écriture) :

Un BON GROS chien. Un métier INTÉRESSANT et LUCRATIF.
Un tissu SOUPLE, BRILLANT, SOYEUX.

6. L'adjectif employé comme nom.

Dans un groupe du nom constitué d'un déterminant, d'un nom et d'un adjectif, le nom peut être supprimé dans certains cas :

● Par exemple, s'il a déjà été exprimé :

De ces deux cravates, je préfère LA BLEUE.

La bleue forme un groupe du nom sans nom exprimé : la [cravate] bleue;

● Ou, encore, quand le nom qui n'est pas présent pourrait être un mot comme caractère, chose, objet, etc. :

LE BLEU du ciel.

● On peut considérer que l'adjectif est devenu un véritable nom invariable quand il signifie : « ce qui est... » : LE LAID, c'est ce qui est laid (= la laideur).

7. L'adverbe de manière.

L'adjectif qualificatif épithète appartient au groupe du nom. Mais on peut faire correspondre, à un groupe du nom comportant un adjectif, un groupe du verbe comportant un **adverbe de manière** formé à partir de l'adjectif qualificatif. Cet adverbe équivaut au groupe prépositionnel constitué par les mots d'une manière et par un adjectif qualificatif; il joue le rôle de complément circonstanciel du verbe :

Le train démarre d'une manière douce
→ Le train démarre DOUCEMENT.

Il conduit de manière prudente → *Il conduit* PRUDEMMENT.

Un grand nombre d'adjectifs peuvent ainsi être transformés en adverbes de manière selon deux procédés de formation :

● On ajoute le suffixe *-ment* à l'adjectif, généralement à la forme du féminin :

Sa marche est LENTE → *Il marche* LENTEMENT.

Dans certains cas, la forme de l'adjectif subit une modification; ainsi, sur beaucoup d'adjectifs en *-ant* ou *-ent*, on forme des adverbes en *-amment* ou *-emment* :

Son entrée est BRUYANTE → *Il entre* BRUYAMMENT;

● On emploie comme adverbe l'adjectif à la forme du masculin singulier :

Il parle HAUT. *Il crie* FORT. *Ce produit coûte* CHER.

Lorsque le même adjectif peut donner naissance aux deux types de formation adverbiale, il y a le plus souvent une différence de sens ou de conditions d'emploi entre les deux :

Approuver HAUTEMENT *quelqu'un* (= vivement, sans réserve).
Parler HAUT (= en élevant la voix).
Vendre CHER *sa marchandise. Vendre* CHÈREMENT *sa vie.*

24

Le verbe

1. Qu'est-ce qu'un verbe?

1. Le verbe est le **constituant essentiel du groupe du verbe**; sa fonction dans la phrase est celle de prédicat. Le verbe indique un procès (action) ou un état.

Mais il n'est pas la seule classe de mots (ou partie du discours) qui indique une action ou un état : les noms peuvent indiquer les mêmes notions (*nettoyage, nettoiement,* action de nettoyer; *ivresse,* état d'une personne ivre), et les adjectifs peuvent indiquer les qualités correspondant à ces notions (*actif,* qui agit; *ivre,* qui est en état d'ivresse). Le verbe se caractérise donc moins par son sens que par son rôle syntaxique de constituant du groupe du verbe.

2. Le verbe se caractérise aussi par la propriété qu'il a de comporter deux sortes d'éléments qui donnent des indications sur diverses **catégories** (manières dont on se représente le procès ou l'état).

● Les **désinences** sont des suffixes adjoints au radical du verbe pour indiquer les catégories de **mode,** de **temps,** de **personne** et de **nombre.**

Ainsi, dans une forme verbale comme *aimerons,* la désinence *-rons,* ajoutée au radical *aim(e),* donne les informations suivantes :

MODE	TEMPS	PERSONNE	NOMBRE
(indicatif)	(futur)	(première)	(pluriel)

[Les deux dernières indications ont déjà été données, normalement, par le pronom sujet *nous.*]

● Les **auxiliaires** sont certains verbes employés soit avec le participe passé (comme *avoir, être*), soit avec l'infinitif (comme *faire, devoir, aller,* etc.), pour indiquer la catégorie de la **voix** et celle de l'**aspect** (v. Chap. 25).

Les formes verbales qui comportent un auxiliaire sont dites **composées,** les autres sont dites **simples :**

avons vu est une forme composée;
verrons est une forme simple.

Dans les formes composées, le participe (ou l'infinitif) apporte l'information sémantique, mais c'est l'auxiliaire qui suit les règles syntaxiques ordinaires du verbe.

2. Les sous-classes de verbes : déterminées selon la syntaxe.

Dans la classe des verbes on distingue plusieurs sous-classes. Il y a plusieurs façons, selon le point de vue considéré, de classer les verbes, aussi chaque verbe appartient-il à plusieurs sous-classes.

1. Verbes transitifs et verbes intransitifs.

● Les verbes **transitifs** sont ceux qui admettent un complément d'objet.

Le verbe *lire* est un verbe transitif, car, dans la phrase *Mon père lit le journal*, il est suivi d'un complément d'objet *(le journal)*.

● Les verbes **intransitifs** sont ceux qui n'admettent pas de complément d'objet.

Le verbe *planer* est un verbe intransitif, car dans une phrase comme *L'épervier plane dans le ciel*, il n'a pas et ne peut pas avoir de complément d'objet.

● On emploie souvent sans complément d'objet des verbes transitifs. On dit alors qu'ils sont **employés absolument :**

Mon père LIT.

● Il arrive aussi que certains verbes ordinairement intransitifs soient employés **transitivement** avec un complément d'objet :

Il A VÉCU *une vie heureuse.*
*Plusieurs chevaux n'*ONT *pas* COURU *cette épreuve.*

2. Verbes transitifs directs et verbes transitifs indirects.

Selon que le complément d'objet, c'est-à-dire le groupe du nom qui suit le verbe transitif, est employé sans préposition ou avec une préposition, on dit que le verbe est **transitif direct** ou **transitif indirect**.

Le chien SUIT *son maître* (*suivre*, verbe transitif direct).

Le chien OBÉIT *à son maître* (*obéir* [*à*], verbe transitif indirect).

Prendre, écrire, regarder, etc., sont transitifs directs. *Nuire* (à quelqu'un), *douter* (de quelque chose), etc., sont transitifs indirects.

REMARQUE. Quand un même verbe est employé de plusieurs façons (transitif direct, transitif indirect, intransitif), il a généralement des sens différents. Comparons :

Sébastien A USÉ *ses chaussures* et *Sébastien* A USÉ *d'un stratagème*.
Julien COURT et *Julien* COURT *un grand risque*.

On peut souvent considérer alors qu'on a affaire, sous une même forme, à deux verbes homonymes, différents.

3. Verbes à double complément d'objet et verbes à un seul complément d'objet.

Les verbes transitifs peuvent encore se diviser en deux nouvelles sous-classes, selon que le groupe du verbe admet un seul type de complément d'objet, ou deux types différents, l'un direct, l'autre indirect, précédé de la préposition *à* (plus rarement *de*). Ainsi on oppose :

Je contemple LA MER.

à : *Alexandre a prêté* SA VOITURE À SON FILS.
Ne mêlez pas MON NOM À CETTE AFFAIRE.
On ne peut pas dissocier CETTE QUESTION DU PROBLÈME GÉNÉRAL.

Le complément introduit par la préposition est appelé **complément d'objet second**.

4. Verbes copules.

Certains verbes ont pour fonction syntaxique de constituer un groupe du verbe comportant un attribut : ce sont des verbes **copules**. Le verbe copule de base est *être* :

Le ciel EST *bleu. Cette plante* EST *un rhododendron*.

Les autres verbes copules peuvent être interprétés comme des modalités de *être* : *devenir* (être progressivement), *rester* (être encore), *sembler, paraître* (être apparemment) :

Le ciel DEVIENT (RESTE, SEMBLE, PARAÎT) *bleu*.

114

5. **Verbes conjugués avec l'auxiliaire** *avoir* **et verbes conjugués avec l'auxiliaire** *être.*

La grande majorité des verbes ont leurs formes composées avec l'auxiliaire *avoir*. Quelques verbes, tous intransitifs, forment leurs temps composés avec l'auxiliaire *être* :

J'AI *compris.* Il AVAIT *couru.* Il EST *venu.* Il EST *parti.*

REMARQUE. La plupart des verbes qui se conjuguent avec l'auxiliaire *être* indiquent un mouvement ou un changement d'état : *aller, venir, partir, arriver, entrer, sortir, naître, mourir.*

La réciproque n'est pas vraie, c'est-à-dire que de nombreux verbes qui expriment ces notions se conjuguent avec l'auxiliaire *avoir* : ainsi *suivre, courir, commencer, changer,* etc.

6. **Verbes pronominaux.**

Certains verbes, comme *s'évanouir, s'envoler, s'abstenir, se targuer,* ne s'emploient qu'avec un pronom personnel de la même personne que le sujet *(me, te, se, nous, vous)* ; ils forment leurs temps composés avec l'auxiliaire *être*. On les appelle des **verbes pronominaux** :

Il SE DÉMENAIT *comme un beau diable.*
Vous VOUS REPENTIREZ *de cette décision.*
Les oiseaux SE SONT ENVOLÉS. *Tu* T'ES *bien* SOIGNÉ.

REMARQUE. Quand les verbes non pronominaux ont pour complément un pronom personnel de la même personne que leur sujet, ils ont les mêmes propriétés syntaxiques que les verbes qui sont toujours pronominaux, sauf parfois pour l'accord du participe passé (v. Chap. 25 et 46) :

Pierre se regardait dans la glace (← Pierre regardait Pierre).
Vous vous placerez au troisième rang (← Vous placerez vous).

7. **Verbes impersonnels.**

Quelques verbes ne s'emploient qu'à la troisième personne du singulier, avec le sujet *il* (ne représentant aucun être, aucune chose), ou à l'infinitif. On les appelle des **verbes impersonnels** :

Il vente. Il neigeait. Il faudra s'informer.

Beaucoup de verbes personnels peuvent aussi s'employer impersonnellement (v. Chap. 19).

3. Les sous-classes de verbes : déterminées selon la syntaxe et le sens.

Les verbes sont répartis en plusieurs sous-classes selon le sens du radical du verbe et la syntaxe correspondante par rapport au sujet ou au complément d'objet. Le sens d'un verbe est souvent en rapport avec la classe sémantique de son sujet ou celle de son complément d'objet.

1. Les verbes distingués selon la classe de leur sujet

● Certains verbes n'admettent normalement que des sujets désignant des **animés,** ainsi *voir, entendre, grogner, dormir, éternuer.*
Dans ce groupe, on peut encore distinguer plus spécialement les verbes à sujet **humain,** comme *inventer, lire, féliciter, questionner, envier, espérer.* C'est avec ces verbes seulement que les sujets *je, tu, nous, vous* sont usuels.

● D'autres verbes n'admettent normalement que des sujets désignant des **non-animés,** ainsi *résonner, rouiller, étinceler.*

● On peut même, en poussant plus loin l'analyse, distinguer des sous-classes de sujets bien plus restreintes : les sujets de *ruisseler, clapoter* désignent normalement des liquides, celui de *germer* désigne une plante, celui de *tanguer* désigne un bateau, une voiture, un wagon, etc.
Dans certains cas, le sujet appartient même à une liste très étroite ou se réduit à un seul nom : le sujet de *suppurer* est un mot comme *abcès, blessure, plaie,* le sujet de *barrir* est le mot *éléphant.*

● Il est fréquent que, pour des raisons stylistiques, des verbes soient employés avec des sujets qui n'appartiennent pas à la classe normale de leur sujet (ainsi les animaux sont assimilés aux humains ou *vice-versa;* les choses sont considérées comme animées, etc.) :

LA VACHE MÉDITE *dans le pré. Laissez* BRAIRE LES IMBÉCILES.
LE LAC DORT *paisiblement.* UNE IDÉE A GERMÉ *dans son esprit.*

● Le même verbe peut avoir des sens très différents selon qu'il est employé avec un sujet appartenant à telle ou telle classe sémantique :

L'ENFANT [animé] JOUE *dans sa chambre* (= se divertit).
LA CLEF [non-animé] JOUE *dans la serrure* (= se meut librement).

La différence de sens est parfois telle que l'on peut considérer que la même forme verbale représente en réalité deux verbes homonymes différents.

2. Les verbes distingués selon la classe de leur complément d'objet.

La classe sémantique du complément d'objet appelle les mêmes remarques que celle du sujet.

● Certains verbes n'admettent normalement que des compléments d'objet **animés** *(apprivoiser, éblouir)*, ou même plus spécialement **humains** *(persuader, renseigner)* :

La lumière trop vive A ÉBLOUI LE CONDUCTEUR.

● D'autres verbes n'admettent normalement que des compléments d'objet **non-animés** *(construire, écrire)* :

Pierre A ÉCRIT UNE LETTRE *à ses parents.*

● Le complément d'objet de certains verbes appartient à une classe sémantique très restreinte *(crépir un mur, une muraille, une maison, etc.)* ou même peut se réduire à un seul mot *(hocher la tête, écarquiller les yeux).*

● C'est souvent en modifiant la classe normale des mots sujets que l'on obtient des métaphores ou images. On peut ainsi imaginer que *les bêtes pensent, parlent*, comme dans les fables de La Fontaine.

● L'emploi d'un complément d'objet n'appartenant pas à la classe normale des compléments d'objet d'un verbe correspond à une valeur stylistique. Ainsi, le complément d'objet de *démolir* est normalement un nom de chose, le plus souvent concret; mais *démolir quelqu'un*, c'est, dans la langue familière, « ruiner sa réputation » ou « le jeter dans l'abattement ».

● L'emploi du même verbe avec des compléments d'objet appartenant à des classes sémantiques différentes correspond à des sens très différents du verbe :

Il A CONJURÉ SES AMIS *de l'écouter.*
Il a réussi à CONJURER LA CRISE.

On peut considérer que, dans ces phrases, *conjurer* représente en fait deux verbes homonymes différents.

4. Les sous-classes de verbes : déterminées selon le sens.

Les verbes peuvent être divisés en sous-classes, indépendamment de leur relation à la classe du sujet ou du complément d'objet, selon qu'ils expriment une action 'ou un état, et selon certaines caractéristiques générales de cette action ou de cet état. Ils expriment par leur sens des valeurs d'aspect (v. Chap. 25).

1.   Verbes factitifs.

Certains verbes transitifs peuvent s'employer avec deux sens : ils indiquent soit que le sujet accomplit lui-même une action, soit qu'il la fait faire. Dans ce deuxième cas, on dit qu'ils sont employés comme verbes **factitifs**.

La phrase suivante :

Le propriétaire A ABATTU *une cloison,*

peut signifier soit qu'il a lui-même jeté à bas la cloison, soit qu'il *l'a fait abattre* par des ouvriers. Un verbe au sens factitif peut être remplacé par l'auxiliaire *faire* suivi du verbe à l'infinitif.

Au contraire, un verbe comme *manger* n'est jamais factitif.

2.   Verbes perfectifs et verbes imperfectifs.

Si l'on compare les phrases :

*J'*AI TROUVÉ *le nom de cette fleur* et *J'*AI SU *le nom de cette fleur,*

on constate que la première admet sans difficulté soit un adverbe tel que *alors, autrefois*, soit un adverbe tel que *maintenant, aujourd'hui*, alors que la seconde n'admet normalement qu'un adverbe comme *alors, autrefois :*

*J'*AI TROUVÉ ALORS *le nom de cette fleur.*
*J'*AI SU AUTREFOIS *le nom de cette fleur.*
*J'*AI MAINTENANT TROUVÉ *le nom de cette fleur,*

mais non

**J'*AI SU MAINTENANT *le nom de cette fleur.*

Dans la première phrase (avec *j'ai trouvé*), le verbe au passé composé peut traduire soit l'idée d'une action qui est simplement donnée comme passée, soit celle d'une situation créée par une action passée, et qui dure encore. Dans la deuxième phrase (avec *j'ai su*), on indique que la situation correspondant au verbe n'est plus actuelle.

Cette différence tient à la nature sémantique de chacun des verbes.

● Les verbes qui, comme *trouver*, peuvent s'accompagner aux formes composées soit de *alors*, soit de *maintenant*, sont appelés verbes **perfectifs**. Tels sont *comprendre, finir, partir, arriver*, etc.

● Ceux qui, comme *savoir*, ne s'accompagnent normalement, aux formes composées, que de *alors* (*à ce moment-là, un jour, jadis*, etc.) sont appelés verbes **imperfectifs**. Tels sont *posséder, espérer, hésiter, habiter*, etc.

3. Verbes duratifs et verbes momentanés.

Certains verbes indiquent une action ou un état qui dure : ce sont les verbes **duratifs**; d'autres, une action qui n'a lieu qu'un instant : ce sont les verbes **momentanés**. *Attendre, rester* sont des verbes duratifs, mais *exploser, sursauter* sont des verbes momentanés.

On distingue ces deux sous-classes de verbes selon qu'ils admettent des adverbes comme *longtemps, longuement, peu à peu* ou des adverbes comme *soudain, brusquement*.

On dit bien :

Il resta longtemps assis. Il sursauta soudain,

mais on ne peut pas dire :

*Il attendit brusquement. *La bombe explosa peu à peu.

4. Verbes inchoatifs.

Certains verbes indiquent le passage dans un état. On peut leur substituer *devenir* et un adjectif. Ce sont les verbes **inchoatifs** :

Il rougit (= il devient rouge).

Rougir, pâlir, verdir, grandir, se liquéfier, etc., sont des verbes inchoatifs.

25

Les formes et les catégories du verbe

1. Les variations du verbe.

Le verbe présente des formes beaucoup plus nombreuses que le nom, l'adjectif et le pronom.

Alors que dans ces classes les variations se marquent le plus souvent par des désinences, les variations du verbe se marquent soit par les **désinences** (ou terminaisons), soit par l'emploi d'**auxiliaires.**

Alors que, pour le nom, l'adjectif et le pronom, les variations des formes expriment essentiellement les catégories du genre et du nombre (et en outre, éventuellement, de la personne et de l'animé dans le cas du pronom [v. Chap. 18]), pour le verbe, les variations expriment des catégories plus diverses : **voix, mode, aspect, temps, personne, nombre.**

2. La voix.

1. Voix active et voix passive.

1. Morphologie et syntaxe.

● La voix **active** est la série des formes verbales qui ne comportent pas l'auxiliaire *être*, sauf pour les verbes qui ne se conjuguent qu'avec cet auxiliaire (*aller, partir*, etc.) :

J'accompagne, tu accompagnais, il accompagnera, nous avons accompagné, vous aurez accompagné, ils eussent accompagné, accompagnant, accompagner

sont des formes de la voix active.

Je suis parti, vous serez partis

sont aussi des formes actives, car les formes **j'ai parti, *vous aurez parti* n'appartiennent pas au français correct.

● La voix **passive** définit une forme dérivée de la voix active où le terme désignant l'objet (ou le but) de l'action dans la phrase active devient le sujet grammatical de la phrase passive. La voix passive est la série des formes verbales qui comportent l'auxiliaire *être* :

> *Je suis accompagné [de mes enfants], tu étais accompagné, il sera accompagné, nous avons été accompagnés, vous aurez été accompagnés, étant accompagné, être accompagné*

sont des formes passives correspondant aux formes actives données plus haut en exemple.

● Quand un verbe est à la voix passive, on peut, en modifiant le sens, substituer l'auxiliaire *avoir* à l'auxiliaire *être* (au moins aux formes non composées de celui-ci). On obtient alors une forme active, mais à un temps différent :

> *Je* SUIS *accompagné* → *J'*AI *accompagné.*

Cette propriété permet de voir immédiatement que *je suis venu* n'est pas une forme passive, car **j'ai venu* n'appartient pas au français standard.

● Le temps d'une forme verbale passive, dans les tableaux de conjugaison (v. p. 237), est celui de l'auxiliaire *être* de cette forme verbale :

> *Il serait accompagné*

est un conditionnel présent passif, puisque *serait* est le conditionnel présent de *être.*

● Seuls les verbes **transitifs directs** peuvent être à la voix active et à la voix passive. (Les verbes intransitifs et la plupart des transitifs indirects n'ont pas de passif.) Quand on passe de la voix active, prise comme forme de base, à la voix passive, en conservant le même sens général, on observe un changement des fonctions des groupes sujet et complément d'objet. Le complément d'objet direct de la voix active devient sujet de la voix passive. Le sujet de la voix active devient un complément précédé d'une préposition *(par* ou *de)*. On l'appelle **complément d'agent** (v. Chap. 37) :

> PIERRE *accompagne* PAUL
> → PAUL *est accompagné* PAR (DE) PIERRE.

2. Sémantique.

Une phrase active comportant un sujet et un complément d'objet exprime une certaine relation entre les êtres ou les choses désignés respectivement par ce sujet et ce complément d'objet.

Quand on dit : *Pierre accompagne Paul*, on exprime un certain comportement de Pierre (agent de l'action) à l'égard de Paul (but de l'action). Si la même idée est exprimée à la voix passive *(Paul est accompagné par Pierre)*, la relation entre les êtres ou les choses désignés par le sujet et le complément d'objet reste la même, mais ces mots n'ont plus la même fonction grammaticale (v. Chap. 37).

Le choix de la voix active ou de la voix passive dépend du choix du mot qu'on emploie comme sujet, pour exprimer une même idée, c'est-à-dire du mot désignant l'être ou la chose dont on dit quelque chose. Ainsi dans la phrase précédente on peut choisir de parler soit de Pierre, soit de Paul.

2. *Voix pronominale.*

● Certains verbes ne s'emploient qu'à la forme pronominale, c'est-à-dire avec un pronom de même personne que le sujet. Ce sont les verbes dits **essentiellement pronominaux.** Pour ces verbes, la forme pronominale ne s'oppose pas à une conjugaison active :

Jacqueline S'EST ÉVANOUIE *à l'annonce de cette nouvelle.*
Pierre S'ABSTIENT *de boire du vin.*

● Certains verbes s'emploient à la forme pronominale avec un sens très différent de celui qu'ils ont à la voix active *(apercevoir quelque chose / s'apercevoir de quelque chose)*. Dans ce cas, le verbe pronominal peut être encore considéré comme essentiellement pronominal, et complètement distinct du verbe actif correspondant.

● Quand un verbe transitif direct ou indirect a pour complément d'objet direct ou indirect un pronom personnel représentant une personne identique au sujet, il suit la conjugaison pronominale (auxiliaire *être*). On distingue alors :

— le sens **réfléchi** :

Pierre S'EST REGARDÉ *dans la glace* (← Pierre a regardé Pierre);

— le sens **réciproque** :

Pierre et Paul SE SONT REGARDÉS (← Pierre a regardé Paul, et Paul a regardé Pierre).

● La forme pronominale est parfois proche de la voix **passive**. La phrase :

Ce tissu SE FABRIQUE *en Angleterre,*

est très proche, par le sens et par la construction, de la phrase passive : *Ce tissu* EST FABRIQUÉ *en Angleterre.*

Ces deux phrases correspondent, pour le sens, à la phrase active : *On* FABRIQUE *ce tissu en Angleterre,* qui a pour complément d'objet direct *(tissu)* le sujet des deux phrases précédentes.

3. Le mode.

1. Le sens des différents modes du verbe.

Des formes verbales comme *(vous) savez, (vous) sauriez, (que vous) sachiez, sachez* appartiennent au même verbe; elles sont au même temps (présent) et à la même personne (deuxième personne du pluriel); elles ne diffèrent que par le **mode** (indicatif, conditionnel, subjonctif, impératif).

Le mode a plusieurs fonctions en français :

● Il oppose les **types de phrases** (v. Chap. 3); les types déclaratif et interrogatif sont définis par le mode indicatif, et le type impératif est défini par le mode impératif ou, à la troisième personne, par le mode subjonctif :

Pierre EST VENU *à la maison. Pierre* EST-*il* VENU?
Pierre, VIENS *demain à 5 heures! Que Pierre* VIENNE *à 5 heures!*

● Il oppose les phrases **principales,** où il dépend du type de phrase, à certains types de **subordonnées,** dont le mode est le subjonctif ou l'infinitif :

Je crains qu'il ne vienne. Je crains de venir.

● Il oppose l'énoncé **pris en compte,** envisagé comme vrai par celui qui parle, à l'énoncé **qu'on ne prend pas à son compte,** ou qu'on envisage seulement comme possible, comme étranger à la réalité :

Ce SERAIT *surprenant* (simple hypothèse, à la différence de *c'est,* ou *ce sera* surprenant).
PUISSIEZ-*vous avoir raison!* (simple vœu).

● Il oppose les formes **verbales** proprement dites aux formes **nominales** ou **adjectives** du verbe :

— Les modes **indicatif, conditionnel, impératif** et **subjonctif** connaissent les variations de temps et de personne, qui sont caractéristiques de la classe des verbes. On les appelle les modes **personnels** (v. Chap. 47);

— L'**infinitif** est une forme du verbe qui a des propriétés d'un nom sans déterminant, et le **participe** est une forme du verbe qui a des propriétés d'un adjectif. On les appelle les modes **impersonnels** (v. Chap. 45-46).

2. Le mode exprimé par les auxiliaires.

Les auxiliaires *devoir* et *pouvoir*, dans certains de leurs emplois devant un infinitif, expriment l'idée que celui qui parle considère comme seulement **probable** ou **possible** le fait qu'il énonce. Comparons :

> *Tu te trompes* et *Tu* DOIS *te tromper.*
> *Cela arrivera* et *Cela* PEUT *arriver.*

4. L'aspect.

La catégorie de l'aspect exprime la manière dont est présenté le déroulement ou l'accomplissement de l'action.

1. L'accompli et le non-accompli.

L'action peut être présentée comme en cours de réalisation (non-accompli) ou déjà achevée (accompli). Cette opposition s'exprime par l'emploi des formes simples (non-accompli) ou des formes composées, avec les auxiliaires *avoir* ou *être* (accompli) :

> *Il* LIT (LISAIT, LIRA) *le journal :* non-accompli.
> *Il* A (AVAIT, AURA) LU *le journal :* accompli.

2. L'inchoatif.

Les auxiliaires *commencer à*, *se mettre à*, devant un infinitif, indiquent qu'une action ou un état est à son début. Le contraire est indiqué par *finir de*, *cesser de* suivis de l'infinitif :

> *Il* COMMENCE À *neiger. Il* A FINI DE *pleuvoir.*

3. Le progressif.

L'auxiliaire *être en train de*, devant un infinitif, indique qu'une action ou un état sont en cours :

> *Il* EST EN TRAIN DE *lire dans son bureau.*

4. L'immédiat.

L'auxiliaire *aller*, devant un infinitif, indique qu'une action se produira dans un futur immédiat. La locution *être sur le point de* s'emploie avec la même valeur. L'auxiliaire *venir de*, devant un infinitif, indique un passé immédiat :

> *La pièce* VA *commencer,* EST SUR LE POINT DE *commencer.*
> *La séance* VIENT DE *s'achever.*

> REMARQUE. L'emploi de ces auxiliaires est limité à certains temps ; ainsi *aller*, auxiliaire de futur immédiat, ne s'emploie qu'au présent ou à l'imparfait de l'indicatif, et pour *venir de*, auxiliaire de passé immédiat, le seul temps du passé normalement employé est l'imparfait ; ainsi :
> **Je suis venu de chercher le journal* est une phrase incorrecte ; *Je venais de rencontrer Pierre* est une phrase correcte.

5. Le temps.

Des formes verbales comme *je viens, je venais, je viendrai, j'étais venu* appartiennent au même verbe *(venir)*, au même mode (indicatif) et sont à la même personne (première personne du singulier). Elles ne diffèrent que par le **temps** (présent, imparfait, futur, plus-que-parfait).

Les temps du verbe expriment des rapports de temps réel, auxquels peuvent s'ajouter, on l'a vu, des valeurs d'aspect. Mais l'action ou l'état indiqués par le verbe peuvent être situés dans le temps par rapport à des points de repère différents.

1. Temps relatifs et temps absolus.

Quand on dit :

> *Son arrivée me* SURPRIT, *et pourtant il m'*AVAIT PRÉVENU,

on emploie deux verbes, le premier au passé simple, l'autre au plus-que-parfait. Le passé simple *(surprit)* situe l'action dans le passé par rapport au moment où l'on parle, où l'on énonce la phrase (moment de l'énonciation). On dit que c'est un temps **absolu.**

Le plus-que-parfait *(avait prévenu)* situe l'action dans le passé à la fois par rapport au moment où l'on parle et par rapport à celui qu'indique le verbe de la phrase énoncée *surprit* (moment de l'énoncé). On dit que c'est un temps **relatif.**

2. Les formes verbales temporelles.

Chaque mode a plusieurs temps, l'indicatif étant le plus riche.

● Le **présent** s'oppose aux autres temps par l'absence de désinences temporelles (il n'a que des désinences personnelles) : on dit que c'est la forme temporellement non-marquée du verbe.

Il s'emploie :

soit pour situer l'énoncé dans l'instant actuel :

Le temps EST *beau aujourd'hui,*

soit pour le situer à tout autre moment :

*J'*ARRIVE *dans une heure* (= futur).

*J'*ARRIVE *à l'instant de Paris* (= passé),

ou même en dehors du temps (proverbes, par exemple) :

Pierre qui ROULE *n'*AMASSE *pas mousse.*

● La forme à désinence *-ais, -ait, -aient,* ou **imparfait,** situe l'événement dans le passé par rapport à l'énonciation. Il exprime en principe une notion de durée ou de répétition :

Hier, il NEIGEAIT. *Il se* LEVAIT *chaque jour à 6 heures.*

● Les formes en *-r-* sont le **futur** (*-ra, -rai, -ras,* etc.) et le **futur dans le passé** (*-rait, -rais,* etc.).

Le futur situe l'événement dans l'avenir par rapport à l'énonciation :

Pierre vous ACCOMPAGNERA *à la gare.*

Le futur dans le passé situe l'événement par rapport à un énoncé situé dans le passé; c'est donc un temps relatif :

Pierre a dit qu'il vous ACCOMPAGNERAIT (= Pierre a dit : « Je l'accompagnerai »).

REMARQUE. Le futur dans le passé est un temps de l'indicatif dont les formes sont identiques à celles du **conditionnel présent.**

● Les formes en *-a*, *-it*, *-ut*, etc. (*chanta, fini, but*, etc.), constituent le **passé simple**. Elles situent l'événement dans le passé si l'énoncé est un récit, et n'expriment pas la considération de la durée :

Louis XIV RÉGNA *en monarque absolu.*

● Dans les formes comportant les auxiliaires *avoir* ou *être*, formes composées, la désinence temporelle est portée par l'auxiliaire. Ces formes sont des temps relatifs exprimant des valeurs d'aspect :

passé composé : *j'ai pris*   **futur antérieur**   : *j'aurai pris*
plus-que-parfait : *j'avais pris* **futur antérieur du passé** : *j'aurais pris*
passé antérieur : *j'eus pris*

REMARQUE. Le passé composé est à la fois un temps relatif et un temps absolu qui exprime l'aspect accompli présent ou passé :

J'ai compris (maintenant) : résultat présent.
J'ai compris (ce jour-là) :   action passée.

C'est avec la valeur d'accompli passé que le passé composé remplace, dans le discours, le passé simple du récit.

6. Personne et nombre.

Les catégories de la personne et du nombre appartiennent au groupe du nom ou au pronom, mais elles se retrouvent dans le verbe aux modes personnels, par suite de l'**accord du verbe** avec le sujet, et se marquent par des désinences, mais de façon différente dans la langue écrite et dans la langue orale. Les marques distinctives sont plus nombreuses dans la langue écrite; aucun temps ne présente, dans la langue orale, six formes différentes pour les deux séries (singulier et pluriel) des trois personnes :

j'aime	[ɛm]	*je finis*	[fini]	*je vois*	[vwa]
tu aimes	[ɛm]	*tu finis*	[fini]	*tu vois*	[vwa[
il aime	[ɛm]	*il finit*	[fini]	*il voit*	[vwa]
nous aimons	[emɔ̃]	*nous finissons*	[finisɔ̃]	*nous voyons*	[vwajɔ̃]
vous aimez	[eme]	*vous finissez*	[finise]	*vous voyez*	[vwaje]
ils aiment	[ɛm]	*ils finissent*	[finis]	*ils voient*	[vwa]

Selon les temps et les modèles de verbes, une même personne peut avoir des désinences différentes. Ainsi, les désinences à la première et à la deuxième personne du pluriel peuvent être, dans la langue écrite : (ven)-*ons*, (vî)-*mes ;* (ven)-*ez*, (vî)-*tes.*

26

Les conjugaisons

1. Qu'est-ce qu'une conjugaison?

● **Conjuguer** un verbe, c'est faire le répertoire systématique des diverses formes, simples et composées, qu'il prend en fonction des modes, des temps, des personnes et des nombres.

Le tableau général de toutes les formes d'un verbe s'appelle sa « conjugaison ».

● L'addition de **désinences,** indiquant le mode, le temps, le nombre et la personne, se fait soit sans modification du radical, soit avec modification de ce dernier :

il ment, il mentait, il mentira, mens, qu'il mente ;
il voit, il voyait, il verra, vois, qu'il voie ;
il sait, il savait, il saura, sache, qu'il sache.

● Les désinences peuvent varier selon la forme du radical. Ainsi, selon les verbes, le passé simple à la troisième personne du singulier est :

-a : *il aima ;* -it : *il finit ;* -ut : *il voulut.*

La différence de forme des désinences correspond, dans les exemples précédents, à une différence des désinences d'infinitif *(aimer, finir, vouloir).*

Cette correspondance n'est pas régulière :

voir	: *il vit ;*	vouloir	: *il voulut ;*
naître	: *il naquit ;*	connaître	: *il connut ;*
partir	: *il partit ;*	courir	: *il courut.*

● Pour définir les modèles de conjugaison, on adopte un type de classement différent selon que l'on considère la langue écrite ou la langue parlée.

Dans la langue **écrite,** on se rapporte à l'infinitif du verbe, et parfois accessoirement au participe présent. Dans la langue **parlée,** le classement est plus simple si l'on considère le nombre de formes différentes du radical entraînées par l'addition des désinences.

2. Les modèles de conjugaison dans la langue écrite.

On a établi **trois types** de conjugaison :

● La conjugaison des verbes en -*er*, caractérisée par :

— le futur en -*era*   *chantera*
— le passé simple en -*a*   *chanta*
— le subjonctif présent identique, au singulier, à
l'indicatif présent   *chante*
— le participe passé en -*é*   *chanté.*

Certains verbes, ayant le même système de désinences, s'écartent de ce modèle par diverses modifications du radical :

— verbes en -*cer*, -*ger ; -ayer*, -*uyer*, -*oyer ; -eler*, -*eter ;*
— verbe *envoyer.*

Le verbe *aller*, outre des changements complets dans le radical, a un subjonctif présent différent de l'indicatif présent;

● La conjugaison des verbes en -*ir* avec variation du radical (*fini-* / *finiss-*), caractérisée par :

— le futur en -*ra*   *finira*
— le passé simple en -*it*   *finit*
— le participe passé en -*i*   *fini.*

Les verbes qui s'écartent de ce modèle sont peu nombreux (*haïr, bénir*) ;

● La conjugaison des verbes en -*ir* (sans variation en -*iss-*), des verbes en -*oir* et des verbes en -*re.*
Ces verbes, subdivisés en petits groupes, présentent des variations importantes de radical et de désinences. Cette conjugaison est dite « irrégulière », car elle comprend un nombre important de petites conjugaisons régulières.

129

3. Les modèles de conjugaison dans la langue parlée.

Pour l'établissement de ces conjugaisons, on part de la transcription phonétique des formes de la langue. Ainsi :

il chante,	*il chantait,*	*il chantera,*	*qu'il chante.*
[ʃɑ̃t]	[ʃɑ̃tɛ]	[ʃɑ̃tra]	[ʃɑ̃t]
il finit,	*il finissait,*	*il finira,*	*qu'il finisse.*
[fini]	[finisɛ]	[finira]	[finis]
il ment,	*il mentait,*	*il mentira,*	*qu'il mente.*
[mɑ̃]	[mɑ̃tɛ]	[mɑ̃tira]	[mɑ̃t]
il veut,	*il voulait,*	*il voudra,*	*qu'il veuille.*
[vø]	[vulɛ]	[vudra]	[vœj]

On n'indique pas le passé simple, qui ne se présente pas en langue parlée. Quant à l'infinitif et au participe, qui ne sont pas des formes verbales proprement dites, ils sont mis dans la classe des noms ou des adjectifs. Selon le nombre des formes du radical dans l'ensemble des formes d'un verbe, on distingue alors les conjugaisons à une, deux, trois, quatre formes de radical.

● Verbes à **une** forme de radical :

il chante,	*il chantait,*	*il chantera,*	*qu'il chante.*
[ʃɑ̃t]	[ʃɑ̃tɛ]	[ʃɑ̃tra]	[ʃɑ̃t]

● Verbes à **deux** formes de radical :

il finit,	*il finissait,*	*il finira,*	*qu'il finisse.*
[fini]	[finisɛ]	[finira]	[finis]

● Verbes à **trois** formes de radical :

il boit,	*il buvait,*	*il boira,*	*qu'il boive.*
[bwa]	[byvɛ]	[bwara]	[bwav]

● Verbes à **quatre** formes de radical :

il vient,	*il venait,*	*il viendra,*	*qu'il vienne.*
[vjɛ̃]	[vənɛ]	[vjɛ̃dra]	[vjɛn]

● Au-delà de quatre formes de radical, il s'agit de cas particuliers *(faire, avoir, être)* :

il est,	*il était,*	*il sera,*	*qu'il soit,*	*nous sommes,*	*vous êtes,*	*ils sont.*
[ɛ]	[etɛ]	[səra]	[swa]	[sɔm]	[ɛt]	[sɔ̃]

Les tableaux des conjugaisons (formes écrites et formes parlées) sont donnés aux pages 237 et suivantes.

27

Les adverbes

1. Les classes d'adverbes.

On appelle **adverbes** des mots invariables qui jouent des rôles syntaxiques très divers, correspondant à des groupes prépositionnels, à des phrases, à des conjonctions de coordination.
On peut ainsi distinguer :
— les adverbes de **manière,** de **lieu,** de **temps;**
— les adverbes de **quantité** et de **négation;**
— les adverbes d'**opinion** et les **modalisateurs;**
— les adverbes de **liaison** ou de **coordination.**

2. Adverbes de manière, de lieu, de temps.

On range dans cette classe ceux qui jouent le rôle de **groupes prépositionnels, compléments de manière, de lieu, de temps.** Ainsi :
Pierre conduit sa voiture PRUDEMMENT
équivaut à :
Pierre conduit sa voiture DE MANIÈRE PRUDENTE, OU AVEC PRUDENCE.

Pierre habite ICI
équivaut, par exemple, à :
Pierre habite DANS CETTE MAISON.

Pierre viendra DEMAIN
équivaut, par exemple, à :
Pierre viendra DANS QUELQUES HEURES.

● Les adverbes de **manière** ont une relation morphologique étroite avec les **adjectifs qualificatifs** (v. Chap. 23), et naturellement avec les noms dérivés de ces adjectifs :

ardent, ardemment, ardeur ;
pauvre, pauvrement, pauvreté.

Cette relation peut aller jusqu'à l'identité de forme :

(chanter) *juste* et (une note) *juste.*

● Certains adverbes de **lieu** ont une relation morphologique étroite avec les **prépositions** introduisant les groupes auxquels ils se substituent (ressemblance ou identité de forme) :

Il marche DEVANT *moi. Il marche* DEVANT.
Le livre est SUR *la table. Le livre est* DESSUS.

D'autres sont en relation avec des **démonstratifs** :

*Ce livre-*CI. — *Ce livre est* ICI.
*Ce livre-*LÀ. — *Ce livre est* LÀ.

● Certains adverbes de **manière,** de **lieu,** de **temps** supportent une **interrogation** ou une **exclamation** : ils se substituent à des compléments circonstanciels sur lesquels porterait l'interrogation ou l'exclamation :

DE QUELLE MANIÈRE *s'y est-il pris?* → COMMENT *s'y est-il pris?*
DE QUEL CÔTÉ *est-il parti?* → OÙ *est-il parti?*
QUEL JOUR *viendrez-vous?* → QUAND *viendrez-vous?*

3. Adverbes de quantité et de négation.

● Les adverbes de **quantité** (*très, beaucoup, peu, autant, moins, plus,* etc.) jouent le rôle de **modificateurs** dans le groupe du nom ou dans le groupe du verbe. Ils peuvent en effet :

— jouer le rôle d'un déterminant du nom, avec la préposition *de :*

BEAUCOUP DE *coureurs ont abandonné ;*

— indiquer une intensité particulière des adjectifs, des adverbes ou des verbes (v. Chap. 28) :

Il est TRÈS *heureux. Il est* TROP *tard. Pierre travaille* PEU.

● Les adverbes de **négation** peuvent être rattachés aux adverbes de quantité en ce sens qu'ils indiquent la **quantité nulle** ou la **quantité restreinte.** Ils sont normalement constitués de deux éléments : *ne* et un élément complémentaire (adverbe, pronom déterminant) de valeur quantitative ou temporelle : *pas* (littérairement *point), guère, plus, jamais ; personne, rien ; aucun, nul. Ne ... que* exprime la négation restrictive (v. aussi Chap. 36) :

Il NE *vous reste* QUE *cinq minutes.*

4. Les adverbes d'opinion et les modalisateurs.

● Les adverbes *oui, si, non* jouent le rôle d'une **phrase** entière, spécialement dans les réponses aux questions :

Êtes-vous prêt? — OUI. (*Oui* équivaut à : *je suis prêt.*)
Avez-vous faim? — NON. (*Non* équivaut à : *je n'ai pas faim.*)
Je m'adresse à toi, NON *à lui.* (*Non à lui* équivaut à : *je ne m'adresse pas à lui.*)
Tu ne me reconnais pas? — SI. (*Si* équivaut à : *Je te reconnais.*)

REMARQUE. *Si* ne s'emploie que pour répondre à une interrogation négative.

● Certains adverbes comme *peut-être, vraisemblablement, assurément*, etc., jouent le rôle de **modalisateurs** de l'énoncé : ils indiquent un jugement de celui qui parle sur ce qu'il dit :

— soit une réserve :

Je viendrai PROBABLEMENT *demain.*
Vous vous êtes PEUT-ÊTRE *trompé ;*

— soit une insistance sur la vérité de ce qu'il dit :

Ces calculs sont CERTAINEMENT *exacts.*

Ces adverbes sont, eux aussi, l'équivalent de phrases telles que : *je le suppose, j'en suis convaincu*, etc.

5. Adverbes de liaison ou de coordination.

Certains adverbes, tels que *ensuite, puis, ainsi, en effet, aussi*, marquent, comme des conjonctions de coordination, une liaison, un enchaînement entre plusieurs phrases, le lien étant de caractère temporel ou logique (v. Chap. 30). Ils se placent au début d'une phrase qu'ils relient à ce qui précède, mais non nécessairement à la première place :

Vous irez jusqu'au carrefour, PUIS *vous tournerez à droite.*
Il a fallu renoncer à cet achat : les crédits étaient EN EFFET *insuffisants.*

6. Les locutions adverbiales.

Il existe un très grand nombre de groupes de mots étroitement unis entre eux qui fonctionnent exactement comme des adverbes simples; ce sont les locutions adverbiales :

Il est arrivé À L'IMPROVISTE (= soudain).
Il parle À TORT ET À TRAVERS (= inconsidérément).

Ces locutions sont des groupes prépositionnels figés qui contiennent le plus souvent les prépositions *de* et *à* et qui présentent parfois des particularités morphologiques. Ainsi il existe des séries de locutions adverbiales comme :

à la milanaise, à la hussarde, à l'anglaise (filer), etc.;
à croupetons, à chevauchons, à califourchon, etc.

28

Les adverbes de quantité
Comparatifs et superlatifs

1. Rôle syntaxique et sémantique des adverbes de quantité.

Les adverbes de quantité sont des **modificateurs** qui dépendent syntaxiquement du terme qu'ils modifient; ils entrent dans le groupe du verbe ou dans le groupe du nom pour indiquer une modification en quantité ou en intensité du **verbe,** de l'**adverbe,** de l'**adjectif** ou du **nom.**

● L'adverbe est un **modificateur du verbe** (dans le groupe du verbe).

Dans la phrase :

Mon correspondant tarde TROP *à me répondre,*

l'adverbe *trop* ajoute une notion d'excès au verbe *tarder.*

● L'adverbe est un **modificateur d'un autre adverbe** (dans le groupe du verbe ou dans le groupe du nom).

Dans les phrases :

Vous travaillez TROP *lentement,*
Vous êtes allé TROP *loin,*
Cet enfant se couche TROP *tard,*

l'adverbe *trop* ajoute la même notion d'excès à *lentement* (adverbe de manière), *loin* (adverbe de lieu), *tard* (adverbe de temps) qui appartiennent au groupe du verbe.

Dans les phrases :

Cet enfant dort TROP *peu,*
Ce renseignement TROP *peu précis n'a servi à rien,*

l'adverbe *trop* modifie *peu* (adverbe de quantité), qui appartient tantôt au groupe du verbe, tantôt au groupe du nom.

● L'adverbe est un **modificateur de l'adjectif** (dans le groupe du verbe ou dans le groupe du nom).

Dans les phrases :

Ces paquets sont TROP *lourds,*
Les paquets TROP *lourds ne sont pas acceptés,*

l'adverbe *trop* modifie l'adjectif *lourds,* qui appartient tantôt au groupe du verbe, tantôt au groupe du nom.

● L'adverbe est un **modificateur du nom** (groupe du nom sujet ou groupe du verbe). L'adverbe de quantité peut former avec la préposition *de* un groupe jouant le rôle d'un déterminant (numéral, indéfini, article indéfini ou partitif).

Dans la phrase :

TROP D'*automobilistes sont imprudents,*

trop de joue le même rôle que *mille, certains, des.*

> REMARQUE. On peut aussi considérer dans ce cas l'adverbe de quantité comme un groupe du nom suivi d'un complément :
>
> TROP D'*automobilistes* équivaut à : *Un nombre excessif d'auto-mobilistes.*
>
> De même :
>
> *Il mange* PEU DE *viande* équivaut à : *Il mange une petite quantité de viande.*

2. Les formes des adverbes de quantité.

Dans les exemples précédents, on n'a utilisé que les adverbes *trop* et *peu*, qui sont susceptibles de tous les emplois indiqués. C'est aussi le cas de *plus, moins, assez.*

Pour exprimer d'autres valeurs, on peut avoir à employer des formes différentes d'adverbes selon le mot modifié (verbe, adverbe ou adjectif). Comparons *autant* avec verbe et *aussi* avec adjectif, *beaucoup* avec verbe et *très* avec adjectif :

Il travaille AUTANT *que son frère.*	*Il a* BEAUCOUP *travaillé.*
Il est AUSSI *gentil que son frère.*	*Il est* TRÈS *travailleur.*

> REMARQUE. *Très,* qui ne s'emploie ordinairement que devant un adjectif ou un adverbe, est souvent utilisé dans la langue courante devant un nom sans déterminant, dans certaines locutions verbales :
>
> *Il a* TRÈS *faim. J'ai eu* TRÈS *peur.*

3. La place des adverbes de quantité.

● Les adverbes de quantité modifiant un verbe se placent après ce verbe :

Il s'amuse BEAUCOUP.

Quand le verbe est à l'infinitif, l'adverbe se place soit avant, soit après lui :

Il semble s'amuser BEAUCOUP.
Il semble BEAUCOUP *s'amuser.*

Quand le verbe est à une forme composée, l'adverbe se place entre l'auxiliaire et le participe :

Il s'est BEAUCOUP *amusé.*

● Les adverbes de quantité modifiant un adjectif ou un adverbe se placent avant cet adjectif ou cet adverbe :

Cette histoire est TRÈS *drôle.*
Venez nous voir PLUS *souvent.*

4. Comparatifs et superlatifs.

1. On appelle **comparatif** le groupe formé par un adverbe de quantité et l'adjectif, l'adverbe ou le verbe dont cet adverbe indique une intensité supérieure, égale ou inférieure. On distingue ainsi :

● le comparatif de **supériorité** :

Cet enfant est PLUS ORDONNÉ *que son frère.*
La voiture bleue roule PLUS VITE *que la rouge.*
*Ce film m'*INTÉRESSE PLUS *que l'autre ;*

● le comparatif d'**égalité** :

Cet enfant est AUSSI ORDONNÉ *que son frère.*
La voiture bleue roule AUSSI VITE *que la rouge.*
*Ce film m'*INTÉRESSE AUTANT *que l'autre ;*

● le comparatif d'**infériorité** :

Cet enfant est MOINS ORDONNÉ *que son frère.*
La voiture bleue roule MOINS VITE *que la rouge.*
*Ce film m'*INTÉRESSE MOINS *que l'autre.*

2. On appelle **superlatif** l'ensemble formé par un adverbe de quantité et un adjectif ou un adverbe. Cet adverbe modificateur indique une intensité extrême (superlatif absolu), ou une intensité portée au degré le plus élevé ou le plus bas par rapport à d'autres (superlatif relatif) :

● superlatif **absolu** :

   Cet enfant est TRÈS (FORT, EXTRÊMEMENT) ORDONNÉ.
   La voiture bleue roule TRÈS (FORT, EXTRÊMEMENT) VITE;

● superlatif **relatif** de **supériorité** :

   Cet enfant est LE PLUS ORDONNÉ.
   La voiture bleue roule LE PLUS VITE;

● superlatif **relatif** d'**infériorité** :

   Cet enfant est LE MOINS ORDONNÉ.
   La voiture bleue roule LE MOINS VITE.

REMARQUE. Pour certains adjectifs ou adverbes, le comparatif et le superlatif se forment non par l'addition d'un adverbe de quantité, mais par l'emploi d'un autre adjectif ou d'un autre adverbe:

   Cet homme est BON. *Cet homme est* MEILLEUR. *Cet homme est* LE MEILLEUR *de tous.*
   Il travaille BIEN. *Il travaille* MIEUX. *Il travaille* LE MIEUX.

5. La proportion et la conséquence.

● Les adverbes de quantité entrent aussi dans des expressions indiquant la **proportion** (*d'autant plus, d'autant moins*, etc.) :

   Elle est D'AUTANT PLUS HEUREUSE *qu'elle ne s'y attendait pas.*

● Les adverbes de quantité entrent dans des expressions qui sont suivies d'une phrase indiquant la **conséquence** (*assez pour*) :

   J'ai pris ASSEZ D'ESSENCE POUR *que nous allions jusqu'à Dijon.*

6. Les adverbes de quantité interrogatifs et exclamatifs.

Certains adverbes de quantité entrent dans des **phrases interrogatives** ou **exclamatives** :

   COMBIEN DE *personnes ont téléphoné?*
   QUE DE *difficultés nous avons rencontrées!*

29

Les prépositions

1. Le groupe prépositionnel et la préposition.

1. Dans des phrases telles que :

Les voitures circulent DANS LA RUE,
La télévision a retransmis un match DE RUGBY,
Je serai toujours prêt À VOUS AIDER,

les groupes de mots *dans la rue, de rugby, à vous aider* sont appelés **groupes prépositionnels.** Ils sont constitués par un mot invariable, la **préposition** *(dans, de, à),* suivi d'un **groupe du nom** avec lequel la préposition est étroitement liée.

2. Le groupe prépositionnel peut avoir diverses fonctions :

● Il peut être un **constituant du groupe du verbe.** Ainsi dans la phrase :

Cette réponse équivaut À UN REFUS,

le groupe prépositionnel *à un refus* est un complément nécessaire du verbe *équivaut ;* il ne peut pas être placé à un autre endroit dans la phrase. Sa fonction syntaxique le situe dans le groupe du verbe;

● Il peut être **constituant d'un groupe du nom.**
Dans la phrase :

Un tronc D'ARBRE *barrait la route,*

le groupe prépositionnel *d'arbre* est complément du groupe du nom *tronc.*
Dans la phrase :

Jean a acheté un stylo À BILLE,

le groupe prépositionnel *à bille* est un complément du groupe du nom *un stylo,* qui fait lui-même partie du groupe du verbe *a acheté un stylo à bille.*
Ces groupes prépositionnels ne peuvent pas être déplacés dans

les phrases où ils sont employés et leur fonction s'exerce au niveau d'un groupe du nom;

● Il peut être le **complément d'un adjectif** ou **d'un adverbe** (appartenant eux-mêmes à un groupe du nom ou à un groupe du verbe). Dans la phrase :

Une corbeille pleine DE FRUITS *est posée sur la table,*

le groupe prépositionnel *de fruits* dépend de l'adjectif *pleine*, qui appartient au groupe du nom *une corbeille pleine de fruits.*
De même, dans la phrase :

Cette question a été étudiée indépendamment DE L'AUTRE,

le groupe prépositionnel *de l'autre* dépend de l'adverbe *indépendamment ;*

● Il peut être un **constituant de la phrase entière** plutôt que de tel ou tel de ses éléments. Dans la phrase :

On peut tout juste acheter une bicyclette AVEC CETTE SOMME,

le groupe prépositionnel *avec cette somme* est un complément de toute la phrase. Il est en effet en relation de sens non seulement avec *peut acheter* (cette somme ouvre une possibilité d'achat), mais aussi avec *on* (n'importe qui peut acheter, moyennant cette somme) et avec *une bicyclette* (pas deux bicyclettes, ni un vélomoteur, ni une voiture). Ce groupe prépositionnel peut figurer à diverses places dans la phrase :

AVEC CETTE SOMME, *on peut tout juste acheter une bicyclette.*
On peut tout juste, AVEC CETTE SOMME, *acheter une bicyclette.*
On peut tout juste acheter, AVEC CETTE SOMME, *une bicyclette.*

3. Le groupe du nom qui suit la préposition dans le groupe prépositionnel peut être **un nom sans déterminant :**

Mon cousin habite À PARIS. *Une épingle* DE SÛRETÉ.

Il peut se voir substituer un **pronom :**

Je m'adresse À VOUS. À QUOI *penses-tu?*

Il peut être un **infinitif :**

As-tu pensé À FERMER *le gaz?*

4. On posera en principe que les **groupes compléments circonstanciels** comportent une **préposition.** Cependant, la préposition est parfois absente (supprimée) de ces groupes, ainsi pour certains compléments de temps et de lieu. Comparons :

Les vacances commencent DANS *trois jours* | *Les vacances commencent la semaine prochaine.*

L'obélisque de Louxor se trouve À *Paris.* | *L'obélisque de Louxor se trouve place de la Concorde.*

5. Le groupe prépositionnel comporte parfois **deux prépositions** consécutives :

Cet incident date D'AVANT *mon retour.*

Il est passé PAR-DERRIÈRE *la maison.*

2. Les classes de prépositions.

1. On distingue deux grandes classes de prépositions.

● La première classe comprend les prépositions *de* et *à*, qui, entre autres emplois, peuvent être constituants de groupes prépositionnels appartenant au groupe du verbe (compléments d'objet indirects, compléments d'objet secondaires, compléments de lieu avec *être*) :

Je ne doute pas DE SA SINCÉRITÉ.

Le petit chien obéit À SON MAÎTRE.

Antoine a loué son appartement À UN AMI.

Depuis quand êtes-vous À PARIS?

● La deuxième classe comprend les autres prépositions (*dans, devant, derrière, sur, avec, pour*, etc.), qui sont le plus souvent des constituants de groupes prépositionnels compléments de phrase :

Adèle a posé le vase SUR LA TABLE.

Il faisait des moulinets AVEC SON BÂTON.

2. Il faut toutefois remarquer que cette répartition des emplois n'est pas absolue :

● *de* et *à* sont parfois aussi des constituants de groupes prépositionnels compléments de phrase :

DE TOUS CÔTÉS, *la place était déserte.* À LA FIN *de la séance, on fait la quête ;*

● certaines prépositions autres que *de* et *à* peuvent aussi être constituants de groupes prépositionnels appartenant au groupe du verbe ou au groupe du nom :

Je compte SUR VOTRE DISCRÉTION. *Il faut compter* AVEC L'IMPRÉVU. *Il a un pavillon* SANS JARDIN.

141

3. Les prépositions *de* et *à* sont parfois appelées prépositions **vides,** parce que leur rôle est le plus souvent syntaxique et non sémantique : elles indiquent une relation grammaticale sans exprimer un sens précis. Dans les deux phrases :

L'ennemi prit la ville et *L'ennemi s'empara* DE *la ville,*

les groupes *la ville* et *de la ville* ont la même fonction (objet) par rapport au verbe. Le verbe *s'emparer* est nécessairement suivi d'un groupe prépositionnel comprenant la préposition *de,* qui n'exprime aucun sens particulier.

Parmi les autres prépositions, certaines peuvent aussi s'employer comme prépositions vides. Ainsi, dans la phrase :

Je compte SUR *vous,*

la préposition *sur,* n'indiquant pas un sens particulier, est une préposition vide, nécessaire après le verbe *compter* pris dans cette acception.

REMARQUE. Dans certains emplois, les prépositions *de* et *à* expriment un sens précis, et ne sont donc pas alors des prépositions vides. Ainsi : *Il vient* DE *Paris* s'oppose à : *Il vient* à *Paris.*

4. Dans les prépositions de la deuxième classe, on distingue :

● les **prépositions racines** : *sur, sous, contre, vers, chez, sans,* etc.;

● les **locutions prépositives,** formées le plus souvent en ajoutant la préposition *de* à un adverbe ou à un groupe prépositionnel avec ou sans article : *loin de, près de, au lieu de, à côté de,* etc.

3. Syntaxe des prépositions dans les transformations.

En cas de transformations de phrases (par exemple en cas de nominalisation ou transformation d'un groupe du verbe en un groupe du nom [v. Chap. 47]), on constate tantôt la permanence des mêmes prépositions, tantôt l'apparition ou la disparition des prépositions.

1. Les prépositions de la deuxième classe (prépositions autres que *de* et *à*) restent généralement **inchangées :**

Un nouvel indice a été découvert PAR *les enquêteurs*
→ *La découverte d'un nouvel indice* PAR *les enquêteurs...*
Il s'est acharné CONTRE *ses adversaires*
→ *Son acharnement* CONTRE *ses adversaires...*

Il est compétent EN MATIÈRE DE *vente*
→ *Sa compétence* EN MATIÈRE DE *vente...*

2. Les prépositions *de* et *à* peuvent apparaître quand le complément d'un verbe est un **infinitif** (nominalisation infinitive). Comparons :

Pierre m'a demandé ma voiture et *Pierre m'a demandé* DE *lui prêter ma voiture.*
Il a demandé qu'on le décharge de cette tâche et *Il a demandé* À *être déchargé de cette tâche.*

La préposition *de* apparaît devant le **groupe du nom** qui était **sujet** ou **objet** avant la nominalisation. Comparons :

Le train arrive
→ *L'arrivée* DU *train...*
On a interdit la manifestation
→ *L'interdiction* DE *la manifestation...*

La préposition *de* joue un rôle spécialement important dans les transformations.

Avec certains **pronoms** compléments, on n'exprime pas les prépositions *de* ou *à* qu'on emploierait si le complément était un nom.

Comparons :
J'ai déjà parlé DE *cette affaire.* / *J'*EN *ai déjà parlé.*
Ce garçon ressemble À *un singe.* / *Ce garçon* LUI *ressemble.*

30

Conjonctions et adverbes de coordination
Conjonctions de subordination

1. Coordination de phrases et coordination de constituants.

1. Considérons le fragment de récit suivant :

Pierre est entré dans la maison. Georges est resté dehors.

Il s'agit de deux phrases simplement **juxtaposées** (séparées à l'oral par une pause).

On peut relier ces deux phrases par *et, mais* : *Pierre est entré dans la maison, et (mais) Georges est resté dehors.* On dit alors que ces deux phrases sont coordonnées. Les mots *et, mais* appartiennent à la classe des **coordonnants.**

2. Les coordonnants sont des éléments de liaison exprimant certaines relations entre des phrases ou entre des constituants.

On peut distinguer dans cette classe :

● les **conjonctions de coordination** : *et* (addition), *ou, ni* (disjonction), *mais, or* (opposition), *car* (cause);

● des **adverbes** ou **locutions adverbiales de coordination** comme *puis* (addition), *cependant, toutefois, pourtant, par contre, en revanche* (opposition), *en effet* (cause), *donc, par conséquent* (conséquence), etc.

Ce classement repose en particulier sur le fait que les conjonctions ne peuvent pas être placées à l'intérieur d'un groupe de mots relié à ce qui précède.

On peut dire :

Il avait tort ; cependant il ne voulait pas l'admettre ;

ou : *Il avait tort ; il ne voulait cependant pas l'admettre.*

Cependant est un adverbe de coordination.

On peut dire :

Il avait tort, mais il ne voulait pas l'admettre.

On ne peut pas dire :

*Il avait tort ; il ne voulait mais pas l'admettre.

Mais est une conjonction de coordination.

3. Les coordonnants relient en principe des éléments de **même classe** et de **même fonction.**

● Certains ne relient que des phrases : c'est le cas des adverbes et des locutions adverbiales de coordination, ainsi que des conjonctions *or, car, mais* (avec ellipse possible d'une partie de la phrase).

Il parut surpris, CAR *il n'avait pas été prévenu.*

● D'autres, comme *et, ou,* peuvent relier soit des phrases, soit des éléments de phrase (groupes du nom, adjectifs, adverbes) :

Le vent a cessé, ET *il s'est mis à pleuvoir.*
Il a pris son imperméable ET *son parapluie.*
Le temps est froid ET *humide.*
Je serai absent aujourd'hui ET *demain.*

2. Subordination de phrases.

1. Considérons la phrase :

Il m'a appris que vous étiez malade.

Elle se compose de deux phrases dont la seconde est liée à la première par le mot *que ;* cette deuxième phrase joue le rôle d'un groupe du nom complément d'objet (on peut dire: *il m'a appris votre maladie*). On dit que la seconde est subordonnée à la première par la conjonction de subordination *que.*

De même, la phrase :

Quand je reviendrai, je m'occuperai de cette affaire,

se compose de deux phrases. Cette fois, c'est la première qui est subordonnée à la seconde par la conjonction de subordination *quand.* Cette première phrase joue le rôle d'un groupe du nom complément circonstanciel (on peut dire : *à mon retour, je m'occuperai de cette affaire*).

2. On distingue, parmi les conjonctions de subordination :

● la conjonction *que*, qui introduit diverses sortes de subordonnées, et spécialement les **complétives** compléments d'objet, sujets ou attributs;

● les autres conjonctions ou locutions conjonctives, qui introduisent des subordonnées compléments **circonstanciels :** *si, quand, comme, lorsque, puisque, quoique, parce que, dès que, pour que,* etc.

3. Les locutions conjonctives sont formées de l'addition de *que*, à un premier élément qui est en général un adverbe ou une préposition.

Elles expriment des rapports :

— de temps : *aussitôt que, avant que,* etc.;
— de but : *pour que, afin que ;*
— de cause : *parce que, du fait que ;*
— de conséquence : *de sorte que,* (trop...) *pour que.*
— de concession ou d'opposition : *bien que, alors que ;*
— de condition : *pourvu que, à condition que ;*
— de comparaison : *ainsi que, de même que.*

31

La phrase déclarative simple :
place et forme des groupes du nom et du verbe

1. L'ordre des groupes du nom et du verbe.

1. Une phrase déclarative simple se compose normalement de deux groupes fondamentaux (v. Chap. 4) : le groupe du nom sujet (formé d'un déterminant et d'un nom) et le groupe du verbe prédicat (formé d'un verbe et éventuellement de compléments, ou de *être* et d'un attribut); un groupe prépositionnel peut facultativement s'y ajouter :

> *L'enfant joue dans la cour. La route traverse le village.*
> *Le ciel est bleu.*

Dans la phrase déclarative, ces deux groupes se présentent dans un ordre déterminé; sauf dans quelques cas particuliers, **le groupe du nom sujet précède le groupe du verbe** :

> *Ma déception a été grande. Le chat dort près du feu.*
> *Ce travail a exigé des efforts importants.*

Si l'on inverse l'ordre de ces deux groupes, on n'a plus de phrases grammaticales :

> **A été grande* MA DÉCEPTION. **Dort près du feu* LE CHAT.
> **A exigé des efforts importants* CE TRAVAIL.

2. Parfois, cependant, une phrase de type déclaratif est constituée d'un **groupe du verbe** copule ou intransitif **suivi du groupe du nom sujet** (on dit alors qu'il y a **inversion du sujet**). C'est par exemple le cas :

● dans des phrases de forme **emphatique** dont le sujet est un groupe du nom (et non un pronom), et où, en vue d'un effet stylistique, l'adjectif attribut est mis en tête :

> *Grande fut* MA DÉCEPTION;

● dans des phrases qui comportent un **complément circonstanciel** ou un **adverbe** de lieu, de temps, de manière, placé en tête dans une intention stylistique :

> *De tous côtés arrivaient* DES NOUVELLES INQUIÉTANTES.
> *Bientôt apparurent* DES SIGNES DE CHANGEMENT.
> *Ainsi s'exprimait* LE MESSAGE.

Cette construction ne se rencontre pas quand le sujet est un pronom personnel, sauf si la phrase commence par un adverbe comme *peut-être, sans doute, aussi, du moins, encore :*

> *Peut-être se trompe-t-*IL.

Le pronom personnel sujet placé après le groupe du verbe peut reprendre le sujet exprimé à sa place normale avant le groupe du verbe :

> *Peut-être* PIERRE *se trompe-t-*IL;

● dans des phrases **intercalées** ou **incises,** comme :

> *Je ne pourrai pas, dit* PIERRE, *venir à ce rendez-vous.*
> *Il faut, croyons-*NOUS, *renoncer à ce projet ;*

● dans quelques phrases qui expriment une **hypothèse :**

> *Soit* UN CERCLE DE CENTRE O;

● dans des constructions **impersonnelles** où le verbe est précédé du pronom *il* et suivi du groupe du nom sujet :

> *Il reste* DEUX GÂTEAUX. *Il arrive* DES ACCIDENTS.
> *Il y a* UNE ROUTE QUI CONDUIT AU SOMMET DE LA COLLINE.

2. L'ordre des constituants dans le groupe du verbe.

1. Verbe et attribut, adverbe ou groupe du nom complément.

● **L'attribut** se place après le verbe copule *être :*

> *Le ciel est* BLEU.
> *Cet appareil est un* SPECTROSCOPE.

De même, le complément ou l'adverbe employés avec un verbe copule se placent normalement après celui-ci :

> *Le chien est* DANS LE JARDIN.
> *Le chien est* LÀ.

● En règle générale, le **groupe du nom objet** se place après le verbe :

Pierre lit LE JOURNAL.

Dans le cas d'un verbe admettant un objet secondaire, celui-ci se place le plus souvent après l'objet direct :

Pierre prête un livre À SON VOISIN.

Cependant, l'ordre inverse est possible, en particulier si le groupe objet direct est aussi long ou plus long que le groupe objet secondaire :

Pierre prête À SON VOISIN *un livre d'aventures.*

● Quand le groupe du verbe comprend un verbe intransitif et un complément circonstanciel ou un adverbe, ce **complément** ou cet **adverbe** se placent normalement après le verbe :

Pierre arrive À PARIS.
Pierre réside ICI.

● Cependant, dans les constructions emphatiques, quand le sujet est inversé (v. ci-dessus), l'**adjectif attribut,** le **complément circonstanciel** ou l'**adverbe** précèdent le verbe :

RARES *sont les exceptions.*
LÀ *est la difficulté.*
ICI *réside un acteur célèbre.*

(V. aussi Chap. 38.)

2. Verbe et pronom attribut ou complément.

● Lorsque, dans le groupe du verbe, l'adjectif attribut ou le groupe du nom attribut ou complément sont remplacés par un **pronom personnel,** celui-ci précède le verbe :

Pierre est (devient) habile → *Pierre* L'*est* (LE *devient*).
Pierre lit (a lu) le journal → *Pierre* LE *lit* (L'*a lu*).
Pierre prête un livre à son voisin → *Pierre* LUI *prête un livre.*
Pierre mange des fraises → *Pierre* EN *mange.*
Pierre habite à Paris → *Pierre* Y *habite.*

● Lorsque la phrase déclarative comprend **deux pronoms personnels compléments,** la place de chacun de ces pronoms obéit aux principes suivants :

— Si les deux pronoms sont de la troisième personne, le pronom représentant le groupe du nom introduit par une préposition est le plus proche du verbe :

> *Pierre lit le journal à sa mère* → *Pierre* LE LUI *lit.*
> *Pierre prête ses livres à son frère* → *Pierre* LES LUI *prête.*
> *Pierre envoie Paul à Paris* → *Pierre* L'Y *envoie.*
> *Pierre prie Paul de venir* → *Pierre* L'EN *prie ;*

— Si l'un des pronoms est de la troisième personne, et l'autre de la première ou de la deuxième personne, c'est au contraire le pronom représentant le groupe du nom introduit sans préposition qui est le plus proche du verbe :

> *Pierre me donne les livres* → *Pierre* ME LES *donne.*
> *Pierre te donne ces livres* → *Pierre* TE LES *donne.*

Cependant, si l'un des deux pronoms est *y* ou *en*, c'est lui qui est le plus proche du verbe :

> *Pierre m'envoie à Paris* → *Pierre* M'Y *envoie.*
> *Pierre m'avertit du danger* → *Pierre* M'EN *avertit.*

32

La phrase étendue

1. Phrase simple, phrase étendue, phrase complexe.

Quand une phrase est constituée des seuls éléments essentiels correspondant à la structure de son groupe du nom et de son groupe du verbe, c'est une phrase **simple**. Mais le groupe du nom et le groupe du verbe peuvent contenir des adjectifs, des adverbes, des groupes introduits par des prépositions, ou d'autres phrases introduites par des pronoms relatifs, des conjonctions, etc. Quand les éléments ajoutés sont des adjectifs, des groupes du nom, des adverbes, les phrases sont dites **étendues;** quand ce sont des phrases subordonnées, les phrases sont dites **complexes**.

Nous étudierons d'abord la phrase étendue.

2. Les formes de la phrase étendue.

1. Le **groupe du nom** peut recevoir un **élargissement** (on dit aussi une **expansion**) :

● par un **adjectif** ou un **groupe adjectival** (adjectif et adverbe, adjectif et ses compléments) :

Une GRANDE *ferme bordait la route.*
La PLUS GRANDE *erreur serait de s'obstiner.*
Le pilote avait sa voiture PRÊTE A DÉMARRER *;*

● par un **groupe du nom complément** introduit par une préposition (le plus souvent *de*) et placé après le groupe du nom complété.

Le rapport entre le groupe du nom complété et le groupe du nom complément est parfois indiqué clairement par la préposition :

Un ciel sans nuages annonçait une belle journée.
(*Sans* indique toujours l'absence, la privation.)

Mais la plupart des prépositions, et notamment *de*, peuvent introduire des groupes compléments ayant des rapports très divers avec le groupe complété :

Le livre DE PIERRE (possession).
Un coup DE COUTEAU (instrument).
Un fossé DE TROIS MÈTRES (mesure).
Des cartes DE VISITE (but).
Un bidon DE LAIT (contenu).

REMARQUES. 1. L'adjectif épithète et le groupe du nom complément, ayant même fonction par rapport au groupe du nom complété, peuvent souvent être remplacés l'un par l'autre :

Les lacs ITALIENS → *Les lacs* D'ITALIE.
Un ciel SANS NUAGES → *Un ciel* CLAIR.

De même, une proposition relative est souvent équivalente à un adjectif épithète ou à un groupe du nom complément :

Une démarche INUTILE. *Une démarche* SANS UTILITÉ.
Une démarche QUI NE SERT À RIEN.

La proposition relative sera étudiée au chapitre 41.

2. Ces élargissements peuvent s'ajouter à tout groupe du nom; qu'il soit sujet, qu'il appartienne au groupe du verbe (comme complément d'objet ou comme attribut), ou qu'il soit déjà lui-même un élargissement d'un autre groupe.

● par un **groupe du nom en apposition**, souvent sans déterminant :

Pierre, UN VOISIN, *avait proposé son aide.*
Le kangourou, MAMMIFÈRE AUSTRALIEN, *appartient à l'ordre des marsupiaux.*

2. Le **groupe du verbe** peut être élargi :

● par un **adverbe** :

L'opération a réussi PARTIELLEMENT;

● par un **groupe du nom** introduit par une **préposition.** Ce groupe prépositionnel est un complément circonstanciel :

L'avion est parti POUR NEW YORK.

REMARQUES. Un adverbe et un groupe prépositionnel complément circonstanciel ayant la même fonction dans le groupe du verbe peuvent souvent être remplacés l'un par l'autre :

Il travaille COURAGEUSEMENT. *Il travaille* AVEC COURAGE.

De même, une subordonnée circonstancielle (v. Chap. 43) est souvent l'équivalent d'un groupe prépositionnel complément circonstanciel (plus rarement d'un adverbe) :

> *J'ai exécuté ce travail* SELON VOS INSTRUCTIONS.
> *J'ai exécuté ce travail* COMME VOUS ME L'AVIEZ INDIQUÉ.
> *Il est arrivé* INOPINÉMENT. *Il est arrivé* SANS QU'ON L'ATTENDE.

3. Compléments du groupe du verbe et compléments de phrase.

Si certains groupes prépositionnels compléments circonstanciels sont des élargissements du groupe du verbe, d'autres sont des élargissements de la phrase entière. Soit la phrase :

> *Mes voisins sont partis* À LA CAMPAGNE POUR LE WEEK-END.

Le groupe *à la campagne* est complément du groupe du verbe et le groupe *pour le week-end* est complément de la phrase entière. Cette différence de fonction peut être mise en évidence par un essai de déplacement des deux compléments : *pour le week-end* peut se placer en tête de phrase, alors que le déplacement en tête de phrase de *à la campagne* donne une construction anormale :

> *Pour le week-end, mes voisins sont partis à la campagne* est correct.
> * *A la campagne, mes voisins sont partis pour le week-end* est incorrect.

Ces deux compléments se représentent de la manière suivante :

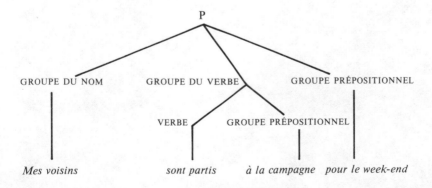

153

De même, dans la phrase :

Le petit chat boit du lait DANS UNE TASSE SOUS LA TABLE,

le groupe *sous la table*, qui peut être mis en tête de phrase, est un groupe prépositionnel complément circonstanciel de phrase. En revanche, le groupe *dans une tasse* est un groupe prépositionnel complément circonstanciel du groupe du verbe *boit du lait*, car la phrase :

Dans une tasse, le petit chat boit du lait sous la table

ne paraît pas très normale.

REMARQUE. Il peut y avoir ambiguïté sur l'appartenance d'un complément au groupe du verbe ou à la phrase.

Reprenons un des exemples du paragraphe précédent :

J'ai exécuté ce travail selon vos instructions.

Selon vos instructions peut être interprété soit comme complément du groupe du verbe, soit comme complément de phrase :

— complément du groupe du verbe : les instructions concernaient la *manière d'exécuter* ce travail; l'exécution a été faite d'une manière conforme aux instructions;

— complément de phrase : les instructions étaient *que j'exécute ce travail;* ces instructions ont été suivies.

Si le groupe prépositionnel *selon vos instructions* est mis en tête de phrase *(selon vos instructions, j'ai effectué ce travail)*, il est nécessairement complément de phrase et la deuxième interprétation est seule possible.

33

La phrase interrogative

1. Interrogation directe et interrogation indirecte.

Une phrase interrogative est une phrase par laquelle on pose une **question** à un interlocuteur. Quand la phrase interrogative s'adresse à un interlocuteur présent, on dit que c'est une interrogation **directe**. Dans la langue écrite, elle est suivie d'un point d'interrogation :

Qui est venu?
Pierre est-il là?

Quand la phrase interrogative dépend d'une phrase dont le verbe est *demander, savoir,* etc., on dit que c'est une interrogation **indirecte** (c'est une subordonnée) :

Je vous demande QUI EST VENU.
Je sais POURQUOI PIERRE EST LÀ.

Nous n'étudierons dans ce chapitre que les interrogations directes. Les interrogations indirectes seront étudiées avec les phrases complexes (v. Chap. 42).

2. Interrogation totale et interrogation partielle.

● On appelle interrogation **totale** celle qui porte sur **la phrase entière,** et non sur tel ou tel constituant particulier (la réponse est alors *oui* ou *non*, et, dans le cas d'une interrogation négative : *si / non*) :

La réparation est-elle achevée? — Oui / non.
La réparation n'est-elle pas achevée? — Si / non.

● On appelle interrogation **partielle** celle qui porte sur un **constituant de la phrase** à l'aide d'un mot interrogatif, pronom ou adverbe (la réponse est alors un groupe du nom ou un groupe prépositionnel) :

QUI *m'a appelé?* — *Ton fils.*

(L'interrogation porte sur le groupe du nom sujet, ici remplacé par un pronom.)

QUAND *iras-tu à Lyon?* — *Dans dix jours.*

(L'interrogation porte sur le groupe du nom complément de temps, ici remplacé par l'adverbe *quand.*)

3. La transformation interrogative.

On appelle « transformation interrogative » les modifications apportées à la phrase déclarative quand elle est transformée en une phrase interrogative.

1. Dans le cas d'une interrogation totale, la phrase interrogative peut être marquée seulement par une **intonation particulière :** une montée de la voix, le plus souvent à la fin, qui oppose cette phrase à la phrase déclarative :

INTERROGATIVE : *Vous avez trouvé la solution?* ↗

DÉCLARATIVE : *Vous avez trouvé la solution.* ↘

Cette forme est la plus usuelle dans la langue courante.

2. Dans le cas d'une interrogation totale ou partielle, la phrase interrogative peut être marquée par l'**addition,** après le verbe (ou après l'auxiliaire aux formes composées), d'un **pronom personnel** correspondant à la personne, au genre et au nombre du sujet, qui s'ajoute à l'intonation ascendante.

● Si le sujet est un **nom,** on ajoute le pronom *il(s)*, *elle(s)* :

*Ces arbres donnent-*ILS *beaucoup de fruits?*

*Ma lettre est-*ELLE *arrivée? Où les enfants sont-*ILS *partis?*

● Si le sujet est un **pronom personnel** dans la phrase déclarative correspondante, la même règle s'applique, mais le pronom précédent le verbe disparaît, ce qui équivaut à une **inversion du sujet :**

Il vient [→ *il vient-il*] → *Vient-*IL?

Vous venez [→ *vous venez-vous?*] → *Venez-*VOUS?

Ce type d'interrogation appartient surtout à la langue soutenue.

REMARQUE. Les pronoms *il(s)*, *elle(s)*, *on*, placés ainsi après le verbe, sont toujours précédés du son [t]. Si le verbe s'achève sur une voyelle ou un *e* muet, on intercale la lettre *t* entre le verbe et les pronoms *il*, *elle*, *on* :

> *Quand viendra-*T*-il? Espère-*T*-on le sauver?*

Si le verbe se termine par un *d*, ce *d* est prononcé [t] :

> *Qu'attend-il?* [katɑ̃til]

3. Dans le cas d'une interrogation partielle, le constituant sur lequel porte la question se trouve en tête de la phrase :

> COMMENT *est-il venu jusqu'ici?*

Dans la langue familière, il peut rester à la place qu'il aurait dans la phrase déclarative :

> *Tu as vu* QUI*? Tu vas* OÙ*? Il partira* QUAND*?*

Le groupe du nom sujet, dans une phrase où la question ne porte pas sur lui, peut être placé après le verbe (après le participe pour les formes composées) :

> *Que diront* TES PARENTS*? Où sont partis* LES ENFANTS*?*

Cette construction n'est pas admise avec l'adverbe *pourquoi* :

> *Pourquoi* LES ENFANTS *sont-ils partis?*

et non

> **Pourquoi sont partis* LES ENFANTS*?*

4. L'interrogation totale peut être marquée aussi par l'emploi, en tête de phrase, de la formule invariable *est-ce que*. Ce type d'interrogation exclut l'emploi du pronom personnel après le verbe :

> EST-CE QUE *ces arbres donnent beaucoup de fruits?*
> EST-CE QUE *ma lettre est arrivée?*

5. Dans l'interrogation partielle, le mot interrogatif (pronom ou adverbe) peut être suivi :

— de *est-ce que* si ce mot est un adverbe ou le pronom *qui* ou *que* complément,

— de *est-ce qui* si ce mot est le pronom *qui* sujet :

> OÙ EST-CE QUE *les enfants sont partis?*
> QUI EST-CE QUE *tu cherches?*
> QUI EST-CE QUI *m'a appelé?*

4. Les mots interrogatifs.

Les mots interrogatifs sont des pronoms, des adverbes ou l'adjectif *quel* (v. Chap. 15).

● Le **pronom** est mis à la place d'un nom qui, dans la phrase déclarative correspondante, peut avoir diverses fonctions, donc diverses places :

QUI *est là? (Le facteur est là.)*
QUI *as-tu vu? (J'ai vu le facteur.)*

● L'**adverbe** est mis à la place d'un groupe du nom, d'un adverbe ou d'une subordonnée complément circonstanciel :

QUAND *partirez-vous? (Je partirai dans trois jours* ou *demain* ou *dès que j'aurai achevé ce travail.)*

● L'**adjectif** accompagne le nom sur lequel porte l'interrogation et remplace un groupe du nom, simple ou étendu (groupe formé d'un complément, d'un adjectif, d'une proposition relative) :

QUELLE *route a-t-il prise? (Il a pris la route de droite* ou *la route départementale* ou *la route qui suit la vallée.)*
QUELS *arbres plantera-t-on ici? (On plantera ici des bouleaux.)*

REMARQUE. Le mot interrogatif n'est pas toujours le premier de la phrase. Il peut être précédé d'une préposition ou d'un groupe du nom introduit par une préposition :

Depuis QUAND *est-il parti? Pour le compte de* QUI *agissez-vous?*

34

La phrase impérative

1. Emploi de la phrase impérative.

Une phrase impérative est une phrase par laquelle on exprime à un ou plusieurs interlocuteurs :

— un **ordre**   : *Viens! Approchez-vous!*
— un **conseil**   : *Sois prudent. Rassure-toi...*
— un **souhait**   : *Que le ciel t'entende!*
— une **prière**   : *Excusez-moi.*
— une **hypothèse** : *Supprimez ce mot, et la phrase n'a plus de sens.*

2. Formes de la phrase impérative.

Les phrases impératives sont de deux sortes, selon la personne du verbe.

● A la deuxième personne du singulier ou du pluriel, et à la première personne du pluriel, le verbe est au **mode impératif,** et **le sujet n'est pas exprimé :**

> *Prends un fruit. Rentrez tôt. Allons au cinéma.*

Dans ce cas, la règle fondamentale selon laquelle une phrase se compose essentiellement d'un sujet et d'un verbe ne semble pas respectée. Cependant, la description des phrases françaises est très simplifiée, si on part de ce schéma général, en admettant que certaines transformations entraînent des effacements. On dira que la **transformation impérative** entraîne l'effacement du pronom sujet à la deuxième personne du singulier et du pluriel et à la première personne du pluriel. Il est d'ailleurs clair que les actions ou les états exprimés par les verbes à l'impératif sont rapportés à des êtres (en principe des animés). Les sujets effacés au mode impératif sont *tu, vous, nous.*

● A la troisième personne, le verbe est au subjonctif précédé de *que,* et le sujet est exprimé :

> *Que chacun se tienne prêt.*

1. Dans quelques formules, *que* n'est pas exprimé devant le verbe de la phrase impérative :

> *Dieu veuille que vous ayez raison.*

2. Parfois, le sujet est placé après le verbe :

> *Vienne* L'ÉTÉ, *ces plages se couvriront de baigneurs.*

3. Place des pronoms personnels compléments.

● Dans une phrase **impérative négative,** la place des pronoms personnels compléments obéit aux mêmes règles que dans une phrase déclarative :

> *Ne* LE *regarde pas* (déclarative : *Tu ne* LE *regardes pas*).
> *Ne* LUI EN *donne pas* (déclarative : *Tu ne* LUI EN *donnes pas*).

● Dans une phrase **impérative affirmative** dont le verbe est au mode impératif, les pronoms personnels se placent après le verbe, contrairement à la phrase déclarative :

> *Regarde*-LE (*Tu* LE *regardes*). *Prenez*-EN (*Vous* EN *prenez*).

En outre, les pronoms personnels de la première et de la deuxième personne du singulier ont les formes *moi, toi :*

> *Regarde*-MOI (*Tu* ME *regardes*). *Dépêche*-TOI (*Tu* TE *dépêches*).

Si la phrase comprend plusieurs pronoms personnels compléments, leur place l'un par rapport à l'autre est la même que dans une phrase déclarative, mais ils sont placés après le verbe :

> *Donne*-LE-LEUR (*Tu* LE LEUR *donnes*).
> *Donne*-LUI-EN (*Tu* LUI EN *donnes*).

4. Renforcement des phrases impératives.

Les phrases impératives peuvent être renforcées par certains mots placés après le verbe, comme *donc, moi, un peu :*

> *Dépêche-toi* DONC! *Regardez*-MOI DONC UN PEU *ça!*

REMARQUE. Le nom **mis en apostrophe** attire l'attention de l'interlocuteur en le nommant; c'est une apposition au sujet sous-entendu de la phrase impérative :

> CHARLES, *viens ici!*

35

La phrase exclamative et les interjections

1. Phrase exclamative et phrase interrogative.

1. Les phrases exclamatives expriment un **sentiment vif** devant un événement. Elles ne supposent pas nécessairement la présence d'un interlocuteur. Elles ont des caractères communs avec les phrases interrogatives : en particulier, les **pronoms,** les **adjectifs,** les **adverbes** sont souvent les mêmes pour l'exclamation et pour l'interrogation. Parfois, c'est seulement l'**intonation** qui les distingue, ce que la langue écrite exprime par l'opposition entre le point d'exclamation et le point d'interrogation.

2. On peut distinguer :

● l'exclamation portant sur la **totalité** de la phrase :

Est-ce dommage! Est-il sot! L'a-t-on assez répété!;

● l'exclamation portant sur une **partie** de la phrase :

Combien c'est regrettable! Comme c'est regrettable!
[Phrase non exclamative : *C'est très regrettable.*]

Ce que c'est ennuyeux! (langue familière).

Quelle erreur il a commise!
[Phrase non exclamative : *Il a commis une grosse erreur.*]

REMARQUE. La phrase exclamative se caractérise souvent par l'omission d'un ou de plusieurs des constituants essentiels à la phrase non exclamative, au point de se réduire parfois à un mot :

Étonnant, ce spectacle! (= Ce spectacle est étonnant)
[omission de la copule et, en outre, emphase sur l'attribut].

Bien joué! (= C'est bien joué)
[omission du sujet et de l'auxiliaire].

Silence! (= je demande le silence)
[omission du verbe et de son sujet].

161

2. Les interjections.

Les interjections, dont la fonction est d'exprimer un sentiment plus ou moins vif, peuvent être assimilées à des phrases exclamatives :

BRAVO! *vous avez gagné.* HÉLAS! *c'est fini.*
BONJOUR! *comment allez-vous?* HÉ! *m'entendez-vous?*

36

La phrase négative

1. Négation totale et négation partielle.

Une phrase négative est une phrase où on **nie une affirmation.**
On dit alors que la phrase déclarative affirmative subit une **transformation négative.** On distingue deux formes de la phrase négative,
selon la portée de la négation.

1. Si la négation porte sur l'**ensemble de la phrase,** la phrase
négative se forme en ajoutant à la phrase affirmative l'adverbe
ne pas.

● Les deux éléments de cet adverbe se placent ordinairement
de part et d'autre du verbe ou de l'auxiliaire :

Jean aime les voyages → *Jean* N'*aime* PAS *les voyages.*
J'ai fait cela → *Je* N'*ai* PAS *fait cela.*

● Quand le verbe est à l'infinitif, les deux éléments *ne pas* sont
placés devant cet infinitif :

Je vous demande de NE PAS *me déranger.*

Cependant, quand l'infinitif est *être* ou *avoir, ne* et *pas* peuvent
être placés soit devant cet infinitif, soit de part et d'autre de lui :

Il prétend NE PAS *être au courant* ou N'*être* PAS *au courant.*
Je crains de NE PAS *avoir compris* ou *de* N'*avoir* PAS *compris.*
Il pourrait bien NE PAS *avoir tort* ou N'*avoir* PAS *tort.*

REMARQUE. *Point* au lieu de *pas* est d'un emploi littéraire ou
régional.

2. Si la négation porte seulement sur un des groupes du nom,
sujet ou objet, on emploie *ne* et un déterminant négatif *(aucun,
nul)* ou un pronom négatif *(personne, rien)* :

Il a fait un effort → *Il* N'*a fait* AUCUN *effort.*

Un scrupule l'arrête → NUL *scrupule* NE *l'arrête.*
J'attends quelqu'un → *Je* N'*attends* PERSONNE.
Quelqu'un est venu → PERSONNE N'*est venu.*
Je vois quelque chose → *Je* NE *vois* RIEN.

Les adverbes *jamais, plus, guère* s'emploient conjointement avec *ne*, en opposition à *toujours, encore, beaucoup* :

Il est toujours chez lui le dimanche
→ *Il* N'*est* JAMAIS *chez lui le dimanche.*
Je m'inquiète encore → *Je* NE *m'inquiète* PLUS.
Il y a beaucoup de fruits cette année
→ *Il* N'*y a* GUÈRE *de fruits cette année.*

2. Emplois de *ne* seul.

1. Dans les phrases indépendantes ou principales, on peut employer *ne* seul pour exprimer une négation totale, en langue soutenue :

● avant *oser, pouvoir, savoir, cesser* :

Je NE *puis vous dire ma joie* (langue courante : *Je ne peux pas vous dire ma joie*);

● après *que* signifiant *pourquoi* :

Que NE *me l'aviez vous dit?* (*ne pas* est exclu dans cette construction);

● dans certaines locutions figées :

A Dieu NE *plaise!* N'*importe!*

Dans la langue courante, la locution *ne ... que*, à valeur simplement restrictive, équivaut à *seulement* :

Je NE *resterai* QUE *deux jours.*

2. Dans certaines subordonnées, en langue soutenue, on peut employer *ne* seul :

● correspondant à *ne pas* en langue courante (valeur négative); ainsi dans

— certaines subordonnées conditionnelles introduites par *si* :

Si je NE *me trompe, nous nous sommes déjà rencontrés* (langue courante : *Si je ne me trompe pas*);

— des relatives consécutives dont la principale est négative :

Il n'y a personne qui NE *sache cela* (langue courante : *qui ne sache pas cela*).

● correspondant à l'absence de tout autre élément en langue courante (négation dite « explétive »); ainsi :

— après des verbes exprimant crainte, empêchement, doute :

Je crains qu'il NE *vienne* (langue courante : *J'ai peur qu'il vienne*).

Il faut empêcher que cela NE *se reproduise* (langue courante : *que cela [ça] se reproduise*);

— dans des subordonnées introduites par *avant que, à moins que, de peur que, peu s'en faut que :*

Prévenez-moi avant qu'il NE *soit trop tard* (langue courante : *avant qu'il soit trop tard*);

— après *autre, autrement que,* ou un comparatif :

Il est moins habile que je NE *pensais* (langue courante : *que je pensais*).

3. Les phrases négatives sans *ne.*

Dans tous les cas examinés jusqu'ici, la phrase négative comprenait l'élément *ne.* Cependant, certaines phrases négatives ne contiennent que l'un des éléments ordinairement adjoints à *ne :*

● dans la phrase parlée familière :

Il est pas venu me voir. Il a rien voulu nous dire. J'ai jamais dit ça ;

● dans la langue courante quand la phrase est elliptique, c'est-à-dire n'exprime pas certains termes faciles à suppléer :

Est-ce que vous avez vu ce film? — PAS *encore* (= *Je ne l'ai pas encore vu*).

C'est un travail PAS *très difficile* (= *qui n'est pas très difficile*).

● L'adverbe négatif *non* peut constituer à lui seul l'équivalent de toute une phrase négative, en réponse à une phrase interrogative ou impérative :

Êtes-vous prêt? — NON (= *Je ne suis pas prêt*).

Donnez-moi cela! — NON (= *Je ne vous le donnerai pas.*)

4. Les préfixes *in-*, *non-*.

Si la négation porte sur le **nom** ou sur l'**adjectif** appartenant à un groupe du nom, on peut employer les **préfixes négatifs :** *in-* (*im-*, *il-*), pour les adjectifs; *non-* pour les noms et les adjectifs :

Ce devoir est illisible (= *il ne peut pas être lu*).
Il prêche la non-violence.

37

La phrase passive

1. La transformation passive.

On a vu au chapitre 25 en quoi s'opposent morphologiquement, syntaxiquement et sémantiquement la voix active et la voix passive. Une phrase est dite « active » si son verbe est à la **voix active** et « passive » si son verbe est à la **voix passive**.

En principe, une phrase ayant un **verbe actif transitif direct** (c'est-à-dire suivi d'un complément d'objet direct exprimé) peut être transformée en une phrase passive sans changement de sens. Observons sur des exemples les règles appliquées dans la transformation passive :

Phrase active :

Pierre a mis la lettre à la poste.

Phrase passive :

La lettre a été mise à la poste par Pierre.

● On constate que :

— le verbe à la voix passive comporte l'auxiliaire *être* et le participe passé;

— le complément d'objet direct du verbe actif *(la lettre)* devient sujet du verbe passif;

— le sujet du verbe actif *(Pierre)* devient complément du verbe passif; on l'appelle **complément d'agent**. Le complément d'agent est introduit par la préposition *par*. Cependant, avec certains verbes passifs, on peut avoir la préposition *de* :

Un agent l'accompagnait → *Il était accompagné* D'UN AGENT.

Un mur entoure la propriété

→ *La propriété est entourée* D'UN MUR;

— les autres éléments de la phrase *(à la poste)* restent inchangés.

● La phrase

On a mis la lettre à la poste

devient, au passif :

La lettre a été mise à la poste.

Autrement dit, le sujet indéterminé *on* de l'actif est effacé au passif.

> REMARQUES. 1. L'absence de complément d'agent fait que la phrase passive est quelquefois de même forme que la phrase avec *être* : *Pierre est ému* n'est pas la transformation de *On émeut Pierre* : ici, *ému* est un adjectif (comme *craintif*).
>
> 2. La forme passive peut se trouver aussi bien dans les phrases interrogatives ou impératives que dans les phrases déclaratives :
>
> *Pierre a-t-il été prévenu?*
> *Ne sois pas ému par cette nouvelle!*

2. Restrictions dans la transformation passive.

Si, théoriquement, toute phrase active ayant un complément d'objet direct peut être transformée en phrase passive, dans certains cas la phrase passive obtenue paraîtrait plus ou moins maladroite : on évite alors d'employer le passif.

● La transformation passive est plus fréquente quand elle aboutit à donner à la phrase passive au présent un **sujet animé :** on l'évite souvent, au contraire, quand le sujet du présent passif serait un non-animé :

PAUL *est passionné par ce roman*

est une phrase normale.

CE ROMAN *est lu avidement par Paul*

est une phrase gauche.

On dira donc normalement :

Paul lit avidement ce roman.

● Le verbe passif (surtout au présent) ne reçoit généralement pas un **pronom personnel** comme complément d'agent :

Paul est encouragé par moi

est moins naturel que :

J'encourage Paul.

3. La transformation passive et la forme pronominale.

● On a vu que certains emplois de la forme pronominale sont à rapprocher de la voix passive (v. Chap. 25). La phrase à verbe pronominal présente alors une structure commune avec la phrase passive et s'oppose à la phrase active correspondante : le complément d'objet de l'actif devient sujet du pronominal comme du passif :

On fabrique CE TISSU⎰ CE TISSU *se fabrique en Angleterre.*
en Angleterre → ⎱ CE TISSU *est fabriqué en Angleterre.*

● A la différence de la phrase passive, la phrase à verbe pronominal passif n'admet pas de complément d'agent. On ne dit pas :

*Ce tissu se fabrique en Angleterre par une firme importante.

● La correspondance entre phrase passive et phrase à verbe pronominal s'observe surtout avec un sujet non-humain, ce qui évite des ambiguïtés. On ne dit pas :

Le président s'est élu

au sens de :

Le président a été élu.

● La différence essentielle de sens entre la phrase passive et la phrase à verbe pronominal passif est que le verbe pronominal exprime toujours, aux temps simples, l'**action en cours** (aspect non-accompli), alors que le verbe passif, sans complément d'agent, spécialement s'il est de la classe des verbes perfectifs, exprime l'**action achevée** :

La porte se ferme (action en cours).
La porte est fermée (action achevée, état).

Quand le pronominal passif exprime un fait habituel, on ne peut pas normalement lui substituer un passif. On dit bien :

La tour Eiffel se voit de loin,

correspondant à :

On voit la tour Eiffel de loin ;

mais on ne dit pas ordinairement, avec ce sens :

La tour Eiffel est vue de loin.

38

La phrase emphatique ou d'insistance

1. La transformation emphatique.

Les phrases emphatiques sont celles où l'on **insiste** sur un des éléments de la phrase pour le mettre en évidence.

La transformation emphatique est ordinairement caractérisée par le **déplacement,** surtout en tête de la phrase, de l'élément sur lequel on veut insister, et par d'autres particularités syntaxiques.

Soit la phrase :

J'ai téléphoné hier à Pierre.

Selon le terme qu'on veut mettre en évidence, on peut dire, par exemple :

Moi, *j'ai téléphoné hier à Pierre.*
Hier, *j'ai téléphoné à Pierre.*
Pierre, *je lui ai téléphoné hier.*
Je lui AI TÉLÉPHONÉ *hier, à Pierre.*

On peut dire encore :

C'EST MOI *qui ai téléphoné hier à Pierre.*
C'EST HIER *que j'ai téléphoné à Pierre.*
C'EST À PIERRE *que j'ai téléphoné hier.*

Les deux procédés d'emphase utilisés ici sont :

— le détachement en tête de phrase, au moyen d'une pause, d'un mot ou d'un groupe de mots;

— l'emploi du présentatif *c'est ... qui* (emphase portant sur le sujet) ou *c'est ... que* (emphase portant sur un autre mot ou groupe de mots).

REMARQUES. 1. Dans le présentatif *c'est ... qui (que)*, *c'est* peut être à l'imparfait *(c'était)*, au futur *(ce sera)*, au passé simple *(ce fut)* :

C'ÉTAIT *lui qui avait raison.*

2. Quand le mot sur lequel porte l'emphase est au pluriel, on peut employer *ce sont, ce seront*, etc. (langue soutenue), ou *c'est, ce [ça] sera*, etc. (langue courante ou familière).

2. L'emphase et les pronoms personnels.

● Quand un élément est détaché en tête de phrase par emphase, sa fonction syntaxique dans la phrase est remplie par un **pronom personnel** qui a la forme et la place voulues par cette fonction :

J'ai lu ce livre → Ce livre, je L'ai lu.
J'ai téléphoné à Pierre → Pierre, je LUI ai téléphoné.

REMARQUE. L'élément détaché peut être un adjectif attribut aussi bien qu'un nom ; il est alors repris par le pronom invariable *le :*

Ils étaient presque tous malades
→ *Malades, il L'étaient presque tous.*

● Si l'emphase porte sur un pronom personnel, celui-ci prend éventuellement les formes dites « toniques » *moi, toi, lui, eux :*

Tu t'en moques → TOI, tu t'en moques.
On les respecte → EUX, on les respecte.
On leur obéit → EUX, on leur obéit.

3. L'emphase et les groupes prépositionnels.

● Quand le présentatif *c'est ... que* porte sur un groupe prépositionnel, la préposition reste normalement devant le mot qui est encadré par le présentatif :

Je voulais te parler de cela
→ *C'EST de cela QUE je voulais te parler.*

REMARQUE. L'emploi de la forme tonique des pronoms (*moi, toi*, etc.) entraîne l'apparition de la préposition qui était supprimée devant la forme dite « atone » (*me, te*, etc.) :

Je voulais te parler → C'est À TOI que je voulais parler.

● Les groupes prépositionnels compléments de phrase sur lesquels porte l'emphase peuvent ordinairement être détachés tels quels en tête de phrase, sans être repris par un pronom :

On n'allumait qu'une seule lampe, PAR ÉCONOMIE
→ PAR ÉCONOMIE, *on n'allumait qu'une seule lampe.*

En revanche, les groupes prépositionnels compléments du verbe peuvent moins facilement être déplacés en tête de phrase :

Il s'intéresse à ce genre de problèmes
ne peut pas devenir

*A ce genre de problèmes il s'intéresse.

On emploie dans ce cas le présentatif *c'est ... que :*

C'EST *à ce genre de problèmes* QU'*il s'intéresse.*

39

Les règles d'accord dans la phrase simple et dans la phrase étendue

1. Accord du verbe avec le groupe du nom sujet.

La solidarité entre les deux groupes essentiels de la phrase, groupe du nom sujet et groupe du verbe, est signalée par une correspondance entre les marques de personne et de nombre des deux groupes : c'est le phénomène de l'**accord**.

1. Accord en personne.

Le verbe est à **la même personne que le sujet**. Si celui-ci est un groupe du nom proprement dit (et non un pronom), il est à la troisième personne; si le sujet est un pronom de la première ou de la deuxième personne, le verbe est à la première ou à la deuxième personne correspondante, c'est-à-dire qu'il a la désinence propre à cette personne :

> *Le projet* RÉUSSIRA   (troisième personne).
> *Je* RÉUSSIRAI   (première personne).
> *Tu* RÉUSSIRAS   (deuxième personne).

2. Accord en nombre.

Le verbe a **le même nombre que le sujet**. Si le sujet est un groupe du nom singulier, le verbe est au singulier; si le sujet est un groupe du nom pluriel, le verbe est au pluriel. Autrement dit, le verbe a la désinence de la troisième personne singulier ou pluriel :

> *Le projet* RÉUSSIRA. *Les projets* RÉUSSIRONT.

Si le sujet est un pronom de la première ou de la deuxième personne, le verbe prend la désinence de singulier ou de pluriel correspondant à ce pronom :

> *Je me* PROMÈNE. *Nous nous* PROMENONS.
> *Tu te* PROMÈNES. *Vous vous* PROMENEZ.

2. Accord du verbe avec plusieurs groupes du nom ou plusieurs pronoms sujets.

1. Le verbe est au **pluriel** :

● Lorsqu'il y a plusieurs groupes du nom sujets :

Pierre et son frère PRENNENT *le café.*

● Lorsqu'il y a plusieurs pronoms sujets, ou un pronom et un groupe du nom. L'accord en personne se fait de la manière suivante :

— s'il s'agit de pronoms de la même personne, le verbe est à la personne correspondante :

Toi [Pierre] *et toi* [André] CONNAISSEZ *le chemin;*
Lui [Paul] *et lui* [Jean] CONNAISSENT *le chemin;*

— s'il s'agit d'un pronom de la troisième personne et d'un groupe du nom, le verbe est à la **troisième personne** :

Lui et son cousin CONNAISSENT *le chemin;*

— s'il s'agit de pronoms de personnes différentes ou d'un groupe du nom et de pronoms de la première ou de la deuxième personne : le verbe est à la **première personne** quand il y a parmi les sujets un pronom de la première personne :

Toi et moi, vous et moi, vous et nous ⎫
Lui et moi, eux et moi, eux et nous ⎬ CONNAISSONS *le chemin;*
Mes amis et moi, mes amis et nous ⎭

et le verbe est à la **deuxième personne** quand il n'y a pas parmi les sujets de pronom de la première personne :

Lui et toi, eux et toi, eux et vous ⎫
Mes amis et toi, mes amis et vous ⎬ CONNAISSEZ *le chemin.*

REMARQUE. L'usage le plus habituel est d'exprimer avant le verbe le pronom personnel correspondant à la personne et au nombre de celui-ci :

Toi et moi, NOUS CONNAISSONS *le chemin.*
Eux et toi, VOUS CONNAISSEZ *le chemin.*

● Quand le groupe sujet comprend un adverbe de quantité *(beaucoup, trop, peu, combien, que)* ou l'expression *la plupart de,* devant un groupe du nom pluriel :

Beaucoup de ces documents ONT DISPARU.
Combien de personnes IGNORENT *cela!*

● Quand le groupe sujet est un **nom collectif** (*une foule, une quantité,* etc.) suivi d'un groupe du nom introduit par *de :*

Une foule de visiteurs ONT ADMIRÉ *ce tableau.*

REMARQUE. On peut employer le singulier quand le nom collectif désigne un ensemble considéré dans sa totalité, et non un nombre plus ou moins important d'êtres ou de choses distincts :

Une foule de manifestants DÉFILAIT.

2. Le verbe peut être soit au **singulier,** soit au **pluriel :**

● Lorsque les groupes du nom sujets singuliers sont réunis par *comme, ou, ni, ainsi que, avec :*

*Ni sa femme ni lui n'*ENTENDIRENT (ou *n'*ENTENDIT) *ces mots.*
Ton frère avec son ami SONT ARRIVÉS (ou EST ARRIVÉ).

● Lorsque le groupe sujet est l'expression *l'un et l'autre :*

L'un et l'autre SONT TOMBÉS MALADES (ou EST TOMBÉ MALADE).

3. Accord de l'attribut dans les phrases avec *être.*

1. L'**adjectif attribut** s'accorde en **nombre** et en **genre** avec le **groupe du nom sujet.**

● Pour l'accord en nombre, les règles particulières sont les mêmes que celles de l'accord du verbe :

Ce dessin est ORIGINAL. *Ces dessins sont* ORIGINAUX.
Pierre et Paul sont GAIS. *La plupart des invités sont* PRÉSENTS.

● S'il y a plusieurs sujets de genre différent, l'adjectif attribut se met au masculin pluriel :

Jean et Françoise sont GAIS.

2. L'accord en genre et en nombre entre le groupe du nom sujet et le **nom attribut** est beaucoup moins systématique.

● L'accord en genre n'est possible que pour les noms attributs qui connaissent la variation de genre :

Jean est INSTITUTEUR. *Jeanne est* INSTITUTRICE.

Mais :

Cet oiseau est UNE HIRONDELLE.

● Le nombre du nom attribut dépend ordinairement d'un choix sémantique :

Ces remarques sont DES CRITIQUES.
Ces remarques sont UN COMMENTAIRE.

Quand le sujet est singulier et l'attribut un nom pluriel, on les relie en général par *ce sont,* ou, plus familièrement, par *c'est :*

Sa clientèle, CE SONT *les touristes*
ou *Sa clientèle,* C'EST *les touristes.*

4. Accord de l'adjectif épithète ou mis en apposition.

1. Tout adjectif, épithète ou mis en apposition, qui appartient à un groupe du nom comprenant un seul nom s'accorde en genre et en nombre avec ce nom :

Un LÉGER *bruit attira mon attention.*
Une LÉGÈRE *erreur serait catastrophique.*
La foule, ATTENTIVE, *se taisait.*

2. Si un adjectif est épithète (ou mis en apposition) de plusieurs noms coordonnés ou juxtaposés, il se met au pluriel. Les règles d'accord en genre sont les suivantes :

● Si les noms sont du même genre, l'adjectif se met à ce genre :

Elle portait une jupe et une chemisette BLANCHES;

● Si les noms sont de genre différent, l'adjectif est au masculin :

Elle portait une jupe et un corsage BLANCS.

Cependant, si les noms (ou groupes du nom) sont réunis par la conjonction *ou,* l'adjectif s'accorde parfois avec le plus rapproché :

Il montrait un parti pris OU *une indifférence* RÉVOLTANTE.

3. Il arrive que plusieurs adjectifs soient employés au singulier comme épithètes d'un nom employé au pluriel pour éviter de le répéter :

Il a étudié les langues ANGLAISE *et* ALLEMANDE (= la langue anglaise et la langue allemande).

40

La phrase complexe

1. Subordination, coordination, juxtaposition.

On appelle **phrase complexe** une phrase formée de plusieurs phrases, simples ou étendues (v. Chap. 4 et 32). Les phrases qui composent ainsi une plus grande phrase sont aussi appelées **propositions.**

Les phrases composantes, ou propositions, peuvent être reliées entre elles par **subordination** ou par **coordination.** Elles peuvent aussi être simplement **juxtaposées.**

2. La subordination.

1. Une phrase, ou proposition, est **subordonnée** à une autre quand elle joue le rôle de **complément,** de **sujet** ou d'**attribut** par rapport à un élément de cette autre proposition ou à cette autre proposition entière.

Les phrases :

Je crains ‖ QU'IL NE SOIT TROP TARD,
Il habite dans la maison ‖ QUI FAIT LE COIN DE LA RUE,

comportent chacune deux propositions dont la seconde est subordonnée à la première, qui est appelée la **principale.** Le lien de subordination est donc un lien de dépendance, qui unit des propositions de fonction différente au sein de la phrase.

2. Certaines subordonnées sont seulement des **compléments** d'un **groupe du nom.** Ce sont les **relatives :**

La route QUE NOUS AVONS PRISE *est pittoresque.*

Le groupe du nom ainsi complété (ici : *la route*) est l'**antécédent** de la relative.

D'autres subordonnées sont des **compléments** du **groupe du verbe,** ou de la **phrase** entière. Ce sont :

● les conjonctives :

J'espère QUE VOUS SEREZ SATISFAIT.

QUAND LE CHAT EST PARTI, *les souris dansent ;*

● les interrogatives indirectes :

J'ai compris POURQUOI IL SE TAISAIT;

● les infinitives :

On entendait LE VENT MUGIR;

● les participiales :

LE REPAS TERMINÉ, *on passa au salon.*

Cette classification morphologique ne correspond pas exactement aux fonctions syntaxiques des subordonnées, qui seront détaillées dans les chapitres suivants. C'est ainsi qu'une subordonnée conjonctive peut être soit complétive, soit circonstancielle.

REMARQUES. 1. Certaines relatives n'ont pas d'antécédent exprimé (v. Chap. 41).

2. Le groupe du nom peut parfois être complété par une conjonctive ou une infinitive (v. Chap. 42).

3. Une proposition subordonnée peut être complément d'une autre proposition elle-même subordonnée :

Je te répondrai ‖ *quand tu m'auras dit* ‖ *où tu veux en venir.*
       A   B   C

C est complément de B, et l'ensemble B + C est complément de A.

3. La coordination.

1. Une phrase, ou proposition, est **coordonnée** à une autre quand elle a **même fonction** que cette autre phrase et qu'elle lui est rattachée par une conjonction de coordination ou un adverbe de coordination, qui indiquent le type de rapport qui existe entre elles.

Il y a coordination entre les propositions des phrases suivantes :

Le ciel est gris, ET *il tombe une pluie fine.*

Je ne me suis pas baigné, CAR *il faisait trop froid.*

REMARQUE. Le lien de coordination est parfois proche par le sens du lien de subordination. On peut dire, en effet :

Je ne me suis pas baigné PARCE QU'*il faisait trop froid.*

Toutefois, d'une façon générale, une proposition introduite par une conjonction de subordination peut souvent être reliée par cette conjonction à une proposition qui la suit, ce qui n'est jamais le cas d'une proposition introduite par une conjonction de coordination. On peut dire :

Parce qu'il faisait trop froid, je ne me suis pas baigné,

mais non :

*Car il faisait trop froid, je ne me suis pas baigné.

2. Plusieurs propositions subordonnées compléments d'une même principale peuvent être coordonnées entre elles :

Il m'a dit QU'*il avait bien cherché,* MAIS QU'*il n'avait rien trouvé.*
COMME *il était tard,* ET BIEN QUE *l'ordre du jour ne fût pas épuisé, on leva la séance.*

Au lieu de répéter une conjonction de subordination entre deux propositions conjonctives ainsi coordonnées, on emploie souvent la conjonction *que :*

QUAND *il se fut assis et* QU'*il eut bourré sa pipe, il commença son récit.*

3. Si les deux propositions coordonnées ont des éléments communs, ceux-ci peuvent être effacés dans la seconde phrase. Ainsi :

Pierre est venu et Georges est venu avec lui,

devient, par effacement du verbe :

Pierre est venu, et Georges avec lui.

Le groupe du verbe tout entier peut être effacé dans une proposition coordonnée. Ainsi, la phrase :

Pierre est venu et Georges est venu,

qui est peu naturelle, devient :

PIERRE ET GEORGES *sont venus.*

Dans ce cas, le verbe est exprimé une seule fois au pluriel. On peut dire aussi qu'il a deux sujets coordonnés; autrement dit, la coordination peut exister non seulement entre deux phrases, mais entre deux groupes du nom ou deux groupes adjectivaux, comme dans :

Ce film est BEAU ET INTÉRESSANT.

De même, le groupe du nom sujet peut être effacé dans une proposition coordonnée à une proposition précédente :

Le chien aboie et le chien [ou *il*] *tire sur sa chaîne.*

devient :

Le chien ABOIE ET TIRE SUR SA CHAÎNE.

REMARQUES. 1. Ces effacements ne sont pas possibles avec tous les mots coordonnants, par exemple avec *or, car, aussi, ainsi.*

Si on peut dire :

Le roseau plie, mais ne se casse pas,

on ne peut pas dire :

*Le roseau plie, car est souple.

Le recours au pronom est alors nécessaire : *car il est souple.*

2. Dans une phrase comme :

Il s'assit, prit son journal, mit ses lunettes et se mit à lire,

la conjonction *et* n'est exprimée qu'une fois, entre les deux derniers groupes verbaux ayant même sujet non répété. Il y a lieu cependant de considérer toutes ces propositions comme coordonnées.

4. La juxtaposition.

Quand des phrases, complètes ou ayant subi des effacements, sont simplement **juxtaposées** au sein d'une même phrase, le lien qui les unit pourrait être traduit, selon les cas, soit par un élément subordonnant, soit par un élément coordonnant :

Un cheval hennit, des vaches meuglent, des poules caquètent dans la cour de ferme. (Relation d'addition = *et.*)

Tu as aimé ce film, moi, il m'a ennuyé. (Relation d'opposition = *mais*, ou *alors que, tandis que.*)

Je dormais, je n'ai rien entendu. (Relation de cause à conséquence = *donc*, ou *de sorte que, si bien que.*)

Je n'ai rien entendu, je dormais. (Relation de conséquence à cause = *car*, ou *puisque, parce que.*)

41

Les subordonnées relatives

1. Rôle et nature des relatives.

1. Un groupe du nom peut comprendre une subordonnée relative et, dans certains cas, une subordonnée conjonctive ou infinitive.

Une relative est une **subordonnée** reliée à sa principale par un **pronom relatif,** ou plus rarement un adjectif relatif. Elle joue auprès d'un groupe du nom le même rôle qu'un groupe prépositionnel complément du nom ou qu'un adjectif. Comparons :

Les détails QUI NE SERVAIENT À RIEN *ont été supprimés.*
Les détails SANS UTILITÉ *ont été supprimés.*
Les détails QUI SONT INUTILES *ont été supprimés.*
Les détails INUTILES *ont été supprimés.*

C'est cette équivalence de fonction qui explique la possibilité de coordonner une relative et un complément du groupe du nom ou un adjectif :

Il a prononcé des paroles D'APAISEMENT (OU APAISANTES), *mais qui n'excluaient pas la fermeté.*

2. On peut distinguer deux sortes de relatives :

● les relatives **déterminatives,** qu'on ne peut pas supprimer sans rendre la phrase incompréhensible ou sans en modifier profondément le sens; elles ont, conjointement avec l'article défini ou le démonstratif, un rôle de déterminant :

Prévenez tous ceux QUE VOUS RENCONTREREZ.
Je n'aime pas les gens QUI SE PLAIGNENT TOUJOURS.

Ces relatives sont étroitement liées à leur principale; elles complètent ou restreignent l'idée exprimée dans celle-ci;

● les relatives **appositives,** qu'on peut supprimer sans que la phrase cesse d'être grammaticale; elles jouent le rôle d'une simple addition, d'une précision :

Le mont Blanc, QUI S'ÉLÈVE À PLUS DE 4 800 MÈTRES, *est le plus haut sommet d'Europe.*

Ces relatives sont précédées et suivies d'une pause; elles apportent des précisions accessoires à l'idée exprimée dans la principale. Elles ont souvent une valeur circonstancielle particulière, par exemple :

— de cause :

La chaise, QUI ÉTAIT VERMOULUE, *s'effondra sous ce poids* (= parce qu'elle était vermoulue);

— de concession :

Cet homme, QUI AVAIT UN AIR FAROUCHE, *n'aurait pas fait de mal à une mouche* (= bien qu'il eût un air farouche).

3. La distinction entre relatives déterminatives et relatives appositives correspond à la distinction entre adjectifs **épithètes** et adjectifs **apposés;** ces derniers peuvent aussi exprimer des valeurs circonstancielles. C'est pourquoi on peut analyser l'adjectif dans le groupe du nom comme issu d'une proposition relative déterminative (adjectif épithète) ou appositive (adjectif apposé) [v. Chap. 23].

2. La transformation relative et la place du sujet.

On a vu (Chap. 21) comment s'opère le remplacement d'un groupe du nom par un pronom relatif, et les conséquences qui en résultent quant à la place du relatif complément.

Lorsque le relatif est complément, le sujet de la relative peut être déplacé après le verbe (construction facultative) :

Les renseignements que donne LE GUIDE (ou *que le guide donne*) *sont très détaillés.*
Le pont sur lequel passe LA ROUTE (ou *sur lequel la route passe*) *est ancien.*

Cependant, si le sujet est un pronom personnel, on ne peut pas le placer après le verbe :

Les renseignements que TU *m'as donnés sont très détaillés* (et non **que m'as-tu donnés*).

3. Le mode des relatives.

1. Les relatives appositives sont normalement à l'indicatif ou au conditionnel.

2. Les relatives déterminatives sont :

● soit à l'indicatif ou au conditionnel (cas le plus général) :

J'ai trouvé une maison qui a un jardin;

● soit au subjonctif :

— quand elles expriment une intention, une conséquence envisagée (en relation avec le sens du verbe principal) :

Je cherche une maison qui AIT *un jardin;*

— quand elles expriment une restriction, en particulier après *le seul, le premier* ou un superlatif relatif :

Il N'*y a* QUE *quelques personnes* QUI SOIENT *au courant.*
Vous êtes LE SEUL QUI PUISSIEZ *m'aider;*

● soit à l'infinitif :

Je cherche quelqu'un À QUI M'ADRESSER.

4. Les relatives sans antécédent.

Certaines relatives n'ont pas d'antécédent exprimé. Elles sont équivalentes pour le sens à des relatives complétant l'antécédent *celui*, qui désigne alors n'importe quelle personne (*celui qui =* quiconque). On les appelle parfois des **relatives indéfinies** :

QUI NE DIT MOT *consent.*
QUICONQUE PRÉTEND CELA *se trompe.*

On peut interpréter ces relatives comme adjointes à un groupe du nom antécédent non exprimé *(celui),* ou comme des groupes du nom sujets ou compléments d'objet :

QUI DORT *dîne (qui dort,* sujet de *dîne).*
Interroge QUI TU VOUDRAS *(qui tu voudras,* complément d'objet de *interroge).*

42

Les complétives

1. Qu'est-ce qu'une complétive?

On appelle **complétive** une subordonnée qui remplace un **groupe du nom complément d'objet,** un groupe du nom **sujet** ou un groupe du nom **attribut** dans une phrase simple.

● Considérons les deux phrases :

Je vous annonce une chose. Les hirondelles sont revenues.

On peut subordonner la seconde à la première, au moyen de la conjonction *que*, et en la mettant à la place de *une chose :*

Je vous annonce QUE LES HIRONDELLES SONT REVENUES.

La subordonnée complétive est ici **complément d'objet.**

● Considérons maintenant les deux phrases :

Ceci est exact. La réunion a été annulée.

On peut subordonner la seconde à la première au moyen de *que*, en la mettant à la place de *ceci*. La phrase obtenue ainsi n'est pas usuelle *(que la réunion a été annulée est exact) ;* dans ce cas, une opération supplémentaire est nécessaire : la subordonnée se place après la principale et, à la place normale du sujet, on emploie le pronom invariable *il :*

Il est exact QUE LA RÉUNION A ÉTÉ ANNULÉE.

La subordonnée complétive est dite ici **sujet réel** de la principale.

● Considérons enfin les deux phrases :

La vérité est celle-ci. Je ne m'y attendais pas.

La même opération de subordination donne :

La vérité est QUE JE NE M'Y ATTENDAIS PAS.

La subordonnée complétive est **attribut** dans la phrase obtenue.

2. Formes des complétives.

1. Construction conjonctive.

Dans tous les exemples précédents, la complétive était une subordonnée conjonctive introduite par *que*. C'est un cas très fréquent, mais non le seul.

2. Construction infinitive.

● Entre les deux phrases :

Je vous promets ceci.
Je serai prudent,

on peut réaliser une subordination de deux façons :

Je vous promets QUE JE SERAI PRUDENT.
Je vous promets D'ÊTRE PRUDENT.

La construction infinitive est liée au choix du verbe principal (*promettre, espérer, croire*, etc.) et au fait que **la subordonnée a le même sujet que ce verbe** (v. Chap. 44).

● Après quelques verbes, notamment *voir, entendre, sentir*, l'infinitif peut être employé dans une proposition complétive avec un sujet exprimé, différent du sujet de la principale :

On sentait L'HIVER VENIR (ou *venir l'hiver*).

On entendait PIERRE PARLER DANS LA PIÈCE À CÔTÉ,

constructions équivalant à :

On sentait QUE L'HIVER VENAIT

On entendait PIERRE QUI PARLAIT DANS LA PIÈCE À CÔTÉ.

3. Construction interrogative.

● Entre les deux phrases :

Je te demande ceci : Où vas-tu?,

on peut établir une subordination sous la forme d'une complétive interrogative, dite « interrogation indirecte »:

Je te demande OÙ TU VAS.

Quand il s'agit d'interrogations **partielles,** comme dans cet exemple, le mot interrogatif reste en général le même, mais le pronom sujet inversé de l'interrogation directe reprend sa place devant le verbe.

● Entre les phrases :

Je te demande ceci : Qui est-ce qui est venu? Qu'est-ce qu'il a dit? Qu'est-ce qui le tracasse?,

l'opération de subordination donne :

Je te demande QUI EST VENU, CE QU'IL A DIT, CE QUI LE TRACASSE.

Quand l'interrogation directe **partielle** est introduite par *qui est-ce qui, qu'est-ce qui, qu'est-ce que*, l'interrogation indirecte est introduite par *qui, ce qui, ce que*.

● Entre les phrases :

Je te demande ceci : Est-ce que tu pars? (ou : *Pars-tu?*, ou : *Tu pars?*)

l'opération de subordination donne :

Je te demande SI TU PARS.

En cas d'interrogation **totale,** comme dans cet exemple, la subordonnée interrogative est introduite par l'adverbe-conjonction *si.*

Dans toutes les interrogations indirectes, l'intonation interrogative disparaît.

● L'**infinitif** se rencontre dans des complétives interrogatives indirectes :

Je me demande OÙ ALLER.
Je ne sais À QUI M'ADRESSER.

Dans cette construction, le pronom interrogatif peut être *que* ou *quoi* (et non *ce que*) :

Je ne sais QUE PENSER DE CETTE DÉCLARATION.

3. Les complétives du nom et de l'adjectif.

1. Dans la phrase :

La crainte QUE SON MAL NE LE REPRENNE *trouble sa convalescence*,

la subordonnée introduite par *que* est une subordonnée conjonctive, et elle est un complément du groupe du nom *la crainte.*

Certains groupes du nom peuvent donc comporter non seulement des relatives, mais aussi des complétives. Ce sont des **noms abstraits,** correspondant ordinairement à des verbes qui peuvent être suivis d'une complétive par *que*, c'est-à-dire des noms issus de la transformation d'une phrase (nominalisation) :

Il craint QUE SON MAL NE LE REPRENNE

→ *La crainte* QUE SON MAL NE LE REPRENNE...

De même :

Il espère QU'IL SERA REÇU; *cela l'enhardit*

→ *L'espoir* QU'IL SERA REÇU *l'enhardit.*

On voit que le mode de la complétive du nom est le même que celui de la complétive du verbe correspondant : *craindre (la crainte) que* + subjonctif; *espérer (l'espoir) que* + indicatif.

REMARQUE. Il y a des noms qui ne correspondent pas morphologiquement à un verbe, et qui cependant admettent une complétive : *l'idée que, le besoin que...*

Ces noms sont proches par le sens d'un verbe qui admet une complétive *(penser que, croire que)*, ou bien ils entrent dans des locutions verbales ayant la même propriété *(avoir besoin que)*.

2. Dans des phrases comme :

Pierre est heureux (fier, etc.) QUE SON PROJET AIT ÉTÉ ADOPTÉ,

la subordonnée complétive est complément de l'**adjectif** attribut *heureux (fier,* etc.), comme le groupe du nom *de son succès* dans la phrase :

Pierre est heureux DE SON SUCCÈS.

Cette construction d'une complétive par *que* peut s'appliquer à l'adjectif épithète :

Les gens trop sûrs QU'ON LES ADMIRE *sont bien ridicules.*

REMARQUE. Certains noms abstraits correspondant aux adjectifs de cette classe admettent aussi une complétive par *que : La certitude que* (comme : *je suis certain que*).

4. Le mode dans les complétives par *que.*

Ces subordonnées sont soit à l'indicatif (ou au conditionnel), soit au subjonctif.

1. Le mode à employer est déterminé ordinairement par la classe sémantique à laquelle appartiennent le verbe, le nom ou l'adjectif qui reçoivent l'élargissement de la complétive.

● On emploie en général l'indicatif après les verbes, noms ou adjectifs qui, dans une phrase affirmative, expriment :

— une déclaration (*dire, raconter, affirmer, expliquer*, etc.);

— un jugement (*penser, croire, estimer, considérer, supposer*, etc.);

— une connaissance (*savoir, être certain, apprendre*, etc.).

● On emploie en général le subjonctif après les verbes, noms ou adjectifs qui expriment :

— une volonté, un désir, une acceptation, un refus (*vouloir, souhaiter, ordonner, désirer, attendre, admettre, interdire*, etc.);

— une crainte (*craindre, appréhender, redouter, avoir peur*, etc.);

— un doute, en particulier avec les verbes de déclaration, de jugement, de connaissance à la forme négative ou interrogative (*douter, ne pas affirmer, ne pas croire, ne pas être sûr*, etc.).

REMARQUES. 1. Dans ce dernier cas, on peut employer soit le subjonctif, soit l'indicatif :

> *Je n'affirme pas qu'il* AIT *dit cela*, ou *qu'il* A *dit cela.*
> *Croyez-vous que ce* SOIT *vrai?* ou *que c'*EST *vrai?*

2. L'opposition entre l'indicatif et le subjonctif est parfois l'indice qu'un même verbe est employé comme verbe de déclaration ou comme verbe de volonté, d'intention :

> *Je lui dis* [= déclare] *qu'il* EST *exact au rendez-vous.*
> *Je lui dis* [= recommande] *qu'il* SOIT *exact au rendez-vous.*
> *Je prétends* [= déclare] *qu'on m'*OBÉIT.
> *Je prétends* [= veux] *qu'on m'*OBÉISSE.

3. En fait, les complétives dépendant d'un verbe de volonté sont des impératives indirectes : *Je veux que tu me comprennes bien* correspond à : *Je veux ceci : Comprends-moi bien.*

2. Le mode à employer peut aussi dépendre de la place de la complétive. Une complétive mise en tête de phrase comme sujet ou, par emphase, comme complément est en principe au subjonctif :

> QU'IL SOIT ÉMU (, *c'*)est *bien compréhensible.*
> QU'IL FAILLE SE MÉFIER, *c'est certain.*
> QUE VOUS AYEZ RAISON, *je le reconnais volontiers.*

43

Les circonstancielles (1) :
temps, but, cause, concession ou opposition

1. Qu'est-ce qu'une subordonnée circonstancielle?

1. Si les complétives sont des propositions qui remplacent les groupes du nom compléments d'objet, sujets ou attributs d'une phrase simple, les subordonnées **circonstancielles** remplacent des **groupes prépositionnels compléments circonstanciels** (compléments du groupe du verbe et compléments de phrase).

Soit la phrase :

Il est venu chez moi à 9 HEURES.

Si on substitue au complément circonstanciel de temps *à 9 heures* une phrase (ou proposition), la phrase complexe comportera une subordonnée circonstancielle de temps, par exemple :

Il est venu chez moi QUAND J'ÉTAIS PARTI.

2. Il n'y a pas de correspondance complète entre les groupes du nom compléments circonstanciels et les subordonnées circonstancielles. On verra, par exemple, qu'un rapport de temps, de cause, de concession, de manière, de but, de comparaison, de condition peut être exprimé soit par un groupe du nom prépositionnel, soit par une subordonnée. En revanche, la conséquence s'exprime ordinairement par une subordonnée, et la matière, le prix, la mesure, le moyen, l'accompagnement, le lieu, etc., s'expriment seulement par des groupes du nom prépositionnels, mis à part le cas de quelques relatives sans antécédent (*Allez avec qui vous voudrez* : accompagnement. *Allez où l'on vous dira* : lieu).

2. Les circonstancielles de temps.

1. Elles sont introduites par des conjonctions ou des locutions conjonctives qui situent un fait pendant, avant ou après un autre.

● *Quand, comme, tandis que, alors que, tant que* ne correspondent pas morphologiquement à des prépositions :

> *Il s'est mis à pleuvoir* COMME NOUS PARTIONS.
> (Avec un groupe du nom complément : *à notre départ*.)

● *Dès que, aussitôt que, sitôt que, pendant que, avant que, après que, depuis que* sont des conjonctions formées d'une préposition et de *que* :

> DÈS QUE J'ARRIVERAI, *je vous préviendrai*.
> AUSSITÔT QUE LA SÉANCE EUT PRIS FIN, *on s'est séparé*.
> (Avec des groupes du nom compléments : *dès mon arrivée, aussitôt après la fin de la séance*.)

> *Jusqu'à ce que* correspond à la préposition *jusqu'à*.

● *Lorsque, au fur et à mesure que, au moment où* correspondent aux locutions prépositives *lors de, au fur et à mesure de, au moment de* :

> *Je l'ai vu* LORSQUE JE SUIS PASSÉ À PARIS.
> (Avec un groupe du nom prépositionnel : *lors de mon passage à Paris*.)

2. Le mode employé dans les circonstancielles conjonctives de temps est :

● le **subjonctif** avec *avant que, jusqu'à ce que*, et souvent, dans la langue familière, avec *après que* (mais, dans la langue soutenue, on n'emploie que l'indicatif après cette conjonction) :

> *Il faut agir* AVANT QU'IL SOIT (ou *qu'il ne soit*) *trop tard*.
> *Vous pourrez rentrer chez vous* APRÈS QUE VOUS AYEZ TERMINÉ CE TRAVAIL (ou, dans la langue plus soutenue : *après que vous* AUREZ *terminé*);

● l'**indicatif** (ou le **conditionnel**) avec les autres conjonctions.

3. Quand la subordonnée a le même sujet que la principale, la **transformation infinitive** est fréquente (mais non obligatoire) avec les conjonctions *avant que, après que, au moment où*, qui sont alors remplacées par les prépositions *avant de, après, au moment de* :

> AVANT QUE JE NE PRENNE UNE DÉCISION, *je veux encore réfléchir*
> → AVANT DE PRENDRE UNE DÉCISION, *je veux encore réfléchir*.

APRÈS QU'IL EUT FAIT SA PROMENADE MATINALE, *il se remit à écrire* → APRÈS AVOIR FAIT SA PROMENADE MATINALE, *il se remit à écrire.*

3. Les circonstancielles de but.

1. Elles sont introduites par des conjonctions ou locutions conjonctives indiquant le but, l'intention qui oriente l'action exprimée dans la principale.

● *Pour que* est formée de la préposition *pour* et de *que* :

Nous formons des vœux POUR QUE CE PROJET RÉUSSISSE.
(Avec un groupe du nom complément : *pour la réussite de ce projet.*)

Que s'emploie parfois seul, ordinairement après un impératif :

Approche-toi, QU'ON TE VOIE (ou : *pour qu'on te voie*);

● *Afin que, de peur que, de crainte que* correspondent aux prépositions *afin de* (employée seulement devant un infinitif), *de peur de, de crainte de* :

Il ralentit avant le virage, DE PEUR QUE LA VOITURE NE DÉRAPE.
(Avec un nom complément : *de peur de dérapage.*)

2. Le mode employé dans les circonstancielles conjonctives de but est toujours le **subjonctif.**

3. La **transformation infinitive** est la règle générale quand la subordonnée a le même sujet que la principale :

Il s'est enfermé dans son bureau POUR (ou AFIN DE) NE PAS ÊTRE DÉRANGÉ (mais, avec un sujet différent : POUR [ou AFIN] QU'ON NE LE DÉRANGE PAS).

REMARQUES. 1. Outre les prépositions précédentes, on peut employer devant l'infinitif *en vue de, dans l'intention de, dans le but de.*

2. On emploie parfois l'infinitif sans préposition pour exprimer le but, après les verbes principaux indiquant un mouvement :

Il est venu DEMANDER DES NOUVELLES.
Cours CHERCHER DU SECOURS.

4. Les circonstancielles de cause.

1. Elles sont introduites par des conjonctions ou locutions conjonctives indiquant la cause, le motif qui est à l'origine de l'action exprimée dans la principale.

● *Parce que, puisque, comme, du moment que* ne correspondent pas morphologiquement à des prépositions :

> *Il faut emporter des lainages* PARCE QU'IL FAIT FROID.
> (Avec un groupe du nom complément : *à cause* [ou *en raison*] *du froid.*)

● *Non (pas) que* indique une cause qu'on rejette :

> *Je n'ai pas lu ce livre,* NON QUE JE LE CROIE SANS INTÉRÊT, *mais faute de temps.*

● *Vu que, attendu que, étant donné que* sont formées d'un participe employé comme préposition et de *que :*

> *On a simplifié les formalités,* VU QU'IL Y AVAIT URGENCE.
> (Avec un groupe du nom complément : *vu l'urgence.*)

● *Sous prétexte que* indique une cause alléguée et qui correspond à la locution prépositive *sous prétexte de :*

> SOUS PRÉTEXTE QU'IL EST MALADE, *il ne veut en faire qu'à sa tête.* (Avec un groupe du nom complément : *sous prétexte de maladie.*)

2. Le mode employé dans les circonstancielles conjonctives de cause est :

● l'**indicatif** (ou le **conditionnel**) dans la plupart des cas;

● le **subjonctif** après *non que.*

3. La **transformation infinitive,** quand la principale et la subordonnée ont le même sujet, peut se faire au moyen des prépositions *de, faute de, sous prétexte de, pour* (et la forme accomplie de l'infinitif) :

> *Il bougonnait* D'ÊTRE OBLIGÉ DE RECOMMENCER (= *parce qu'il était obligé*).
> *Il a eu une contravention* POUR AVOIR MAL GARÉ SA VOITURE (= *parce qu'il avait mal garé*).

5. Les circonstancielles de concession ou d'opposition.

1. Elles sont introduites par des conjonctions ou des locutions conjonctives indiquant un fait qui aurait pu s'opposer à la réalisation de celui qui est exprimé dans la principale, ou qui contraste avec lui.

● *Quoique, bien que, encore que* (langue soutenue), *alors que :*

QUOIQUE NOUS SOYONS EN HIVER, *la température est très douce.*
Les médecins tentent un nouveau traitement, ENCORE QU'IL Y AIT BIEN PEU DE CHANCES DE LE SAUVER.
Le versant sud de la montagne est très sec, ALORS QUE LE VERSANT NORD EST PLUVIEUX.

● *Même si, quand bien même* (valeur à la fois conditionnelle et concessive) :

MÊME SI LA NOUVELLE EST VRAIE, *elle ne change rien à la situation.*
QUAND BIEN MÊME LES CRÉDITS SERAIENT DOUBLÉS, *ils resteraient insuffisants.*

● *Tout* [+ adjectif] *que, si* [+ adjectif ou adverbe] *que, quelque* [+ adjectif ou adverbe] *que* (langue soutenue) :

TOUT RICHES QU'ILS SONT (ou, plus rarement, *qu'ils soient*), *ces gens vivent très simplement.*
SI RAPIDEMENT QU'IL AIT RÉAGI, *il était déjà trop tard.*

● *Malgré que, au lieu que, loin que* correspondent aux prépositions *malgré, au lieu de, loin de :*

MALGRÉ QUE L'ADRESSE SOIT INCOMPLÈTE, *la lettre est bien arrivée.* (Dans la langue soutenue, on évite l'emploi de *malgré que* en dehors de l'expression *malgré qu'il en ait.*)

REMARQUE. Certaines relatives indéfinies ont aussi une valeur concessive :

QUOI QUE JE DISE, *on ne me croira pas.*
QUELQUE PROCÉDÉ QU'ON CHOISISSE, *l'opération est délicate.*

2. Le mode employé dans les circonstancielles conjonctives de concession est :

● le **subjonctif** dans la plupart des cas;

193

● l'**indicatif** (ou le **conditionnel**) avec *même si, alors que*, parfois avec *au lieu que*, et ordinairement avec *tout... que;*

● le **conditionnel** avec *quand bien même*.

3. La **transformation infinitive,** quand le sujet est le même dans la principale et dans la subordonnée, peut se faire au moyen des prépositions *au lieu de, loin de, pour* (et la forme accomplie de l'infinitif) :

LOIN D'ÊTRE ABATTU PAR CET ÉCHEC, *il redouble d'activité.* POUR AVOIR PASSÉ DEUX NUITS SANS SOMMEIL, *vous ne paraissez pas trop fatigué* (= bien que vous ayez passé...).

44

Les circonstancielles (2) :
condition, conséquence, comparaison, manière, addition, exception

1 Les circonstancielles de condition.

1. Elles sont introduites par des conjonctions ou des locutions conjonctives indiquant une hypothèse ou une condition dont dépend l'action exprimée dans la principale.

● *Si* :

Si j'ai le temps, *je t'aiderai*. Si j'avais le temps, *je t'aiderais*.

(Ce dernier emploi, appelé soit « potentiel », soit « irréel du présent », selon que l'hypothèse envisagée est considérée comme possible dans l'avenir ou comme un fait actuellement impossible.)

Si j'avais eu le temps, *je t'aurais aidé*.
(Emploi dit « irréel du passé ».)

● *Pourvu que, pour peu que, à supposer que, soit que..., soit que... ; que... ou que...,* ne correspondent pas à des prépositions :

Pourvu que vous fassiez votre travail, *on vous laissera tranquille*. Qu'il fasse beau ou qu'il pleuve, *je partirai*.

● *Selon que, suivant que... ou que, en admettant que* sont formées des prépositions *selon, suivant, en admettant,* et de *que.*

Selon qu'il fera beau ou non, *je vous accompagnerai ou je resterai ici*.
(Avec un groupe du nom complément : *selon le temps qu'il fera*.)

● *À condition que, à moins que, au cas où* correspondent aux prépositions *à condition de* (employée seulement avec un infinitif), *à moins de, en cas de* :

Au cas où tu changerais d'avis, *préviens-moi*.
(Avec un groupe du nom complément : *en cas de changement d'avis*.)

2. Le mode employé dans les circonstancielles conjonctives de condition est :

● l'**indicatif** avec *si, selon que, suivant que ;*

● le **conditionnel** avec *au cas où ;*

● le **subjonctif** avec les autres conjonctions.

3. La **transformation infinitive,** quand le sujet est le même dans la principale et dans la subordonnée, peut se faire au moyen des prépositions *à condition de, à moins de* :

> *Tu peux prendre ce livre,* À CONDITION DE ME LE RAPPORTER DEMAIN (= *à condition que tu me le rapportes*).

2. Les circonstancielles de conséquence.

1. Elles sont introduites par des conjonctions ou locutions conjonctives indiquant un fait qui est la conséquence réelle ou possible de l'action exprimée dans la principale.

● *Que,* annoncé dans la principale par *tel,* ou par un adverbe de quantité *(si, tant, tellement, si bien),* ou par *de telle sorte, en sorte :*

> *Les enfants font un* TEL *bruit* QUE JE NE PEUX PAS TRAVAILLER.
> *La marée est basse,* SI BIEN QU'ON PEUT PÊCHER DANS LES ROCHERS.
> *Il s'en est tiré* DE TELLE SORTE QUE TOUT LE MONDE A ÉTÉ SATISFAIT.
> (Avec un groupe du nom complément : *à la satisfaction générale.*)

● *Trop* (ou *assez)... pour que...* :

> *Ces faits sont* TROP *anciens* POUR QUE TU T'EN SOUVIENNES.

● *De telle manière (façon) que, au point que* correspondent aux prépositions *de manière (façon) à, au point de* (avec un infinitif seulement) :

> *La chaleur est intense,* AU POINT QU'ELLE NOUS INCOMMODE.

2. Le mode des circonstancielles conjonctives de conséquence est :

● le **subjonctif** avec *trop (assez)... pour que,* et parfois *de telle manière (façon) que, au point que;*

● l'**indicatif** (ou le **conditionnel**) dans les autres cas.

3. La **transformation infinitive,** quand le sujet est le même dans la principale et dans la subordonnée, peut se faire au moyen des prépositions *à, au point de, de manière (façon) à, trop (assez) ... pour ...* :

> *Il pousse des cris* À (ou AU POINT D') AMEUTER TOUT LE QUARTIER (= au point qu'il ameute, *ou* risque d'ameuter...).
> *Il est* TROP *poli* POUR ÊTRE HONNÊTE (= pour qu'il soit honnête).

3. Les circonstancielles de comparaison.

1. Les subordonnées de comparaison sont introduites par des conjonctions ou locutions conjonctives indiquant une comparaison, un rapport de manière *ou* de quantité entre les faits exprimés dans la principale et dans la subordonnée.

● *Comme* :

> *J'agirai* COMME J'AI TOUJOURS FAIT EN PAREIL CAS.

● *Que,* annoncé par *tel,* ou par un adjectif ou un adverbe au comparatif, ou par un adverbe de manière ou de quantité *(ainsi, autant, plus, moins)* :

> *Ce pays est* TEL QUE JE L'IMAGINAIS.
> *Ces accidents sont* MOINS *rares* QU'ON NE CROIT.
> *Nous avons* PLUS *de preuves* QU'IL N'EST NÉCESSAIRE.

2. La règle d'effacement des éléments identiques joue très souvent dans les circonstancielles de comparaison. Une phrase comme :

> *Ces accidents sont* MOINS *rares* QU'ON NE CROIT,

a subi l'effacement d'une partie de la circonstancielle (= *qu'on ne croit qu'ils sont rares*).

Dans la phrase :

> *Il est heureux* COMME UN POISSON DANS L'EAU,

on reconnaît une circonstancielle de comparaison qui a subi un effacement (= *comme un poisson est heureux dans l'eau*).

Beaucoup de groupes du nom qu'on interprète parfois comme des compléments de comparaison (ou compléments du comparatif) peuvent aussi être interprétés comme les seuls éléments d'une circonstancielle de comparaison qui soient différents de ceux de la principale :

Il est heureux COMME UN ROI [est heureux].
Il est PLUS *aimable* QUE SON FRÈRE [n'est aimable].

Dans ces emplois, les pronoms personnels *je, tu, il, ils* prennent les formes *moi, toi, lui, eux :*

Je suis MOINS *inquiet* QUE TOI [= que tu n'es inquiet].

REMARQUE. Il n'y a pas de transformation infinitive dans les circonstancielles de comparaison, ni de préposition correspondant aux conjonctions.

4. Autres circonstancielles : manière, addition, exception.

Les subordonnées passées en revue sont les plus caractéristiques, mais non les seules. On peut encore citer :

1. Les circonstancielles de **manière,** *comme, sans que :*

Fais COMME TU L'ENTENDS.
Il est sorti SANS QU'ON LE REMARQUE (=sans bruit, discrètement).

2. Les circonstancielles d'**addition,** introduites par *outre que* (locution formée de la préposition *outre* et de *que*), *sans compter que :*

OUTRE QU'IL ÉTAIT PARESSEUX, *il avait mauvais esprit.*
(Avec un groupe du nom complément : *outre sa paresse.*)

3. Les circonstancielles d'**exception,** introduites par *sauf que, excepté que* (locutions formées des prépositions *sauf, excepté,* et de *que*) :

Je suis satisfait de mes vacances, SAUF QUE LE TEMPS ÉTAIT MÉDIOCRE.
(Avec un groupe prépositionnel : *sauf le temps médiocre.*)

REMARQUE. Diverses circonstances peuvent être exprimées par des subordonnées participiales, comportant un participe et son sujet exprimé (v. Chap. 46, 1,1) :

LE SOIR VENU, *nous sommes rentrés à la maison* (temps).
LA COLÈRE L'ÉTOUFFANT, *il ne pouvait plus dire un mot* (cause)

45

L'infinitif et la transformation infinitive

1. L'infinitif comme mode des subordonnées complétives.

● La phrase

J'espère VENIR *demain*

a le même sens que

J'espère QUE JE VIENDRAI *demain.*

Une subordonnée **complétive** introduite par *que* peut donc être transformée en **infinitif.** La transformation consiste dans la suppression de la conjonction *que*, le remplacement d'une forme personnelle du verbe par l'infinitif et l'omission du sujet.

Dans le premier exemple, le membre de phrase *venir demain* est une subordonnée qui a nécessairement le même sujet que le verbe de la principale *j'espère.* (De même, *Vous espérez venir = Vous espérez que vous viendrez*, etc.)

Ce type de transformation ne peut avoir lieu qu'avec certains verbes principaux comme *croire, penser, espérer, estimer, s'imaginer.*

● Les phrases

Je souhaite VENIR *demain,*

Je souhaite DE VENIR *demain*

contiennent aussi un infinitif qui équivaut à un verbe conjugué à un mode personnel ayant le même sujet que le verbe principal.

Cependant, la phrase qui correspondrait alors aux deux exemples ci-dessus est une phrase incorrecte (** Je souhaite que je vienne).*

Le verbe *souhaiter*, ainsi que *vouloir, désirer, refuser, accepter attendre*, etc., n'est pas normalement suivi d'une proposition complétive introduite par *que* et ayant même sujet que lui : la transformation infinitive est obligatoire pour ces verbes, parfois avec une préposition *(Je désire m'inscrire. Il accepte de venir.)*

Mais on emploie une complétive introduite par *que* quand le sujet est différent :

>Je souhaite QUE VOUS VENIEZ ME VOIR.
>Pierre accepte QUE LE DÉPART SOIT REMIS.

● La phrase

>Je demande à chacun DE FAIRE un effort

équivaut à :

>Je demande à chacun QU'IL FASSE un effort (construction moins usuelle),

et elle est proche de :

>Je demande QUE CHACUN FASSE un effort.

La **transformation infinitive** consiste alors à employer comme complément d'objet second du verbe principal le sujet de la proposition complétive introduite par *que*. L'infinitif est alors précédé d'une préposition (ici, *de*).

De même :

>J'invite chacun À FAIRE un effort

équivaut à la phrase suivante, moins usuelle :

>J'invite chacun À CE QU'IL FASSE un effort.

● Certaines transformations infinitives comportent des **ambiguïtés.** Ainsi :

>Je demande à Paul DE RESTER quelques jours

peut signifier :

>Je demande à Paul QU'IL RESTE quelques jours

ou :

>*Je demande à Paul QUE JE RESTE quelques jours (construction incorrecte).

● La complétive à l'infinitif est à distinguer des infinitifs qui suivent les verbes auxiliaires d'aspect ou de mode comme *faire, laisser, devoir, pouvoir*, etc. (v. Chap. 25).

Certains de ces verbes peuvent d'ailleurs avoir un sens plein, et en ce cas l'infinitif correspond à une complétive, ainsi quand *pouvoir* a le sens de « être capable de » :

>Paul PEUT PORTER cette valise.

● Certains verbes admettent la transformation infinitive dans un de leurs sens et ne l'admettent pas dans un autre sens. Ainsi :

J'ai dit à Pierre QU'IL SOIT EXACT AU RENDEZ-VOUS

est une construction moins usuelle que :

J'ai dit à Pierre D'ÊTRE EXACT AU RENDEZ-VOUS.

(*Dire* a ici le sens impératif de « commander », « demander ».)

Mais :

J'ai dit à Pierre QU'IL ÉTAIT EXACT AU RENDEZ-VOUS.

n'admet pas de transformation infinitive (*dire* a ici un sens déclaratif).

● Après certains verbes comme *croire, penser, juger*, etc., lorsque le verbe de la complétive est la copule *être*, suivie d'un attribut, il peut être supprimé dans la complétive infinitive si le sujet de cette complétive est le même que celui du verbe de la principale :

Je crois que Paul EST *capable de réussir*
→ *Je crois Paul capable de réussir*.

(On ne dit pas *Je crois Paul être capable de réussir*.)

Mais la copule peut subsister si la principale et la complétive ont même sujet :

Je crois que je SUIS *capable de réussir* → *Je crois* ÊTRE *capable de réussir* (ou : *Je me crois capable de réussir*).

Quand la copule est ainsi supprimée, l'adjectif ou le nom qui était attribut du sujet de la complétive est appelé « attribut du complément d'objet » du verbe de la principale (*capable*, attribut de *Paul*, ou de *me*) [v. Chap. 23].

● L'infinitif peut équivaloir à une proposition **sujet** introduite par *que*. Comparons ces deux phrases :

PROTESTER *ne changerait rien.*
QUE VOUS PROTESTIEZ (ou : QU'ON PROTESTE) *ne changerait rien.*

● L'infinitif complément d'un nom ou d'un adjectif équivaut à une proposition introduite par *que* ou *ce que*. Comparons :

L'idée DE PARTIR *m'est pénible. Je suis sûr* DE RÉUSSIR,

et

L'idée QUE JE PARS *m'est pénible. Je suis sûr* QUE JE RÉUSSIRAI.

● Quand le sujet de la subordonnée est différent de celui de la principale, la transformation infinitive est impossible; elle est au contraire obligatoire avec la plupart des noms et des adjectifs quand le sujet est le même dans les deux propositions.

On dit :

J'ai le désir QU'IL VIENNE,

mais

J'ai le désir DE VENIR (et non *que je vienne*).

On dit :

Je suis heureux QU'IL VIENNE

mais

Je suis heureux DE VENIR (et non *que je vienne*).

● La construction infinitive, après un nom ou un adjectif, peut donner lieu à des **ambiguïtés,** l'expression du sujet n'étant pas possible avec l'infinitif. Ainsi :

Un poulet prêt à manger

peut signifier que le poulet est disposé à manger ou qu'on s'apprête à le manger.

2. L'infinitif comme mode des subordonnées circonstancielles.

● Certaines **subordonnées circonstancielles** à un mode personnel peuvent être transformées en subordonnées avec un infinitif, mais seulement lorsque le sujet de la principale et celui de la subordonnée sont identiques. On utilise alors en général une préposition ou une locution prépositive correspondant à la conjonctive employée.

Ainsi, on dit :

Je me suis rapproché POUR ENTENDRE,

et non :

Je me suis rapproché POUR QUE J'ENTENDE.

Mais, avec des sujets différents, on ne peut dire que :

Je me suis rapproché POUR QUE TU ENTENDES.

(V. Chap. 42, 43, 44.)

● Dans de nombreux cas, cette transformation infinitive n'est pas possible; ainsi dans les subordonnées de condition, de compa-

raison, et avec diverses conjonctions de temps, de cause, de concession auxquelles ne correspond pas une préposition ou une locution
prépositive :

> *Si je pars, je vous préviendrai;*
> *Agissez comme vous l'entendrez,*

n'admettent pas de transformation infinitive.

3. L'infinitif comme mode des phrases indépendantes.

● L'infinitif correspond, dans les phrases **exclamatives** ou **impératives,** à des phrases introduites par *que*, avec un verbe au subjonctif :

> *Lui, m'*AVOIR *ainsi* MENTI!
> (= qu'il m'ait ainsi menti!).
> FAIRE CHAUFFER *un quart d'heure*
> (= qu'on fasse chauffer un quart d'heure).

● L'infinitif peut correspondre à un verbe à un mode personnel
dans des phrases **interrogatives** où le sujet serait la personne qui
parle, ou un sujet indéterminé :

> *Que* FAIRE *aujourd'hui? Où* ALLER *cet après-midi?*

● L'infinitif peut, dans la langue littéraire et avec une intention
stylistique, remplacer l'**indicatif** dans des récits (infinitif de narration). Il est alors ordinairement précédé de *et :*

> *Il exposa ses projets. Et tous* D'APPLAUDIR.

4. L'infinitif comme forme nominale du verbe.

L'infinitif peut s'employer comme **nom** singulier, précédé
d'un article et désignant une action ou un état (aspect non-accompli),
mais ce cas est limité à quelques verbes dans le français actuel :
le laisser-aller (= le fait de se laisser aller); *le boire, le manger*
(= le fait ou la possibilité de boire, de manger).
Un certain nombre d'infinitifs qui s'emploient avec des articles,
aussi bien au pluriel qu'au singulier, sont devenus des noms purs
et simples : *le devoir, le dîner, un sourire.*

46

Participe, adjectif verbal, gérondif

1. Les formes en -ant.

Parmi les formes à radical verbal et à désinence en -ant, on distingue plusieurs classes de mots, selon leurs propriétés syntaxiques ou morphologiques.

1. Le participe présent.

● Le participe présent peut être l'équivalent d'une subordonnée relative.

Dans les phrases :

(1) *Les congressistes* POSSÉDANT UNE VOITURE *étaient venus par la route,*

(2) *De nombreux congressistes,* POSSÉDANT UNE VOITURE, *étaient venus par la route,*

le groupe verbal *possédant une voiture* équivaut à une proposition relative, soit déterminative (phrase 1), soit appositive (phrase 2) [v. Chap. 41] complétant le nom *congressistes* :

Les congressistes QUI POSSÉDAIENT *une voiture étaient venus par la route.*

De nombreux congressistes, QUI POSSÉDAIENT *une voiture, étaient venus par la route.*

La forme *possédant*, qui reste invariable en genre et en nombre, et qui peut recevoir les mêmes compléments que toute autre forme verbale active, est dite « participe présent » du verbe *posséder*.

● Le participe présent peut être l'équivalent du verbe d'une subordonnée circonstancielle.

Dans la phrase :

De nombreux congressistes POSSÉDANT *une voiture, un parking spécial avait été prévu,* la première partie de la phrase équivaut à une subordonnée circonstancielle (ici, de cause) :

Comme de nombreux congressistes POSSÉDAIENT...

Le mot *possédant* est invariable. C'est encore un participe. Cette construction est parfois appelée « subordonnée participiale », ou « participe absolu » (v. Chap. 44, **4,3**, REMARQUE).

2. L'adjectif verbal.

Dans la phrase :

Les classes POSSÉDANTES *avaient investi de gros capitaux dans cette affaire,*

le mot *possédantes* qualifie *classes* comme un adjectif pur et simple (par exemple, *riches, aisées*) et varie en genre et en nombre. Comme il est formé sur le verbe *posséder*, on l'appelle « adjectif verbal ».

L'adjectif verbal en -*ant* ne reçoit pas les compléments propres au verbe : complément d'objet, compléments circonstanciels.

REMARQUES. 1. Comme une subordonnée relative joue le rôle d'un adjectif (v. Chap. 41), le participe en -*ant* peut aussi être remplacé par un adjectif proprement dit *(les congressistes possesseurs d'une voiture)*, et l'adjectif verbal par une relative *(les classes qui possèdent* [des biens]).

La distinction entre participe et adjectif verbal est justifiée par l'opposition entre l'invariabilité de l'un et la variabilité de l'autre, ainsi que par celle de la construction des compléments.

En outre, dans le cas de la subordonnée participiale, le participe ne peut être remplacé ni par un adjectif ni par une relative.

2. Dans un certain nombre de cas, on distingue par l'orthographe le participe et l'adjectif verbal. Comparons :

Il a prononcé des paroles PROVOQUANT *l'hilarité générale,*

et

Il a prononcé des paroles PROVOCANTES.

De même, par exemple, les adjectifs *convaincant, intrigant, négligent* s'opposent aux participes *convainquant, intriguant, négligeant.*

3. Le gérondif.

Dans la phrase :

Le plombier siffle EN TRAVAILLANT,

en travaillant équivaut à *pendant qu'il travaille,* ou à *pendant son travail.*

La forme verbale en *-ant* précédée de *en* et invariable est appelée « gérondif ».

Le gérondif est l'équivalent d'une subordonnée circonstancielle ayant même sujet que la principale, d'un groupe prépositionnel circonstanciel ou, parfois, d'un adverbe de manière.

Les circonstances exprimées peuvent être diverses :

Il marche EN BOITANT (manière).

EN MANGEANT *moins, vous vous porteriez mieux* (condition).

Je l'ai aperçu EN ARRIVANT (temps); etc.

2. Les formes en *-é, -i, -u, -s, -t.*

Des formes comme *chanté, fini, perdu* sont susceptibles d'emplois variés.

● Dans une phrase comme :

Le président EST ÉLU *par le bureau,*

élu est un des éléments de la forme passive composée *est élu.*

On peut rencontrer cet élément sans l'auxiliaire *être :*

Le président ÉLU *par le bureau dirige les débats.*

Dans ce cas, tout se passe comme si, partant d'une relative, on supprimait le relatif et l'auxiliaire :

Le président [*qui est*] *élu par le bureau...*

Les formes verbales en *-é, -i, -u,* dans cet emploi passif, sont dites **participes passés,** et elles sont toujours variables.

REMARQUE. Si, pour la très grande majorité des verbes, la forme qu'on trouve dans cet emploi se termine par *-é, -i* ou *-u,* dans un certain nombre de verbes de la 3e conjugaison la forme verbale correspondante a une terminaison différente : *pris, inclus, joint, ouvert.* L'appartenance de toutes ces formes à la même classe du participe passé est établie par le fait qu'elles sont substituables les unes aux autres sans que la phrase cesse d'être normale :

Le président est nommé (*investi, élu, compris, contredit, rejoint,* etc.) *par le bureau.*

● Dans les exemples ci-dessus, les formes en *-é, -i, -u,* etc., sont suivies d'un complément introduit par la préposition *par* (complément d'agent; v. Chap. 37).

Ces formes peuvent s'employer sans ce complément. Elles

apparaissent alors, par leur fonctionnement, de même nature que de simples **adjectifs,** et leur sens peut être plus ou moins différent de celui des participes proprement dits. Comparons :

Il a été DISTINGUÉ *par ses supérieurs,*

et *C'est un homme très* DISTINGUÉ.

● Les formes en *-é, -i, -u,* etc., peuvent aussi constituer, comme participes, des éléments des **formes verbales** composées de la conjugaison active :

Les ouvriers ONT RÉPARÉ *la toiture.*

Dans ce cas, les conditions de variation sont déterminées par des règles particulières.

Les formes en *-é, -i, -u,* etc., jointes au participe présent des auxiliaires *avoir* ou *être* constituent la forme d'accompli correspondant au participe présent du verbe auquel elles appartiennent :

Le chien, APERCEVANT *son maître, accourut.*
Le chien, AYANT APERÇU *son maître, accourut.*

Les participes passés actifs ne peuvent être employés sans auxiliaire que s'ils appartiennent à des verbes dont l'auxiliaire de conjugaison est *être :*

Les spectateurs ARRIVÉS *les premiers occupent les meilleures places ;*

mais :

Les spectateurs AYANT LOUÉ *leurs places n'attendent pas au guichet.*

Pour l'accord du participe passé, voir page suivante.

3. L'adjectif verbal en *-ble.*

Il existe une classe d'adjectifs verbaux formés en ajoutant le suffixe *-ble (-able, -ible, -uble)* au radical du verbe (parfois modifié). Ces adjectifs correspondent à des phrases contenant le verbe *pouvoir,* ordinairement devant un infinitif passif, parfois devant l'infinitif actif d'un verbe intransitif :

Cette proposition est acceptable, admissible (= cette proposition peut être acceptée, admise).
Ce travail est convenable, passable (= ce travail peut convenir, peut passer).

Accord du participe passé

1. Avec avoir

le participe passé des temps composés des verbes actifs s'accorde en genre et en nombre avec le complément d'objet direct lorsque ce complément le précède.	*Vous avez pris la bonne route.* *La bonne route que vous avez prise.* *Vous aviez envoyé une lettre : je l'ai bien reçue.*
suivi d'un infinitif : le participe passé reste invariable si l'infinitif est complément d'objet direct ;	*L'histoire que j'ai entendu raconter* (j'ai entendu qu'on racontait cette histoire).
il s'accorde si le complément d'objet du participe est sujet de l'infinitif.	*La cantatrice que j'ai entendue chanter.*
précédé de *en* : le participe passé ne s'accorde pas avec le complément d'objet de cet infinitif.	*J'ai cueilli des fraises dans le jardin et j'en ai mangé.*
précédé de *l'* représentant une proposition : le participe passé reste invariable.	*La journée fut plus belle qu'on ne l'avait prévu.*
et les verbes *courir*, *valoir*, *peser*, *vivre*, *coûter* : le participe passé reste invariable dans les emplois intransitifs ;	*Les années qu'il a vécu* (*que* est complément de temps).
le participe passé s'accorde avec le complément d'objet des emplois transitifs.	*Les dangers que j'ai courus. Les efforts que ce travail m'a coûtés. Les jours heureux qu'elle a vécus ici.*
et un verbe impersonnel : le participe passé reste invariable.	*Les deux jours qu'il a neigé. Les accidents nombreux qu'il y a eu cet été. La chaleur qu'il a fait.*
et une expression collective comme complément d'objet direct placé avant : le participe passé s'accorde soit avec le mot collectif, soit avec le mot complément du terme collectif.	*Le grand nombre de succès que vous avez remporté* (ou *remportés*). *Le peu d'attention que vous avez apporté* (ou *apportée*) à *cette affaire.*

2. Avec être

le participe passé s'accorde en genre et en nombre avec le sujet du verbe.

La villa a été louée pour les vacances. Les feuilles sont tombées. Nos amis sont venus hier. Les rues sont bien éclairées.

et une forme pronominale :
le participe passé s'accorde avec le sujet du verbe,
sauf les cas suivants :

Ils se sont aperçus de leur erreur. Ils se sont lavés. Ils se sont battus. Elle s'est regardée dans la glace.

a) lorsque le verbe est suivi d'un complément d'objet direct (il y a accord lorsque ce complément précède);

Ils se sont lavé les mains. Ils se sont écrit des lettres; mais : *Les mains qu'ils se sont lavées. Les lettres qu'ils se sont écrites.*

b) lorsque le verbe pronominal réfléchi ou réciproque est, à la forme active, un verbe transitif indirect, ou un verbe admettant un complément d'attribution introduit par *à*.

Ils se sont nui (nuire à quelqu'un). *Ils se sont écrit* (écrire à quelqu'un).

47

Emploi des modes et des temps :
le discours et le récit

1. Les types d'énoncés : discours et récit.

● Considérons les deux énoncés suivants :

Il est maintenant 3 heures. J'ai terminé le travail dont je vous parlais ce matin; je m'accorde un moment de repos.

Il était alors 3 heures. Il avait terminé le travail dont il leur parlait le matin; il s'accorda un moment de repos.

Le premier consiste en propos tenus à des interlocuteurs sur une situation présente à laquelle participe celui qui parle : c'est ce qu'on appelle un **discours.**

Le second relate des faits passés que celui qui parle ne met pas en relation avec le moment où il parle : c'est ce qu'on appelle un **récit.**

L'opposition entre discours et récit se marque par un certain nombre de caractéristiques, qu'on trouve aussi dans l'opposition entre style direct et style indirect (v. **2,** *La narration*); par exemple :

● le changement de personne :

j'ai terminé | il avait terminé ;
je vous parlais | il leur parlait ;

● le changement de temps :

j'ai terminé | il avait terminé ;

● le changement de certains adverbes ou déterminants relatifs à l'« actualité » du procès, de l'action :

maintenant | alors ;
ce matin | le matin.

L'opposition la plus nette entre discours et récit consiste

en ce que le discours emploie comme temps de référence à la situation actuelle le **présent** *(Il est 3 heures ; je mange)*, alors que le temps de référence du récit est le **passé simple** *(Il partit)* ou l'**imparfait** *(Il était 3 heures)*, selon qu'on exprime l'aspect non duratif (action qui ne dure pas) ou l'aspect duratif (action qui dure).

L'aspect accompli se marque dans le discours par le **passé composé** *(J'ai terminé :* accompli par rapport au présent *je termine)* ou le **plus-que-parfait** *(J'avais terminé :* accompli par rapport au passé *j'ai terminé)*, alors que dans le récit il se marque seulement par le **plus-que-parfait** *(il avait terminé)*.

Le passé simple est donc, en principe, un temps réservé au récit, et il n'est usuel qu'avec la troisième personne, et le passé composé est un temps du discours, qui s'emploie couramment à toutes les personnes.

REMARQUE. Le discours peut être utilisé pour **raconter une histoire,** et donc à la place du récit; en ce cas, le passé composé se substitue au passé simple. C'est ainsi que s'explique le fait que le passé simple est réservé aux récits **écrits,** tandis que les récits **parlés** sont généralement faits avec le passé composé comme temps de référence.

2. La narration.

1. Style direct et style indirect.

Quand on rapporte les paroles ou les pensées de quelqu'un, ou ce qu'on a soi-même dit ou pensé, on peut le faire de plusieurs façons.

● On peut les reproduire **textuellement,** soit en les introduisant par un verbe tel que *dire, demander, penser,* soit sans aucun verbe introducteur :

Nos amis nous ont dit en partant : « Nous vous enverrons de nos nouvelles. »
Cette fois, pensait-il, j'ai des chances de réussir.
Un passant s'approcha : « Peut-on m'indiquer la place Victor-Hugo ? »

C'est ce qu'on appelle le **style direct,** caractérisé par l'effacement du narrateur derrière celui dont il rapporte l'énoncé.

● On peut aussi, tout en conservant en principe les mêmes mots, **modifier** certains éléments grammaticaux :

Nos amis nous ont dit en partant qu'ils nous enverraient de leurs nouvelles.

Il pensait que cette fois il avait des chances de réussir.

Un passant s'approcha et demanda si on pouvait lui indiquer la place Victor-Hugo.

C'est ce qu'on appelle le **style indirect,** caractérisé par la manifestation de la personnalité de celui qui raconte à travers l'énoncé rapporté.

2. Les marques du style indirect.

Comparons les deux versions suivantes du même dialogue, la première au style direct, l'autre au style indirect :

J'ai demandé à mon visiteur : « Êtes-vous ici depuis longtemps? »
— Il m'a répondu : « Je suis arrivé hier. Donnez-moi donc, s'il vous plaît, mon cher ami, l'adresse d'un bon hôtel. »

J'ai demandé à mon visiteur s'il était là depuis longtemps.
Il m'a répondu qu'il était arrivé la veille et m'a prié de lui donner l'adresse d'un bon hôtel.

On constate, dans la version en style indirect, les modifications suivantes par rapport à l'autre version :

● Des propositions qui n'étaient pas subordonnées sont transformées en **complétives,** parfois avec changement de mode *(Êtes-vous... → s'il était...; Je suis arrivé... → qu'il était arrivé...; Donnez-moi... → de lui donner...)* ;

● Les **temps** des verbes sont changés *(Êtes-vous... → s'il était...;* etc.). Toutefois, il y a des cas où ils ne changent pas;

● Les **personnes** des pronoms et des verbes sont changées *(Êtes-vous... → s'il était...,* etc.). Les adjectifs possessifs varient de la même façon. Toutefois, dans certains cas, la personne ne change pas, en particulier quand il s'agit de la troisième personne;

● Certains **adverbes** de lieu et de temps servant à situer le procès par rapport à celui qui parle subissent aussi un changement *(ici → là; hier → la veille);*

● Des mots qui traduisent le **sentiment** de celui qui parle (inter-jections : *Donc, s'il vous plaît ;* apostrophes : *mon cher ami*) ne sont pas exprimés en style indirect ;

● Des **verbes introducteurs** qui n'étaient pas exprimés en style direct le sont en style indirect dans le cas de phrases de types différents, par exemple déclaratif et impératif, ou interrogatif *(m'a prié)*.

3. Le style indirect libre.

Considérons l'énoncé suivant :

Le prévenu protestait vigoureusement : il n'avait pas quitté son domicile ce soir-là ; les policiers avaient-ils des preuves contre lui? Qu'ils voulussent bien les lui montrer.

● Cet énoncé comporte deux énoncés successifs : la première proposition, *Le prévenu protestait vigoureusement*, exprime la pensée de l'auteur du récit, et toute la suite reproduit les propos d'un personnage du récit (le prévenu), mais en pratiquant une transposition.

Cette forme de narration s'appelle le **style indirect libre.**

L'équivalent, en style direct, serait :

Je n'ai pas quitté mon domicile ce soir-là ; avez-vous des preuves contre moi? Veuillez me les montrer.

Et, en style indirect :

Le prévenu protestait vigoureusement en disant qu'il n'avait pas quitté son domicile ce soir-là ; il demandait aux policiers s'ils avaient des preuves contre lui ; il leur disait de vouloir bien les lui montrer.

● Les marques du style indirect libre sont pour la plupart celles du style indirect proprement dit. On note ici la transposition de **personne grammaticale** *(je → il)*, de **temps** *(je n'ai pas quitté → il n'avait pas quitté)*, de **mode** *(veuillez → de vouloir)*.

Toutefois, il n'y a pas de transformation complétive et la phrase interrogative a la même forme que dans le style direct.

● Le style indirect libre est particulièrement employé dans la langue littéraire.

3. Mode du verbe et type de phrase.

L'emploi du mode est à considérer différemment selon qu'il s'agit d'une phrase non subordonnée ou d'une phrase subordonnée.

1. Dans une phrase **non-subordonnée,** le mode varie avec le type de phrase.

● Si la phrase est **déclarative** ou **interrogative,** on peut employer :

— l'**indicatif** quand l'énoncé est présenté comme vrai, quand on n'émet pas de réserves à son sujet, quand on ne le présente pas comme dépendant d'une condition :

L'avion est tombé dans la montagne ;

— le **conditionnel** quand la vérité de l'énoncé est présentée comme soumise à une condition, quand on ne prend pas l'énoncé entièrement à son compte :

L'avion serait tombé dans la montagne ;

● l'**impératif** et le **subjonctif,** dans les phrases **impératives** :

Montre-*moi le courrier.* Que *chacun* soit *à son poste.*

2. Dans une phrase **subordonnée,** l'impératif est exclu. L'emploi de l'**indicatif** ou du **subjonctif** correspond à deux cas différents :

● Certaines conjonctions (*pour que, quoique,* etc.) ou certains verbes dans la proposition principale (*vouloir, falloir,* etc.) imposent le subjonctif dans la subordonnée. Le subjonctif est alors une **servitude grammaticale,** et il n'exprime par lui-même aucune valeur particulière puisque le choix de tout autre mode est impossible.

● Lorsque, dans un même contexte, un **choix** est possible entre l'**indicatif** et le **subjonctif,** l'opposition des modes correspond en général à une **opposition de sens** ou **de valeur.** En principe, l'indicatif exprime un fait considéré comme **réel,** et le subjonctif un fait seulement envisagé comme **possible,** ou souhaité :

Je cherche une maison qui a *un jardinet* (j'en connais l'existence et je m'efforce de la découvrir).

Je cherche une maison qui ait *un jardinet* (je la désire telle, mais je ne suis pas sûr qu'elle existe ici).

Parfois la différence de valeur entre l'indicatif et le subjonctif est peu sensible : on dit alors que l'opposition est **neutralisée;**

c'est le cas, par exemple, après certaines propositions négatives ou interrogatives :

> *Je ne prétends pas que c'*EST *inutile,* ou *que ce* SOIT *inutile.*
> *Croyez-vous que nous* AVONS *tort,* ou *que nous* AYONS *tort?*

4. Concordance des temps.

On appelle concordance des temps, dans une phrase complexe, les **relations** qui existent entre le temps de la principale et celui des subordonnées.

On peut distinguer deux sortes de concordance : celle qui est commandée par le sens de l'énoncé, et celle qui a un caractère obligatoire et n'exprime pas de sens particulier.

1. Concordance des temps commandée par le sens.

● Le rapport des temps verbaux peut traduire une relation **chronologique** entre les événements exprimés dans une phrase principale et une subordonnée : un événement peut être présenté soit comme contemporain de l'autre, soit comme antérieur, ou encore comme postérieur à lui :

> *Je* CROIS (maintenant) *qu'il* PLEUT (maintenant), *qu'il* PLEU-
> VAIT (hier), *qu'il* PLEUVRA (demain).

● Les **temps composés** expriment l'**antériorité** par rapport au moment actuel, au passé ou à l'avenir, et ils traduisent en outre l'aspect **accompli**. Comparons :

Je te RACONTE *ce que j'*AI VU.	*Je te* RACONTE *ce que je* VOIS.
Je te RACONTAIS *ce que j'*AVAIS VU.	*Je te* RACONTAIS *ce que je* VOYAIS.
Je te RACONTERAI *ce que j'*AURAI VU.	*Je te* RACONTERAI *ce que je* VERRAI.
Il PARTIT *dès qu'il* EUT ENTENDU *le signal.*	*Il* PARTIT *dès qu'il* ENTENDIT *le signal.*

On voit que ce type de concordance joue dans le discours aussi bien que dans le récit.

2. Concordance des temps obligatoire.

Dans certains cas, la relation entre les temps est une servitude grammaticale. C'est ainsi que, lorsqu'on passe du discours au récit, le **futur** ou le **futur antérieur** prennent respectivement la forme du **futur** et du **futur antérieur dans le passé,** c'est-à-dire du **conditionnel présent** ou du **conditionnel passé :**

> *Il* EST CONVENU *qu'on vous* PRÉVIENDRA *dès qu'une décision* AURA ÉTÉ PRISE → *Il* ÉTAIT CONVENU *qu'on le* PRÉVIENDRAIT *dès qu'une décision* AURAIT ÉTÉ PRISE.

De même, le **présent** et le **passé composé** du discours sont souvent transposés en **imparfait** et en **plus-que-parfait** dans le récit :

> *Je* FAIS *ce que je* VEUX → *Il* FAISAIT *ce qu'il* VOULAIT.
> *Je* CROIS *que je me* SUIS TROMPÉ → *Il* CROYAIT *qu'il s'*ÉTAIT TROMPÉ.

3. La concordance des temps au subjonctif.

Dans une subordonnée au subjonctif, quand on exprime l'aspect non-accompli on emploie, dans la langue soignée, le présent ou l'imparfait de ce mode, selon le temps employé dans la principale.

● Quand le verbe de la principale est au **présent** ou au **futur** (discours), celui de la subordonnée est au **subjonctif présent** :

> *Je* CRAINS *qu'il ne* SOIT *trop tard.*

● Quand le verbe de la principale est à un **temps du passé** (récit), celui de la subordonnée est à l'**imparfait du subjonctif** :

> *Je* CRAIGNAIS *qu'il ne* FÛT *trop tard.*

● Pour exprimer l'aspect accompli dans la subordonnée, on emploie soit le **passé,** soit le **plus-que-parfait** du **subjonctif** :

> *Je* CRAINS *que mes paroles n'*AIENT ÉTÉ *mal* INTERPRÉTÉES.
> *Il* CRAIGNAIT *que ses paroles n'*EUSSENT ÉTÉ *mal* INTERPRÉTÉES.

REMARQUES. 1. Dans la langue courante, on emploie souvent le présent ou le passé composé du subjonctif au lieu de l'imparfait ou du plus-que-parfait de ce mode, c'est-à-dire qu'on se borne à exprimer l'opposition entre le non-accompli et l'accompli :

> *J'avais peur qu'il soit trop tard.*
> *Il avait peur que ses paroles aient été mal interprétées.*

2. Même dans la langue soignée, l'imparfait et le plus-que-parfait du subjonctif ne sont guère usuels qu'à la troisième personne (sauf pour *être* et *avoir*, où toutes les personnes peuvent s'employer). On dit :

> *Je craignais que vous n'arriviez en retard,*

et non :

> *Je craignais que vous n'arrivassiez en retard.*

5. Les valeurs stylistiques des temps et des modes.

L'emploi des temps et des modes ne dépend pas seulement du type d'énoncé (discours ou récit), de la nature de la phrase (subordonnée ou principale), du système de concordance, de la manière dont celui qui parle considère son énoncé : il peut aussi répondre à des raisons stylistiques.

● On peut donner à un **récit** la forme d'un **discours,** en présentant comme actuelle une situation passée.

Le présent peut alors se substituer au passé simple ou à l'imparfait (c'est le **présent historique**) :

> *Le général s'*INFORME *de la situation : tout* EST *calme dans ce secteur.* (Forme « récit » : *Le général s'*INFORMA *de la situation : tout* ÉTAIT *calme dans ce secteur.*)

De même, on a vu que le passé composé se substitue normalement, dans la forme « discours », au passé simple de la forme « récit ».

● Dans le **récit,** l'imparfait peut s'employer pour décrire **(imparfait descriptif)** :

> *La mer* ÉTAIT *calme.*

Il peut aussi s'employer pour raconter **(imparfait narratif),** et dans ce cas il peut exprimer soit la durée, soit la répétition :

> *On se* BATTAIT *dans les faubourgs de la ville.*
> *Il se* RENDAIT *tous les jours à son bureau à 9 heures.*

● Le **présent,** qui est le temps de l'énoncé direct dans la conversation, est le temps de base de tout le système.

Il peut avoir diverses valeurs qui étendent l'énoncé actuel au **futur** ou à un **passé récent :**

Je PARS *ce soir. J'*ARRIVE *d'Italie.*

Il peut exprimer un fait indépendamment de la considération du temps **(présent à valeur générale) :**

La Terre TOURNE *autour du Soleil.*
La somme des angles d'un triangle EST *égale à 180º.*

● Le **conditionnel,** qui exprime une certaine réserve de celui qui parle par rapport à son énoncé, peut s'employer aussi pour traduire une **atténuation** ou pour ajouter une marque de **politesse :**

Nous POURRIONS *prendre cette route* (simple suggestion).
Je VOUDRAIS *un renseignement.*

● Dans des phrases **exclamatives,** le temps ou le mode peuvent traduire des sentiments variés : surprise, indignation, etc. :

*Décidément, j'*AURAI *tout* VU*! Et je* DEVRAIS *me taire!*
Moi, QUE *j'*ACCEPTE *ce compromis?*

48

Les transformations :
les mots suffixés ou dérivés

1. Qu'est-ce qu'une transformation?

Une transformation est une opération syntaxique qui permet de passer d'une forme d'expression à une autre en conservant en général le sens de l'énoncé (la transformation est symbolisée par une flèche →). Il existe deux sortes de transformations :

● Certaines portent sur **une seule phrase**; ainsi une phrase déclarative active peut être transformée en phrase déclarative passive; la phrase

L'incendie a dévasté les entrepôts

devient :

Les entrepôts ont été ravagés par l'incendie;

● D'autres transformations portent sur **deux phrases** : l'une d'elles est alors transformée en **groupe du nom** et devient le sujet, le complément d'objet ou le complément circonstanciel de l'autre.

Soit, par exemple, les deux phrases :

Isabelle est curieuse.
Cela lui a valu plusieurs mésaventures.

La première peut être transformée en un groupe du nom; pour cela, le verbe copule *être* est supprimé, l'adjectif *curieux* est transformé en un nom par l'addition du suffixe -*ité* et, avec une modification du radical (*curieux* → *curios-*), le sujet de la phrase *Isabelle* devient le complément du nom ainsi formé : *La curiosité d'Isabelle.*

Ce groupe du nom peut remplacer le pronom *cela* de la deuxième phrase, et on obtient :

La curiosité d'Isabelle lui a valu plusieurs mésaventures.

Dans ce type de transformation, les compléments circonstanciels du verbe deviennent les compléments circonstanciels du nom. Ainsi, dans les phrases :

Paul est arrivé hier à la maison,
Cela a causé une grande surprise,

l'adverbe de temps *hier* et le complément circonstanciel de lieu *à la maison* ne sont pas modifiés quand on procède à la transformation :

L'arrivée de Paul hier à la maison a causé une grande surprise.

Ces mots sont alors compléments du groupe du nom *l'arrivée de Paul*, et non plus de la phrase *Paul est arrivé*.

2. Les suffixes et les mots dérivés.

La transformation de la phrase en un groupe du nom s'est faite en ajoutant à l'adjectif ou au participe un élément qui n'existe que lié directement au nom : dans le premier cas *(curiosité)*, c'est *-ité;* dans le second cas *(arrivée,* féminin du participe), c'est la désinence du féminin *-e.*

Ces éléments sont appelés des **suffixes**. Ainsi, dans la phrase :

L'immeuble a été démoli,

qui devient :

la démolition de l'immeuble,

le suffixe ajouté à *démoli* est *-tion.*

Le **genre** du mot auquel on a ajouté un suffixe est déterminé par le suffixe : avec *-ité, -e, -tion,* les noms formés sont féminins :

Jean est gai → La gaîté de Jean.

Mais si l'on transforme la phrase :

Anne-Marie bavarde continuellement,

en un groupe du nom :

Le bavardage continuel d'Anne-Marie,

on constate que le suffixe *-age* donne au nom formé le genre masculin.

Les mots ainsi obtenus après l'addition d'un suffixe et après une opération de transformation sont dits des **mots dérivés**.

3. Les suffixes utilisés dans la transformation d'une phrase en un groupe du nom.

Les suffixes utilisés dans la transformation d'une phrase en un groupe du nom peuvent être répartis en deux grands ensembles selon que le mot auquel on ajoute le suffixe est un **adjectif** ou un **participe** (c'est-à-dire une forme appartenant au système du verbe).

— Dans *Pierre est un sot, sot* est un adjectif; la transformation en un groupe du nom se fait au moyen du suffixe *-ise :*

   La sottise de Pierre.

— Dans *La route est dégagée, dégagée* est un participe : la transformation en un groupe du nom se fait au moyen du suffixe *-ment :*

   Le dégagement de la route.

● Les principaux suffixes ajoutés aux adjectifs sont les suivants :

— Avec le sens de « qualité » :

-AT	: *La lettre est anonyme → l'anonymat de la lettre.*
-CE	: *Pierre est clairvoyant → la clairvoyance de Pierre.*
-ERIE	: *Jacqueline est étourdie → l'étourderie de Jacqueline.*
-ESSE	: *Ce parfum est délicat → la délicatesse de ce parfum.*
-EUR	: *La neige est blanche → la blancheur de la neige.*
-IE	: *Cette femme est jalouse → la jalousie de cette femme.*
-ISE	: *Cet enfant est vantard → la vantardise de cet enfant.*
-ITÉ, -TÉ	: *Cette escalade est facile → la facilité de cette escalade.*
-ITUDE	: *Tes calculs sont exacts → l'exactitude de tes calculs.*

— Avec le sens de « système » :

-ISME	: *La doctrine chrétienne → le christianisme.*

● Les principaux suffixes ajoutés aux participes ou aux verbes sont les suivants :

-AGE	: *Le linge a séché → le séchage du linge.*
-E	: *Pierre est arrivé → l'arrivée de Pierre.*
-MENT	: *Le temps a changé → le changement de temps.*
-TION	: *Le poste est réparé → la réparation du poste.*
-URE	: *Le chien a mordu → la morsure du chien.*
zéro (ø)	: *La nouvelle voiture est essayée → l'essai de la nouvelle voiture* [radical sans suffixe].

REMARQUE. Deux noms avec deux suffixes différents correspondent parfois au même verbe (ou participe); il existe en ce cas, très souvent, une différence de sens : *Pierre est abattu* devient *l'abattement de Pierre*, mais *Les arbres sont abattus* devient *l'abattage des arbres.* De même, *le raffinage du pétrole* s'oppose au *raffinement des mœurs.*

4. Les suffixes utilisés dans la transformation d'un complément du nom en un adjectif.

Il existe aussi des transformations qui changent un **complément du nom,** introduit par une préposition, en un **adjectif.**

Ainsi le groupe du nom comportant un complément peut être transformé en un groupe du nom avec un adjectif :

la vie de famille → la vie familiale.

En ce cas, il y a addition à *famille* du suffixe -*al*, et suppression de la préposition.

De même : *les industries françaises* sont *les industries de la France.*

Ce n'est pas toujours la préposition *de* qui correspond à l'adjectif dérivé; le groupe du nom *la campagne présidentielle* est issu aussi bien de :

la campagne pour la présidence

que de :

la campagne du président.

Les suffixes qui entrent ainsi dans la transformation d'un complément du nom en adjectif sont nombreux; ils se répartissent en deux grands groupes :

● les suffixes qui s'ajoutent à des **noms de pays,** de **régions,** de **villes,** etc. Ils remplacent alors des noms introduits par les prépositions *de* (originaire de) ou *à* (qui habite à) :

Un industriel parisien est celui qui est *à Paris* (qui y habite, dont l'industrie est à Paris); *un industriel français* est aussi celui qui est de nationalité française, qui est originaire *de France.*

Les principaux suffixes utilisés dans ce cas sont les suivants :

-AIN : *les exigences de l'Amérique → les exigences américaines.*
-AIS : *l'industrie de Marseille → l'industrie marseillaise.*
-IEN : *le gouvernement de l'Égypte → le gouvernement égyptien.*
-OIS : *le commerce de Grenoble → le commerce grenoblois.*

Ces adjectifs peuvent à leur tour entrer dans des groupes du nom; ils deviennent alors des noms : *les Français, les Parisiens.*

● les principaux suffixes qui s'ajoutent à des **noms communs :**

-AIRE : *les installations du port → les installations portuaires.*

-AL : *les plantes des tropiques → les plantes tropicales.*

-EL : *l'équipe de rédacteurs du journal → l'équipe rédactionnelle du journal.*

-EUX : *un teint de cire → un teint cireux.*

-IER : *les fruits de saison → les fruits saisonniers.*

-IF : *une attitude de crainte → une attitude craintive.*

-IQUE : *une carte de la géologie de la France → une carte géologique de la France.*

-OIRE : *un geste d'ostentation → un geste ostentatoire.*

L'addition du suffixe peut entraîner une modification du radical :

une vie de moine → une vie monacale.

l'autorité du père → l'autorité paternelle.

5. Les suffixes utilisés dans la transformation d'une relative en un nom.

● À partir d'une phrase relative comme :

celui qui ment,

on peut avoir une transformation en un groupe du nom comportant un suffixe *-eur* ajouté à la racine du verbe; par exemple :

celui qui ment est *un menteur.*

En ce cas on constate que le suffixe *-eur* remplace *celui qui* et s'ajoute au verbe, formant alors un groupe du nom s'il est précédé d'un déterminant. Les noms dérivés ainsi formés sont appelés **noms d'agent.**

● Ce sont des relatives de ce genre qui, avec un certain nombre de verbes, désignent les personnes exerçant un métier, une activité sociale, économique, etc. Ainsi, à partir de la relative : *celui qui ajuste* (des pièces), on peut passer au groupe du nom : *un ajusteur,* où le suffixe *-eur* s'ajoute au verbe.

Dans d'autres cas, c'est à partir d'une phrase; ainsi :

celui qui a (possède) une ferme → un fermier;

celui qui vend des chemises → un chemisier.

C'est-à-dire que le suffixe s'ajoute au complément d'objet, alors que le verbe de la relative *avoir*, *vendre*, etc., est signifié par le suffixe. Ainsi sont formés les **noms de métier.**

Au lieu de *celui qui*, on pourrait avoir *ce qui*, c'est-à-dire une « chose », un **appareil** (masculin), une **machine** (féminin) :

> *ce qui malaxe* → *un malaxeur ;*
> *(machine) qui moissonne* → *une moissonneuse.*

● Les principaux suffixes utilisés comme noms d'agent, de métier, sont les suivants :

> -EUR : *celui qui conduit* (des trains, des voitures, le métro)
> → *un conducteur.*
> -IER : *celui qui vend des chapeaux* → *un chapelier.*
> -ISTE : *celui qui soigne les dents* → *un dentiste.*

6. Les verbes dérivés.

Il existe aussi des transformations qui portent sur le groupe du verbe; ainsi, la phrase :

> *Le papier devient noir,*

peut subir une transformation qui remplace le verbe *devenir* par un suffixe de verbe :

> *Le papier noircit.*

Ce verbe est intransitif; mais on peut le faire entrer aussi dans une construction transitive; il est alors l'équivalent de *faire devenir :*

> *L'encre noircit le papier.*

Le groupe du verbe contient en ce cas un adjectif ou un nom qui a la fonction d'un adjectif :

> *Pierre grandit* est issu de *Pierre devient grand.*
> *Le sucre caramélise* est issu de *le sucre devient du caramel.*

Les principaux suffixes qui permettent cette transformation du groupe du verbe sont les suivants :

> -ÉFIER : *Le mauvais temps a rendu rares les fruits* → *le*
> *mauvais temps a raréfié les fruits.*
> -ISER   : *Il rend poétiques les choses* → *il poétise les choses.*
> zéro (ø) : *Pierre devient blême* → *Pierre blêmit.*

49

Les transformations :
les mots préfixés et composés

1. Les différents types de mots composés.

On a vu (Chap. 47) que les mots dérivés sont formés d'un
radical et d'un suffixe et qu'ils entrent dans divers types de transformations qui réduisent deux propositions à une seule, ou un complément de nom à un adjectif, etc.

Il existe d'autres types de transformations qui permettent
elles aussi de réduire des **propositions** ou des **compléments** à un
seul **groupe du nom** ou à un seul **nom,** mais le moyen utilisé est le
préfixe ou la simple **combinaison** de plusieurs mots.

Ainsi, il existe un préfixe *pré-* qui signifie « avant »; il entre
dans la transformation suivante :

une construction fabriquée AVANT *(en usine) devient une construction* PRÉ*fabriquée.*

De même, *coffre-fort* vient de l'addition à *coffre* de l'adjectif
épithète *fort* (un coffre qui est fort).

Dans tous les cas, le mot ainsi composé désigne un objet ou
une opération unique; il n'est pas seulement formé de l'addition
du sens des deux mots; il constitue à son tour un mot qui a un
sens particulier et précis. Ainsi *coffre-fort* désigne un type de coffre;
préfabriqué s'applique à des matériaux obtenus par un mode particulier de fabrication.

2. Les mots préfixés.

● Les préfixes entrent dans la transformation de phrases où
se trouvent des **prépositions;** ainsi :

la partie du port qui est AVANT *le port proprement dit* est *l'*AVANT-
PORT.

De tout le groupe du nom, il ne reste que la suite composée de la préposition *avant* et du nom *port*.

Dans d'autres cas, la préposition est remplacée par un préfixe de même sens :

> *Celui qui est* POUR *les Chinois* est *un* PRO*chinois.*

Le procédé est le même : la préposition *pour* est ici remplacée par *pro*.

● Il peut y avoir deux préfixes d'origine différente, mais de même sens, et qui se répartissent selon les vocabulaires.

Par exemple : « qui est au-delà de ce qui convient » peut être traduit par *hyper-*, dans le vocabulaire médical en particulier, ou par *sur-*, dans le vocabulaire économique :

> l'HYPER*tension* est une *tension au-delà de* la normale,
> la SUR*tension* est aussi une *tension au-delà de* la normale,

mais, dans le premier cas, il s'agit de tension artérielle et, dans l'autre cas, de tension électrique;

> SUR*développé* s'applique aux nations, aux pays,
> HYPER*développé* s'applique à la constitution physique des individus.

● La répartition des préfixes peut se faire aussi selon la nature du mot; *contre-* est un préfixe qui s'adjoint à des racines verbales (et aux noms dérivés de ces verbes) : *contre-attaquer (contre-attaque)* ; *anti-* s'adjoint à des radicaux de noms (et aux adjectifs qui en sont dérivés).

On a ainsi :

APRÈS et POST	: *après-demain, postclassique.*
AVANT et PRÉ	: *avant-veille, préclassique.*
CONTRE et ANTI	: *contre-épreuve, antigouvernemental.*
DEMI et SEMI	: *demi-place, semi-automatique.*
EXTRA et SUPER	: *extrafin, superfin.*
HORS et EXTRA	: *hors-la-loi, extraparlementaire.*
IN et NON	: *intraduisible, non-violence.*
INTER et ENTRE	: *interurbain, entre-deux-guerres.*
MONO et UNI	: *monologue, unilingue.*
SANS et A (AN)	: *sans-cœur, apatride, anaérobie.*
SOUS et HYPO	: *sous-tension, hypotension.*
SUR et HYPER	: *surnaturel, hypersensible.*
SUR et SUPER	: *survêtement, superpréfet.*

● Les préfixes forment aussi les uns par rapport aux autres une **structure** : certains préfixes se correspondent. Le préfixe *dé-* indique que l'action s'opère dans le sens inverse : *défaire*, c'est opérer l'action inverse de *faire ; déficeler*, c'est faire les mouvements inverses de *ficeler*, pour revenir au point de départ; arrivé à ce moment de l'action, on peut recommencer l'action de *faire*, de *ficeler*, etc.; en ce cas on emploie le préfixe *re-* qui indique que l'action va être faite de nouveau :

ficeler → *déficeler* → *reficeler ;*
faire → *défaire* → *refaire ;*
peigner → *dépeigner* → *repeigner*
(*repeigner* suppose que l'on a été d'abord *dépeigné*, etc.).

● Les préfixes présentent des **formes diverses** selon l'initiale de ces mots :

— *re-* ou *ré-* devant les mots commençant par une voyelle :

rajuster ou *réajuster, rapprendre* ou *réapprendre, rouvrir* ou *réouvrir, réintroduire*, etc.;

— *in-* devient *il-, ir-, im-* selon la consonne qui suit :

illisible, irrecevable, immangeable, imprenable.

3. Les mots composés de deux ou plusieurs mots.

On a vu jusqu'ici des termes composés dont un des éléments ne se présente qu'en combinaison avec un autre mot; ces éléments sont des préfixes (*re-, uni-, mono-*, etc.). Or, il y a des mots composés dont les éléments constituants sont des mots de la langue; ainsi *pomme de terre* est formé de plusieurs mots qui se présentent ailleurs dans la langue combinés avec d'autres termes, mais ce qui fait de *pomme de terre* un mot composé, c'est qu'il désigne un objet précis, différent de tous les autres genres de pomme. Chacun des termes peut avoir ailleurs d'autres sens, mais leur groupement dans un ordre fixe donne un sens unique.

Ces mots composés se présentent avec un certain nombre de particularités syntaxiques et ils correspondent à plusieurs types de construction :

● Le composé est formé d'un nom et d'un complément du nom; ainsi *force de frappe, homme d'affaires, fusil de chasse* sont des noms composés où le groupe du nom complément ne comporte pas de déterminant. La plupart de ces noms composés n'ont pas de trait d'union entre les éléments constituants, mais il n'en est pas toujours ainsi : *dessous-de-table, rond-de-cuir*, etc.

Au lieu de la préposition *de*, habituelle dans les compléments du nom, on peut avoir aussi la préposition *à*, marquant la destination, le moyen, etc. : *machine à écrire, boîte aux lettres, chambre à coucher*. Là non plus, il n'y a pas de trait d'union, sauf dans quelques cas comme *mort-aux-rats, porte-à-porte*, etc.

Il arrive, enfin, que la préposition soit absente, comme dans *timbre-poste* (de la poste), *hôtel-Dieu* (de Dieu), etc. Les éléments constituants sont alors toujours réunis par un trait d'union.

● Le composé est formé d'un nom et d'une épithète ou d'une apposition, qui peut être soit un adjectif, soit un nom :

un coffre qui est fort → un *coffre-fort ;*
un avion qui est en même temps cargo → un *avion-cargo.*

Les deux éléments constituants sont réunis par un trait d'union. La construction de ces composés peut être particulière, l'adjectif se plaçant parfois avant le nom, contrairement à l'usage du français :

un *rouge-gorge*, un *pur-sang.*

4. Les mots composés de deux ou plusieurs radicaux savants.

Certains mots composés sont formés de plusieurs radicaux qui ne se rencontrent qu'en composition et qui ont une origine savante, latine ou surtout grecque. Ils sont formés comme précédemment d'une suite de mots juxtaposés; ainsi *psychosomatique* désigne une maladie intéressant l'organisme *(somat-)*, mais dont l'origine est en fait psychique *(psycho-).*

Les combinaisons sont variées :

— termes savants d'origine grecque : (nerf) *pneumogastrique, thermodynamique ;*

— termes dont l'un est d'origine grecque, l'autre un terme français ou latin : *turboréacteur ;*

— termes dont l'un est une abréviation; ainsi la *psychopathologie* est la partie de la *psychologie* qui étudie la *pathologie* (maladies mentales);

— termes de la langue entrant dans une combinaison particulière; ainsi les habitants de la *Corée du Nord* sont les *Nord-Coréens*, un apprentissage par des moyens *audio-visuels* se fait en même temps par voie auditive et visuelle.

Le développement particulier de ces types de composés dans la langue savante donne lieu à des formations comportant un nombre important de radicaux : un *oto-rhino-laryngologiste* est un spécialiste *(-logiste)* des oreilles *(oto-)*, du nez *(rhino-)* et du larynx *(laryngo-)*.

Les composés savants apparaissent comme la traduction avec des radicaux savants de véritables phrases : *celui qui mange de la viande* est *carnivore*, *-vore* traduisant (celui qui) *mange* et *carni-* la viande; sur le même modèle, on peut alors construire des mots composés, par le même système de substitution de mots savants à des mots communs :

celui qui mange tout → *omnivore;*
celui qui mange des fruits → *frugivore;*
celui qui mange de l'herbe → *herbivore.*

50

Phonétique. Phonologie. Orthographe

1. Les phonèmes.

Peut-on définir des unités plus petites que les morphèmes (v. Chap. 5)?

Comparons pour cela les deux phrases :

Apporte le pot.
Apporte le seau.

Pot et *seau* sont très différents par leur orthographe, mais ils ne diffèrent dans la prononciation que par la première partie du mot :

pot /po/; *seau* /so/.

Si je remplace (commute) /p/ par /s/, j'obtiens un mot différent, et ma phrase n'aura pas le même sens. Si on remplace de même la deuxième partie par *a* : *sa* /sa/ et *pas* /pa/, on obtient encore deux mots distincts qui ne sont différents que par ce seul élément.

Les morphèmes sont donc composés d'éléments plus petits, qui n'ont pas de sens par eux-mêmes, mais qui servent à former des mots ou des morphèmes significatifs.

Ces éléments sont des **phonèmes;** ils sont en nombre restreint et, par leurs combinaisons, ils peuvent former un nombre infini de mots. Quand on décrit tous les phonèmes d'une langue, on fait la **phonologie** de cette langue.

Mais si /r/ par exemple est un phonème du français, il peut être prononcé de manières très différentes selon les régions; le /r/ parisien est très différent du /r/ bourguignon, mais tous les deux constituent cependant le même phonème parce que l'emploi de l'un ou de l'autre ne permet jamais d'opposer deux mots différents. La **phonétique** d'une langue, c'est la description de la manière, variable, dont sont prononcés réellement les phonèmes.

2. Quels sont les phonèmes du français?

On distingue trois grandes catégories de phonèmes :
— les **voyelles** : a, ɛ, e, i, ɔ, o, u, y, ø, œ, ã, õ, ɛ̃, œ̃ et une voyelle caduque (susceptible de tomber), ə;
— les **consonnes** : p, b, d, t, k, g, f, v, s, z, ʒ, ʃ, l, r, m, n, ɲ;
— les **semi-voyelles** : j, w, ɥ.

Les consonnes et les voyelles sont définies en général par la manière dont elles sont articulées. (V. le tableau annexe, p. 235.)

3. La syllabe.

La syllabe est une **suite de phonèmes** dont l'un est nécessairement une voyelle.

On aura donc plusieurs types de syllabes (v = voyelle; c = consonne) :

v	comme *ah!, à*	/a/
c + v	— *pot*	/po/
v + c	— *hisse*	/is/
c + v + c	— *part*	/par/
c + c + v	— *tri*	/tri/
c + c + v + c	— *classe*	/klas/
c + c + v + c + c	— *triste*	/trist/

Les syllabes sont aussi des unités non significatives qui constituent le morphème.

4. L'accent et l'intonation.

• Les mots possèdent en français un **accent** qui se place en général sur la dernière syllabe : *passionnant*. Ainsi un mot comme *camping*, accentué en anglais sur l'avant-dernière syllabe, est accentué sur la dernière en français. Cet accent peut être déplacé : *épouvantable* peut, selon les cas, recevoir l'accent sur une syllabe autre que la dernière et prendre ainsi une valeur d'**emphase** ou d'**expressivité**.

• Chaque phrase a une **intonation**, c'est-à-dire une sorte de

mélodie que l'on représente le plus souvent par une courbe. Cette intonation varie selon le type de phrase :
— montante + descendante pour la phrase déclarative,
— montante pour l'interrogative,
— descendante pour l'impérative avec accent sur le mot contenant l'ordre.

Ces intonations peuvent subir des modifications selon l'expressivité.

5. Les liaisons.

Les morphèmes ou les mots ont un accent qui assure leur autonomie; seuls quelques termes comme les articles, les pronoms compléments avant le verbe, les prépositions, etc., ne portent pas d'accent et forment avec le mot qui suit (ou précède selon le cas) un groupe rythmique : ce sont des mots **atones.** Or, il existe entre les termes qui forment un constituant de la phrase (groupe du nom ou groupe du verbe) un lien plus étroit, c'est la **liaison.** Elle consiste à réunir par une consonne une suite de deux termes dont le second commence par une voyelle. Ainsi *les amis* se prononce /lezami/ en faisant apparaître un /z/ qui n'apparaît pas dans *les murs* /lemyr/, le mot *mur* commençant par une consonne. La liaison n'a lieu en général qu'entre les membres d'un même constituant.

6. Les lettres.

Le mot écrit se compose lui aussi d'éléments plus petits, les **lettres,** qui correspondent en principe à un son, mais on a vu (Chap. 2) que l'orthographe du français comportait une correspondance très imparfaite avec la prononciation, le même son pouvant être transcrit par plusieurs lettres différentes : *eau, au, o,* etc., pour /o/, un seul son pouvant être transcrit par deux lettres, etc.

De plus, pour rendre complètement compte de tous les phonèmes du français, on utilise des signes secondaires **(diacritiques)** qui s'ajoutent aux voyelles :

les **accents** aigu, grave, circonflexe : *é, è, ê;*
le **tréma** : *ë.*

Un signe comme le **trait d'union** indique que plusieurs morphèmes, séparés ailleurs, sont réunis pour former un seul mot (*coffre-fort, garde-malade,* etc.).

La **cédille** se place sous le *c* devant *a, o, u* pour indiquer que celui-ci doit se prononcer /s/ : *ça, façon, nous plaçons, gerçure.*

L'**apostrophe** marque l'élision d'une voyelle devant la voyelle du mot qui suit (celle-ci peut être précédée d'un *h* muet) : *j'apprends, jusqu'à minuit.*

7. La ponctuation.

Pour transcrire aussi les **limites entre les phrases,** pour noter les **intonations** interrogatives, expressives, impératives, et pour **délimiter les propositions** dont est faite une phrase complexe, on use d'un système de ponctuation formé de **points,** de **virgules** et de **signes spéciaux.**

— Le **point** (.) indique la fin de la phrase :
La maison est au sommet de la colline.

— La **virgule** (,) sépare des éléments juxtaposés ou apposés : sujets, verbes, adjectifs, etc., ou des propositions circonstancielles, relatives à valeur explicative, incises, participiales. Elle marque une courte pause :
On voit le ciel, la mer, la côte.
Cette maison, vieille, grande, massive, sorte de forteresse, était inhabitée.
Je vois, dit-il, que vous comprenez.

— Le **point-virgule** (;) sépare deux aspects d'une même idée. Il marque une pause un peu plus longue que la virgule :
Le chien, qui sommeillait, s'éveilla en sursaut ; il dressa l'oreille.

— Le **point d'interrogation** (?) se place à la fin des phrases exprimant une interrogation directe :
Quand aurons-nous terminé? Que veut-il?

— Le **point d'exclamation** (!) s'écrit après les interjections ou les phrases exprimant un sentiment vif, un ordre :
Attention! Comme je vous plains!

— Le **tiret** (—) indique le début d'un dialogue ou le changement d'interlocuteur; il s'emploie pour mettre en valeur un mot ou une expression :
Êtes-vous prêt? — Pas encore.
L'autre chien — le vieux — dormait.

— Les **points de suspension** (...) indiquent que la phrase n'est pas complètement achevée. Ils marquent aussi une pause mettant en valeur ce qui suit :

S'il avait voulu... Cette absence me paraît... surprenante.

— Les **guillemets** (« ») se mettent au commencement et à la fin d'une citation ou de la reproduction exacte des paroles de quelqu'un, ou d'une expression étrangère au langage courant :

« Venez me voir demain », dit-il.
La « polenta » est un mets italien.

— Les **deux points** (:) précèdent une citation ou un développement explicatif :

Il s'écria : « Lâchez-moi! »
Je n'avance pas : je suis sans cesse dérangé.

— Les **parenthèses** ( ) indiquent une phrase ou une réflexion accessoires :

On annonça (et chacun s'en doutait) que le vainqueur ne viendrait pas.

Système phonétique et transcription

Voyelles orales

NOTA-TION	CARACTÉRISTIQUES	EXEMPLES	GRAPHIE
[a]	*a* antérieur	*lac, cave, béat, soi, moelle, moyen, il plongea, femme,*	a, ea, oi, oy, oe, e (+ mm)
[ɑ]	*a* postérieur	*tas, case, sabre, flamme, âme, noix, douceâtre, poêle*	a, â, oi, eâ, oê
[e]	*e* fermé	*année, pays, désobéir, œdème, je mangeai, vous mangez*	é, ay, eai, œ, ai, ez
[ɛ]	*e* ouvert	*bec, poète, blême, Noël, il peigne, il aime, fraîche, j'aimais*	è, ê, e, ë, ei, ai, aî
[i]	*i* bref ou long	*île, ville, épître, tu lis, partir, cyprès, dîner, naïf*	i, î, y, ï
[ɔ]	*o* ouvert long ou bref	*note, robe, mode, col, roche, Paul*	o, au
[o]	*o* fermé bref ou long	*drôle, aube, agneau, sot, pôle*	o, ô, au, eau
[u]	*ou*	*outil, mou, pour, jour, goût, août*	ou, où, oû, aoû
[y]	*u*	*usage, luth, mur, uni, nu, il eut*	u, eu, eû
[œ]	*eu* ouvert bref ou long	*peuple, bouvreuil, bœuf, œil, jeune*	eu, œu, œ
[ø]	*eu* fermé bref ou long	*émeute, jeûne, aveu, nœud*	eu, eû, œu
[ə]	*e*	*me, remède, grelotter, je serai*	e

Voyelles nasales

[ɛ̃]	*e* nasalisé ouvert	*limbe, instinct, impie, main, bien, saint, dessein, lymphe, syncope, vendetta*	im, in, en, aim, ain, ein, yin, yn
[ɑ̃]	*a* nasalisé ouvert	*champ, ange, emballer, en-nui, vengeance, Laon*	am, an, em, en, ean, aon
[ɔ̃]	*o* nasalisé	*plomb, ongle, mon*	on, om,
[œ̃]	*œ* nasalisé	*parfum, aucun, brun, à jeun*	un, um, eun

Semi-voyelles

[j]	*y*	*yeux, lieu, fermier, piller*	y, i, ll (+ voyelle)
[ɥ]	*u*	*lui, nuit, suivre, buée, sua*	u (+ voyelle)
[w]	*ou*	*oui, ouest, miaou, moi, squale*	ou (+ voyelle), oi, u(a)

Consonnes

NOTATION	CARACTÉRISTIQUES	EXEMPLES	GRAPHIE
[p]	occlusive labiale sourde	*prendre, apporter, stop*	p, pp
[b]	occlusive bilabiale sonore	*bateau, combler, aborder, abbé, snob*	b, bb
[t]	occlusive dentale sourde	*train, théâtre, vendetta*	t, th, tt
[d]	occlusive dentale sonore	*dalle, addition, cadenas*	d, dd
[k]	occlusive palatale sourde	*coq, quatre, carte, kilo, squelette, accabler, bacchante, chaos, chlore*	q, c (+ a, o, u), k, qu, cc, cch, ch
[g]	occlusive palatale sonore	*guêpe, diagnostic, garder, gondole, seconde*	g (+ a, o), gu, gn, c
[f]	fricative labio-dentale sourde	*fable, physique, Fez, chef*	f, ph
[v]	fricative labio-dentale sonore	*voir, wagon, aviver, révolte*	v, w
[s]	fricative sifflante sourde	*savant, science, cela, ciel, façon, ça, reçu, patience, façade*	s, sc, ss, c (+ e, i), ç (+ a, o, u), t (i)
[z]	fricative sifflante sonore	*zèle, azur, réseau, rasade*	z, s (entre voyelles)
[ʒ]	fricative chuintante sonore	*jabot, déjouer, jongleur, âgé, gigot*	j, g (+ i, e)
[ʃ]	fricative chuintante sourde	*charrue, échec, schéma, short*	ch, sch, sh
[l]	liquide latérale	*lier, pal, intelligence, illettré, calcul*	l, ll
[r]	liquide (en français *r* uvulaire)	*rare, arracher, âpre, sabre*	r, rr
[m]	nasale labiale	*amas, mât, drame, grammaire*	m, mm
[n]	nasale dentale	*nager, naine, neuf, dictionnaire*	n, nn
[ɲ]	nasale dentale mouillée	*agneau, peigner, baigner, besogne*	gn

Il n'est pas tenu compte dans ce tableau des exceptions ni des variantes régionales ou individuelles; on remarquera, par ailleurs, que plusieurs graphies correspondent à des prononciations différentes. Seuls l'usage et les indications contenues dans le dictionnaire donneront la prononciation la plus courante dans les cas douteux.

La lettre *x* correspond à la prononciation [ks] et [gs] : *axe, Xavier.*

La lettre *h* ne se prononce pas et ne comporte aucune aspiration. Le *h* dit « aspiré » empêche les liaisons et les élisions.

CONJUGAISONS

AVOIR
[avwar]

indicatif présent

j'	ai	[ɛ]
tu	as	[a]
il	a	[a]
nous	avons	[avɔ̃]
vous	avez	[ave]
ils	ont	[ɔ̃]

subjonctif présent

j'	aie	[ɛ]
tu	aies	[ɛ]
il	ait	[ɛ]
nous	ayons	[ɛjɔ̃]
vous	ayez	[ɛje]
ils	aient	[ɛ]

indicatif imparfait

j'	avais	[avɛ]
tu	avais	[avɛ]
il	avait	[avɛ]
nous	avions	[avjɔ̃]
vous	aviez	[avje]
ils	avaient	[avɛ]

subjonctif imparfait

j'	eusse	[ys]
tu	eusses	[ys]
il	eût	[y]
nous	eussions	[ysjɔ̃]
vous	eussiez	[ysje]
ils	eussent	[ys]

indicatif passé simple

j'	eus	[y]
tu	eus	[y]
il	eut	[y]
nous	eûmes	[ym]
vous	eûtes	[yt]
ils	eurent	[yr]

conditionnel présent

j'	aurais	[ɔrɛ]
tu	aurais	[ɔrɛ]
il	aurait	[ɔrɛ]
nous	aurions	[ɔrjɔ̃]
vous	auriez	[ɔrje]
ils	auraient	[ɔrɛ]

indicatif futur

j'	aurai	[ɔre]
tu	auras	[ɔra]
il	aura	[ɔra]
nous	aurons	[ɔrɔ̃]
vous	aurez	[ɔre]
ils	auront	[ɔrɔ̃]

● L'impératif a les formes du subjonctif sans pronom personnel : *aie, ayons, ayez.*

● Les temps composés du verbe sont formés avec le verbe *avoir* et le participe passé *eu, eue* [y] : *j'ai eu, j'avais eu, j'aurai eu, j'aurais eu, j'eus eu, j'aie eu, j'eusse eu.*

● Le participe présent est *ayant* [ɛjɑ̃].

ÊTRE
[ɛtr]

indicatif présent

je	suis	[sɥi]
tu	es	[ɛ]
il	est	[ɛ]
nous	sommes	[sɔm]
vous	êtes	[ɛt]
ils	sont	[sɔ̃]

subjonctif présent

je	sois	[swa]
tu	sois	[swa]
il	soit	[swa]
nous	soyons	[swajɔ̃]
vous	soyez	[swaje]
ils	soient	[swa]

indicatif imparfait

j'	étais	[etɛ]
tu	étais	[etɛ]
il	était	[etɛ]
nous	étions	[etjɔ̃]
vous	étiez	[etje]
ils	étaient	[etɛ]

subjonctif imparfait

je	fusse	[fys]
tu	fusses	[fys]
il	fût	[fy]
nous	fussions	[fysɔ̃]
vous	fussiez	[fysje]
ils	fussent	[fys]

indicatif passé simple

je	fus	[fy]
tu	fus	[fy]
il	fut	[fy]
nous	fûmes	[fym]
vous	fûtes	[fyt]
ils	furent	[fyr]

conditionnel présent

je	serais	[sərɛ]
tu	serais	[sərɛ]
il	serait	[sərɛ]
nous	serions	[sərjɔ̃]
vous	seriez	[sərje]
ils	seraient	[sərɛ]

indicatif futur

je	serai	[səre]
tu	seras	[səra]
il	sera	[səra]
nous	serons	[sərɔ̃]
vous	serez	[səre]
ils	seront	[sərɔ̃]

● L'impératif a les formes *sois*, *soyons*, *soyez*.

● Les temps composés sont formés avec le verbe *avoir* et le participe *été* [ete] : *j'ai été, j'avais été, j'aurai été, j'aurais été, j'eus été, j'aie été, j'eusse été.*

● Le participe présent est *étant* [etɑ̃].

AIMER
[eme]

indicatif présent

j'	aime	[ɛm]
tu	aimes	[ɛm]
il	aime	[ɛm]
nous	aimons	[emɔ̃]
vous	aimez	[eme]
ils	aiment	[ɛm]

subjonctif présent

j'	aime	[ɛm]
tu	aimes	[ɛm]
il	aime	[ɛm]
nous	aimions	[emjɔ̃]
vous	aimiez	[emje]
ils	aiment	[ɛm]

indicatif imparfait

j'	aimais	[emɛ]
tu	aimais	[emɛ]
il	aimait	[emɛ]
nous	aimions	[emjɔ̃]
vous	aimiez	[emje]
ils	aimaient	[emɛ]

subjonctif imparfait

j'	aimasse	[emas]
tu	aimasses	[emas]
il	aimât	[ema]
nous	aimassions	[emasjɔ̃]
vous	aimassiez	[emasje]
ils	aimassent	[emas]

indicatif passé simple

j'	aimai	[eme]
tu	aimas	[ema]
il	aima	[ema]
nous	aimâmes	[emam]
vous	aimâtes	[emat]
ils	aimèrent	[emɛr]

conditionnel présent

j'	aimerais	[ɛmrɛ]
tu	aimerais	[ɛmrɛ]
il	aimerait	[ɛmrɛ]
nous	aimerions	[emrjɔ̃]
vous	aimeriez	[emrje]
ils	aimeraient	[ɛmrɛ]

indicatif futur

j'	aimerai	[emre]
tu	aimeras	[ɛmra]
il	aimera	[ɛmra]
nous	aimerons	[emrɔ̃]
vous	aimerez	[emre]
ils	aimeront	[emrɔ̃]

● L'impératif a les formes *aime, aimons, aimez ;* la deuxième pers. du sing. prend *s* devant *en* et *y (parles-en ; vas-y)*.

● Les temps composés et le passif sont formés avec l'auxiliaire *avoir* ou *être* et le participe passé *aimé, -e* [eme].

● Le participe présent et adjectif verbal est : *aimant, aimante* [emɑ̃, -ɑ̃t].

FINIR
[finir]

indicatif présent

je	finis	[fini]
tu	finis	[fini]
il	finit	[fini]
nous	finissons	[finisɔ̃]
vous	finissez	[finise]
ils	finissent	[finis]

subjonctif présent

je	finisse	[finis]
tu	finisses	[finis]
il	finisse	[finis]
nous	finissions	[finisjɔ̃]
vous	finissiez	[finisje]
ils	finissent	[finis]

indicatif imparfait

je	finissais	[finisɛ]
tu	finissais	[finisɛ]
il	finissait	[finisɛ]
nous	finissions	[finisjɔ̃]
vous	finissiez	[finisje]
ils	finissaient	[finisɛ]

subjonctif imparfait

je	finisse	[finis]
tu	finisses	[finis]
il	finît	[fini]
nous	finissions	[finisjɔ̃]
vous	finissiez	[finisje]
ils	finissent	[finis]

indicatif passé simple

je	finis	[fini]
tu	finis	[fini]
il	finit	[fini]
nous	finîmes	[finim]
vous	finîtes	[finit]
ils	finirent	[finir]

conditionnel présent

je	finirais	[finirɛ]
tu	finirais	[finirɛ]
il	finirait	[finirɛ]
nous	finirions	[finirjɔ̃]
vous	finiriez	[finirje]
ils	finiraient	[finirɛ]

indicatif futur

je	finirai	[finire]
tu	finiras	[finira]
il	finira	[finira]
nous	finirons	[finirɔ̃]
vous	finirez	[finire]
ils	finiront	[finirɔ̃]

● L'impératif a les formes *finis*, *finissons*, *finissez*.

● Les temps composés et le passif sont formés avec l'auxiliaire *avoir* ou *être* et le participe passé *fini*, *-e* [fini].

● Le participe présent et adjectif verbal est : *finissant*, *finissante* [finisɑ̃, -ɑ̃t].

OFFRIR
[ɔfrir]

indicatif présent

j'	offre	[ɔfr]
tu	offres	[ɔfr]
il	offre	[ɔfr]
nous	offrons	[ɔfrɔ̃]
vous	offrez	[ɔfre]
ils	offrent	[ɔfr]

subjonctif présent

j'	offre	[ɔfr]
tu	offres	[ɔfr]
il	offre	[ɔfr]
nous	offrions	[ɔfrijɔ̃]
vous	offriez	[ɔfrije]
ils	offrent	[ɔfr]

indicatif imparfait

j'	offrais	[ɔfrɛ]
tu	offrais	[ɔfrɛ]
il	offrait	[ɔfrɛ]
nous	offrions	[ɔfrijɔ̃]
vous	offriez	[ɔfrije]
ils	offraient	[ɔfrɛ]

subjonctif imparfait

j'	offrisse	[ɔfris]
tu	offrisses	[ɔfris]
il	offrît	[ɔfri]
nous	offrissions	[ɔfrisjɔ̃]
vous	offrissiez	[ɔfrisje]
ils	offrissent	[ɔfris]

indicatif passé simple

j'	offris	[ɔfri]
tu	offris	[ɔfri]
il	offrit	[ɔfri]
nous	offrîmes	[ɔfrim]
vous	offrîtes	[ɔfrit]
ils	offrirent	[ɔfrir]

conditionnel présent

j'	offrirais	[ɔfrirɛ]
tu	offrirais	[ɔfrirɛ]
il	offrirait	[ɔfrirɛ]
nous	offririons	[ɔfrirjɔ̃]
vous	offririez	[ɔfrirje]
ils	offriraient	[ɔfrirɛ]

indicatif futur

j'	offrirai	[ɔfrire]
tu	offriras	[ɔfrira]
il	offrira	[ɔfrira]
nous	offrirons	[ɔfrirɔ̃]
vous	offrirez	[ɔfrire]
ils	offriront	[ɔfrirɔ̃]

● L'impératif a les formes *offre, offrons, offrez ;* la deuxième pers. du sing. prend *s* devant *en* et *y (offres-en)*.

● Les temps composés et le passif sont formés avec l'auxiliaire *avoir* ou *être* et le participe passé *offert, -e* [ɔfɛr, -ɛrt].

● Le participe présent et adjectif verbal est *offrant, offrante* [ɔfrɑ̃, -ɑ̃t].

RECEVOIR
[rəsəvwar]

indicatif présent

je	reçois	[rəswa]
tu	reçois	[rəswa]
il	reçoit	[rəswa]
nous	recevons	[rəsəvɔ̃]
vous	recevez	[rəsəve]
ils	reçoivent	[rəswav]

subjonctif présent

je	reçoive	[rəswav]
tu	reçoives	[rəswav]
il	reçoive	[rəswav]
nous	recevions	[rəsəvjɔ̃]
vous	receviez	[rəsəvje]
ils	reçoivent	[rəswav]

indicatif imparfait

je	recevais	[rəsəvɛ]
tu	recevais	[rəsəvɛ]
il	recevait	[rəsəvɛ]
nous	recevions	[rəsəvjɔ̃]
vous	receviez	[rəsəvje]
ils	recevaient	[rəsəvɛ]

subjonctif imparfait

je	reçusse	[rəsys]
tu	reçusses	[rəsys]
il	reçût	[rəsy]
nous	reçussions	[rəsysjɔ̃]
vous	reçussiez	[rəsysje]
ils	reçussent	[rəsys]

indicatif passé simple

je	reçus	[rəsy]
tu	reçus	[rəsy]
il	reçut	[rəsy]
nous	reçûmes	[rəsym]
vous	reçûtes	[rəsyt]
ils	reçurent	[rəsyr]

conditionnel présent

je	recevrais	[rəsəvrɛ]
tu	recevrais	[rəsəvrɛ]
il	recevrait	[rəsəvrɛ]
nous	recevrions	[rəsəvrijɔ̃]
vous	recevriez	[rəsəvrije]
ils	recevraient	[rəsəvrɛ]

indicatif futur

je	recevrai	[rəsəvre]
tu	recevras	[rəsəvra]
il	recevra	[rəsəvra]
nous	recevrons	[rəsəvrɔ̃]
vous	recevrez	[rəsəvre]
ils	recevront	[rəsəvrɔ̃]

● L'impératif a les formes *reçois, recevons, recevez.*

● Les temps composés et le passif sont formés avec l'auxiliaire *avoir* ou *être* et le participe passé *reçu, -e* [rəsy].

● Le participe présent est *recevant* [rəsəvɑ̃].

RENDRE
[rãdr]

indicatif présent

je	rends	[rã]
tu	rends	[rã]
il	rend	[rã]
nous	rendons	[rãdõ]
vous	rendez	[rãde]
ils	rendent	[rãd]

subjonctif présent

je	rende	[rãd]
tu	rendes	[rãd]
il	rende	[rãd]
nous	rendions	[rãdjõ]
vous	rendiez	[rãdje]
ils	rendent	[rãd]

indicatif imparfait

je	rendais	[rãdɛ]
tu	rendais	[rãdɛ]
il	rendait	[rãdɛ]
nous	rendions	[rãdjõ]
vous	rendiez	[rãdje]
ils	rendaient	[rãdɛ]

subjonctif imparfait

je	rendisse	[rãdis]
tu	rendisses	[rãdis]
il	rendît	[rãdi]
nous	rendissions	[rãdisjõ]
vous	rendissiez	[rãdisje]
ils	rendissent	[rãdis]

indicatif passé simple

je	rendis	[rãdi]
tu	rendis	[rãdi]
il	rendit	[rãdi]
nous	rendîmes	[rãdim]
vous	rendîtes	[rãdit]
ils	rendirent	[rãdir]

conditionnel présent

je	rendrais	[rãdrɛ]
tu	rendrais	[rãdrɛ]
il	rendrait	[rãdrɛ]
nous	rendrions	[rãdrijõ]
vous	rendriez	[rãdrije]
ils	rendraient	[rãdrɛ]

indicatif futur

je	rendrai	[rãdre]
tu	rendras	[rãdra]
il	rendra	[rãdra]
nous	rendrons	[rãdrõ]
vous	rendrez	[rãdre]
ils	rendront	[rãdrõ]

● L'impératif a les formes *rends, rendons, rendez.*

● Les temps composés et le passif sont formés avec l'auxiliaire *avoir* ou *être* et le participe *rendu, -e* [rãdy].

● Le participe présent est *rendant* [rãdã].

244

Verbes du 1er groupe (en -er)

	1		**2**		**3**	
Inf. prés.	**placer**		**manger**		**nettoyer***	
	[plas]		[mɑ̃ʒ]		[netwa]/[netwaj-]	
Ind. prés.	je place	[plas]	je mange	[mɑ̃ʒ]	je nettoie	[netwa]
— —	tu places	[plas]	tu manges	[mɑ̃ʒ]	tu nettoies	[netwa]
— —	il place	[plas]	il mange	[mɑ̃ʒ]	il nettoie	[netwa]
— —	nous plaçons	[plasɔ̃]	nous mangeons	[mɑ̃ʒɔ̃]	nous nettoyons	[netwajɔ̃]
— —	ils placent	[plas]	ils mangent	[mɑ̃ʒ]	ils nettoient	[netwa]
— imparf.	je plaçais	[plasɛ]	je mangeais	[mɑ̃ʒɛ]	je nettoyais	[netwajɛ]
— pas. simp.	je plaçai	[plase]	je mangeai	[mɑ̃ʒe]	je nettoyai	[netwaje]
— futur	je placerai	[plasre]	je mangerai	[mɑ̃ʒre]	je nettoierai	[netware]
Cond. prés.	je placerais	[plasrɛ]	je mangerais	[mɑ̃ʒrɛ]	je nettoierais	[netwarɛ]
Subj. prés.	je place	[plas]	je mange	[mɑ̃ʒ]	je nettoie	[netwa]
— —	il place	[plas]	il mange	[mɑ̃ʒ]	il nettoie	[netwa]
— —	nous placions	[plasjɔ̃]	nous mangions	[mɑ̃ʒjɔ̃]	nous nettoyions	[netwajɔ̃]
— —	ils placent	[plas]	ils mangent	[mɑ̃ʒ]	ils nettoient	[netwa]
— imparf.	il plaçât	[plasɑ]	il mangeât	[mɑ̃ʒɑ]	il nettoyât	[netwajɑ]
Impératif	place	[plas]	mange	[mɑ̃ʒ]	nettoie	[netwa]
	plaçons	[plasɔ̃]	mangeons	[mɑ̃ʒɔ̃]	nettoyons	[netwajɔ̃]
Participes	plaçant	[plasɑ̃]	mangeant	[mɑ̃ʒɑ̃]	nettoyant	[netwajɑ̃]
	placé	[plase]	mangé	[mɑ̃ʒe]	nettoyé	[netwaje]

*De même les verbes en -uyer [-yi-] [-ɥij-].

	4	**5**		**6**	
Inf. prés.	**payer**	**peler***		**appeler**	
	[pɛ] [pej]	[pəl-] [pɛl]		[apəl-] [apɛl]	
Ind. prés.	je paie [pɛ] ou paye [pɛj]	je pèle	[pɛl]	j'appelle	[apɛl]
— —	tu paies [pɛ] ou payes [pɛj]	tu pèles	[pɛl]	tu appelles	[apɛl]
— —	il paie [pɛ] ou paye [pɛj]	il pèle	[pɛl]	il appelle	[apɛl]
— —	nous payons [pejɔ̃]	nous pelons	[pəlɔ̃]	nous appelons	[aplɔ̃]
— —	ils paient [pɛ] ou payent [pɛj]	ils pèlent	[pɛl]	ils appellent	[apɛl]
— imparf.	je payais [pejɛ]	je pelais	[pəlɛ]	j'appelais	[aplɛ]
— pas. simp.	je payai [peje]	je pelai	[pəle]	j'appelai	[aple]
— futur	je paierai [pɛre] ou payerai [pejre]	je pèlerai	[pɛlre]	j'appellerai	[apɛlre]
Cond. prés.	je paierais [perɛ] ou payerais [pejrɛ]	je pèlerais	[pɛlrɛ]	j'appellerais	[apɛlrɛ]
Subj. prés.	je paie [pɛ] ou paye [pɛj]	je pèle	[pɛl]	j'appelle	[apɛl]
— —	il paie [pɛ] ou paye [pɛj]	il pèle	[pɛl]	il appelle	[apɛl]
— —	nous payions [pejɔ̃]	nous pelions	[pəljɔ̃]	nous appelions	[apəljɔ̃]
— —	ils paient [pɛ] ou payent [pɛj]	ils pèlent	[pɛl]	ils appellent	[apɛl]
— imparf.	il payât [pejɑ]	il pelât	[pəlɑ]	il appelât	[aplɑ]
Impératif	paie [pɛj] ou paie [pɛ]	pèle	[pɛl]	appelle	[apɛl]
	payons [pejɔ̃]	pelons	[pəlɔ̃]	appelons	[aplɔ̃]
Participes	payant [pejɑ̃]	pelant	[pəlɑ̃]	appelant	[aplɑ̃]
	payé [peje]	pelé	[pəle]	appelé	[aple]

*celer, ciseler, congeler, déceler, dégeler, démanteler, écarteler, geler, marteler, modeler.

	7		8		9	
Inf. prés.	acheter*		jeter		semer	
	[aʃt-]	[aʃɛt]	[ʒət-]	[ʒɛt]	[səm-]	[sɛm]
Ind. prés.	j'achète	[aʃɛt]	je jette	[ʒɛt]	je sème	[sɛm]
— —	tu achètes	[aʃɛt]	tu jettes	[ʒɛt]	tu sèmes	[sɛm]
— —	il achète	[aʃɛt]	il jette	[ʒɛt]	il sème	[sɛm]
— —	nous achetons	[aʃtɔ̃]	nous jetons	[ʒətɔ̃]	nous semons	[səmɔ̃]
— —	ils achètent	[aʃɛt]	ils jettent	[ʒɛt]	ils sèment	[sɛm]
— imparf.	j'achetais	[aʃtɛ]	je jetais	[ʒətɛ]	je semais	[səmɛ]
— pas. simp.	j'achetai	[aʃte]	je jetai	[ʒəte]	je semai	[səme]
— futur	j'achèterai	[aʃɛtre]	je jetterai	[ʒɛtre]	je sèmerai	[sɛmre]
Cond. prés.	j'achèterais	[aʃɛtrɛ]	je jetterais	[ʒɛtrɛ]	je sèmerais	[sɛmrɛ]
Subj. prés.	j'achète	[aʃɛt]	je jette	[ʒɛt]	je sème	[sɛm]
— —	il achète	[aʃɛt]	il jette	[ʒɛt]	il sème	[sɛm]
— —	nous achetions	[aʃtjɔ̃]	nous jetions	[ʒətjɔ̃]	nous semions	[səmjɔ̃]
— —	ils achètent	[aʃɛt]	ils jettent	[ʒɛt]	ils sèment	[sɛm]
— imparf.	il achetât	[aʃtɑ]	il jetât	[ʒətɑ]	il semât	[səmɑ]
Impératif	achète	[aʃɛt]	jette	[ʒɛt]	sème	[sɛm]
	achetons	[aʃtɔ̃]	jetons	[ʒətɔ̃]	semons	[səmɔ̃]
Participes	achetant	[aʃtɑ̃]	jetant	[ʒətɑ̃]	semant	[səmɑ̃]
	acheté	[aʃte]	jeté	[ʒəte]	semé	[səme]

*corseter, crocheter, fileter, fureter, haleter, racheter.

	10		11		12	
Inf. prés.	révéler		envoyer		aller	
	[revɛl] / [revel-]		[ãvwa] / [ãvwaj-] / [ãve-]		[al-] / [aj-] / [v-] / [i-]	
Ind. près.	je révèle	[revɛl]	j'envoie	[ãvwa]	je vais	[vɛ]
— —	tu révèles	[revɛl]	tu envoies	[ãvwa]	tu vas	[va]
— —	il révèle	[revɛl]	il envoie	[ãvwa]	il va	[va]
— —	nous révélons	[revelɔ̃]	nous envoyons	[ãvwajɔ̃]	nous allons	[alɔ̃]
— —	ils révèlent	[revɛl]	ils envoient	[ãvwa]	ils vont	[vɔ̃]
— imparf.	je révélais	[revelɛ]	j'envoyais	[ãvwajɛ]	j'allais	[alɛ]
— passé simp.	je révélai	[revele]	j'envoyai	[ãvwaje]	j'allai	[ale]
— futur	je révélerai	[revelre]	j'enverrai	[ãvere]	j'irai	[ire]
Cond. prés.	je révélerais	[revelrɛ]	j'enverrais	[ãverɛ]	j'irais	[irɛ]
Subj. prés.	je révèle	[revɛl]	j'envoie	[ãvwa]	j'aille	[aj]
— —	il révèle	[revɛl]	il envoie	[ãvwa]	il aille	[aj]
— —	nous révélions	[reveljɔ̃]	nous envoyions	[ãvwajɔ̃]	nous allions	[aljɔ̃]
— —	ils révèlent	[revɛl]	ils envoient	[ãvwa]	ils aillent	[aj]
— imparf.	il révélât	[revelɑ]	il envoyât	[ãvwjɑ]	il allât	[alɑ]
Impératif	révèle	[revɛl]	envoie	[ãvwa]	va	[va]
	révélons	[revelɔ̃]	envoyons	[ãvwajɔ̃]	allons	[alɔ̃]
Participes	révélant	[revelɑ̃]	envoyant	[ãvwajɑ̃]	allant [alɑ̃], allé [ale]
	révélé	[revele]	envoyé	[ãvwaje]	(aux temps composés, on dit je suis allé ou j'ai été)

Verbes du 2ᵉ groupe (en -ir)

	13		14	15	
Inf. prés.	**haïr**		**fleurir**	**bénir**	
	[ɛ] / [ai] / [ais]		[flœr] / [flor]	[beni] / [benis]	
Ind. prés.	je hais	[ɛ]	Le verbe [flœrir] est régulier	je bénis	[beni]
— —	tu hais	[ɛ]	sur *finir* ; la forme [flɔr-]	tu bénis	[beni]
— —	il hait	[ɛ]	n'existe au sens fig. que	il bénit	[beni]
— —	nous haïssons	[aisɔ̃]	pour *florissant*, il *florissait*.	nous bénissons	[benisɔ̃]
— —	ils haïssent	[ais]		ils bénissent	[benis]
— imparf.	je haïssais	[aisɛ]		je bénissais	[benisɛ]
— pas. simp.	je haïs	[ai]		je bénis	[beni]
— futur	je haïrai	[aire]		je bénirai	[benire]
Cond. prés.	je haïrais	[airɛ]		je bénirais	[benirɛ]
Subj. prés.	je haïsse	[ais]		je bénisse	[benis]
— —	il haïsse	[ais]		il bénisse	[benis]
— —	nous haïssions	[aisjɔ̃]		nous bénissions	[benisjɔ̃]
— —	ils haïssent	[ais]		ils bénissent	[benis]
— imparf	il haït	[ai]		il bénît	[beni]
Impératif	hais	[ɛ],		bénis	[beni]
	haïssons	[aisɔ̃]		bénissons	[benisɔ̃]
Participes	haïssant	[aisɑ̃]		bénissant	[benisɑ̃]
	haï	[ai]		béni	[beni]

(bénit, e dans « eau bénite »
et « pain bénit »)

Verbes du 3ᵉ groupe

Ces verbes dont les infinitifs sont en -ir, en -oir ou en -re ont une conjugaison qui repose souvent en langue parlée sur des variations du radical; celles-ci sont indiquées pour chaque verbe.

	16		17		18	
Inf. prés.	**ouvrir***		**fuir****		**dormir**	
	[uvr] / [uvɛr]		[fɥi] / [fɥj]		[dɔr] / [dɔrm]	
Ind. prés.	j'ouvre	[uvr]	je fuis	[fɥi]	je dors	[dɔr]
— —	tu ouvres	[uvr]	tu fuis	[fɥi]	tu dors	[dɔr]
— —	il ouvre	[uvr]	il fuit	[fɥi]	il dort	[dɔr]
— —	nous ouvrons	[uvrɔ̃]	nous fuyons	[fɥijɔ̃]	nous dormons	[dɔrmɔ̃]
— —	ils ouvrent	[uvr]	ils fuient	[fɥi]	ils dorment	[dɔrm]
— imparf.	j'ouvrais	[uvrɛ]	je fuyais	[fɥijɛ]	je dormais	[dɔrmɛ]
— pas. simp.	j'ouvris	[uvri]	je fuis	[fɥi]	je dormis	[dɔrmi]
— futur	j'ouvrirai	[uvrire]	je fuirai	[fɥire]	je dormirai	[dɔrmire]
Cond. prés.	j'ouvrirais	[uvrirɛ]	je fuirais	[fɥirɛ]	je dormirais	[dɔrmirɛ]
Subj. prés.	j'ouvre	[uvr]	je fuie	[fɥi]	je dorme	[dɔrm]
— —	il ouvre	[uvr]	il fuie	[fɥi]	il dorme	[dɔrm]
— —	nous ouvrions	[uvrijɔ̃]	nous fuyions	[fɥijɔ̃]	nous dormions	[dɔrmijɔ̃]
— —	ils ouvrent	[uvr]	ils fuient	[fɥi]	ils dorment	[dɔrm]
— imparf.	il ouvrît	[uvri]	il fuît	[fɥi]	il dormît	[dɔrmi]
Impératif	ouvre	[uvr]	fuis	[fɥi]	dors	[dɔr]
	ouvrons	[uvrɔ̃]	fuyons	[fɥijɔ̃]	dormons	[dɔrmɔ̃]
Participes	ouvrant	[uvrɑ̃]	fuyant	[fɥijɑ̃]	dormant	[dɔrmɑ̃]
	ouvert	[uvɛr]	fui	[fɥi]	dormi	[dɔrmi]

-----

*De même : *offrir, souffrir, couvrir* ; **de même *s'enfuir*.

	19		20		21	
Inf. prés.	**mentir***		**servir**		**acquérir****	
	[mɑ̃] / [mɑ̃t]		[sɛr] / [sɛrv]		[akjɛr] / [aker] [ak]	
Ind. prés.	je mens	[mɑ̃]	je sers	[sɛr]	j'acquiers	[akjɛr]
— —	tu mens	[mɑ̃]	tu sers	[sɛr]	tu acquiers	[akjɛr]
— —	il ment	[mɑ̃]	il sert	[sɛr]	il acquiert	[akjɛr]
— —	nous mentons	[mɑ̃tɔ̃]	nous servons	[sɛrvɔ̃]	nous acquérons	[akerɔ̃]
— —	ils mentent	[mɑ̃t]	ils servent	[sɛrv]	ils acquièrent	[akjɛr]
— imparf.	je mentais	[mɑ̃tɛ]	je servais	[sɛrvɛ]	j'acquérais	[akerɛ]
— pas. simp.	je mentis	[mɑ̃ti]	je servis	[sɛrvi]	j'acquis	[aki]
— futur	je mentirai	[mɑ̃tire]	je servirai	[sɛrvire]	j'acquerrai	[akere]
Cond. prés.	je mentirais	[mɑ̃tirɛ]	je servirais	[sɛrvirɛ]	j'acquerrais	[akɛrɛ]
Subj. prés.	je mente	[mɑ̃t]	je serve	[sɛrv]	j'acquière	[akjɛr]
	il mente	[mɑ̃t]	il serve	[sɛrv]	il acquière	[akjɛr]
— —	nous mentions	[mɑ̃tjɔ̃]	nous servions	[sɛrvjɔ̃]	nous acquérions	[akerjɔ̃]
— —	ils mentent	[mɑ̃t]	ils servent	[sɛrv]	ils acquièrent	[akjɛr]
— imparf.	il mentît	[mɑ̃ti]	il servît	[sɛrvi]	il acquît	[aki]
Impératif	mens	[mɑ̃],	sers	[sɛr],	acquiers	[akjɛr]
	mentons	[mɑ̃tɔ̃]	servons	[sɛrvɔ̃]	acquérons	[akerɔ̃]
Participes	mentant	[mɑ̃tɑ̃]	servant	[sɛrvɑ̃]	acquérant	[akerɑ̃]
	menti	[mɑ̃ti]	servi	[sɛrvi]	acquis	[aki]

*De même *sentir, ressentir, se repentir ;* **de même *conquérir, s'enquérir, requérir.*

	22		23		24	
Inf. prés.	**tenir***		**assaillir****		**cueillir*****	
	[tjɛ̃] / [tjɛn] / [tən]		[asaj]		[kœj]	
Ind. prés.	je tiens	[tjɛ̃]	j'assaille	[asaj]	je cueille	[kœj]
— —	tu tiens	[tjɛ̃]	tu assailles	[asaj]	tu cueilles	[kœj]
— —	il tient	[tjɛ̃]	il assaille	[asaj]	il cueille	[kœj]
— —	nous tenons	[tənɔ̃]	nous assaillons	[asajɔ̃]	nous cueillons	[kœjɔ̃]
— —	ils tiennent	[tjɛn]	ils assaillent	[asaj]	ils cueillent	[kœj]
— imparf.	je tenais	[tənɛ]	j'assaillais	[asajɛ]	je cueillais	[kœjɛ]
— pas. simp.	je tins	[tɛ̃],	j'assaillis	[asaji]	je cueillis	[kœji]
	nous tînmes	[tɛ̃m]				
— futur	je tiendrai	[tjɛ̃dre]	j'assaillirai	[asajire]	je cueillerai	[kœjre]
Cond. prés.	je tiendrais	[tjɛ̃drɛ]	j'assaillirais	[asajirɛ]	je cueillerais	[kœjrɛ]
Subj. prés.	je tienne	[tjɛn]	j'assaille	[asaj]	je cueille	[kœj]
	il tienne	[tjɛn]	il assaille	[asaj]	il cueille	[kœj]
— —	nous tenions	[tənjɔ̃]	nous assaillions	[asajɔ̃]	nous cueillions	[kœjɔ̃]
— —	ils tiennent	[tjɛn]	ils assaillent	[asaj]	ils cueillent	[kœj]
— imparf.	il tînt	[tɛ̃]	il assaillît	[asaji]	il cueillît	[kœji]
Impératif	tiens	[tjɛ̃],	assaille	[asaj]	cueille	[kœj]
	tenons	[tənɔ̃]	assaillons	[asajɔ̃]	cueillons	[kœjɔ̃]
Participes	tenant	[tənɑ̃]	assaillant	[asajɑ̃]	cueillant	[kœjɑ̃]
	tenu	[təny]	assailli	[asaji]	cueilli	[kœji]

* De même *venir, convenir ;* **de même *défaillir, tressaillir ;* ***et ses composés.

	25		26		27	
Inf. prés.	**mourir**		**partir***		**vêtir**	
	[mœr] / [mur] [mɔr]		[par] / [part]		[vɛ] / [vet]	
Ind. prés.	je meurs	[mœr]	je pars	[par]	je vêts	[vɛ]
— —	tu meurs	[mœr]	tu pars	[par]	tu vêts	[vɛ]
— —	il meurt	[mœr]	il part	[par]	il vêt	[vɛ]
— —	nous mourons	[murɔ̃]	nous partons	[partɔ̃]	nous vêtons	[vetɔ̃]
— —	ils meurent	[mœr]	ils partent	[part]	ils vêtent	[vet]
— imparf.	je mourais	[murɛ]	je partais	[partɛ]	je vêtais	[vetɛ]
— pas. simp.	je mourus	[mury]	je partis	[parti]	je vêtis	[veti]
— futur	je mourrai	[murre]	je partirai	[partire]	je vêtirai	[vetire]
Cond. prés.	je mourrais	[murrɛ]	je partirais	[partirɛ]	je vêtirais	[vetirɛ]
Subj. prés.	je meure	[mœr]	je parte	[part]	je vête	[vet]
— —	il meure	[mœr]	il parte	[part]	il vête	[vet]
— —	nous mourions	[murjɔ̃]	nous partions	[partjɔ̃]	nous vêtions	[vetjɔ̃]
— —	ils meurent	[mœr]	ils partent	[part]	ils vêtent	[vet]
— imparf.	il mourût	[mury]	il partît	[parti]	il vêtît	[veti]
Impératif	meurs	[mœr]	pars	[par]	vêts	[vɛ]
	mourons	[murɔ̃]	partons	[partɔ̃]	vêtons	[vetɔ̃]
Participes	mourant	[murɑ̃]	partant	[partɑ̃]	vêtant	[vetɑ̃]
	mort	[mɔr]	parti	[parti]	vêtu	[vety]

*et ses composés, sauf *répartir* (sur *finir*).

	28		29		30	
Inf. prés.	**sortir***		**courir**		**faillir**	
	[sɔr] / [sɔrt]		[kur]		[faj]	
Ind. prés.	je sors	[sɔr]	je cours	[kur]	*inusité*	
— —	tu sors	[sɔr]	tu cours	[kur]	—	
— —	il sort	[sɔr]	il court	[kur]	—	
— —	nous sortons	[sɔrtɔ̃]	nous courons	[kurɔ̃]	—	
— —	ils sortent	[sɔrt]	ils courent	[kur]	—	
— imparf.	je sortais	[sɔrtɛ]	je courais	[kurɛ]	—	
— pas. simp.	je sortis	[sɔrti]	je courus	[kury]	je faillis	[faji]
— futur	je sortirai	[sɔrtire]	je courrai	[kurre]	je faillirai	[fajire]
Cond. prés.	je sortirais	[sɔrtirɛ]	je courrais	[kurrɛ]	je faillirais	[fajirɛ]
Subj. prés.	je sorte	[sɔrt]	je coure	[kur]	*inusité*	
— —	il sorte	[sɔrt]	il coure	[kur]	—	
— —	nous sortions	[sɔrtjɔ̃]	nous courions	[kurjɔ̃]	—	
— —	ils sortent	[sɔrt]	ils courent	[kur]	—	
— imparf.	il sortît	[sɔrti]	il courût	[kury]	—	
Impératif	sors	[sɔr]	cours	[kur]	—	
	sortons	[sɔrtɔ̃]	courons	[kurɔ̃]	—	
Participes	sortant	[sɔrtɑ̃]	courant	[kurɑ̃],	—	
	sorti	[sɔrti]	couru	[kury]	failli	[faji]

*et ses composés, sauf *assortir* (sur *finir*).

	31		32		33	
Inf. prés.	**bouillir**		**gésir**		**saillir**	
	[bu] / [buj]		[ʒez] / [ʒiz] / [ʒi]		(être en saillie)	
					[saj]	
Ind. prés.	je bous	[bu]	je gis	[ʒi]	*inusité*	
— —	tu bous	[bu]	tu gis	[ʒi]	—	
— —	il bout	[bu]	il gît	[ʒi]	il saille	[saj]
— —	nous bouillons	[bujɔ̃]	nous gisons	[ʒizɔ̃]	*inusité*	
— —	ils bouillent	[buj]	ils gisent	[ʒiz]	—	
— imparf.	je bouillais	[bujɛ]	je gisais	[ʒizɛ]	il saillait	[sajɛ]
— pas. simp.	je bouillis	[buji]	*inusité*		*inusité*	
— futur	je bouillirai	[bujire]	—		il saillera	[sajra]
Cond. prés.	je bouillirais	[bujirɛ]	—		il saillerait	[sajrɛ]
Subj. prés.	je bouille	[buj]	—		*inusité*	
— —	*inusité*		—		—	
— —	—		—		il saille	[saj]
— —	—		—		*inusité*	
— imparf.	—		—		—	
Impératif	bous	[bu]	—		—	
	bouillons	[bujɔ̃]				
Participes	bouillant	[bujã]	gisant	[ʒizã]	saillant	[sajã]
	bouilli	[buji]	*inusité*		sailli	[saji]

	34		35		36	
Inf. prés.	**recevoir***		**devoir**		**mouvoir****	
	[rəsəv] / [rəswa] / [rəswav]		[dəv] / [dwa] / [dwav]/ [d-]		[muv] / [mø] / [m-]	
Ind. prés.	je reçois	[rəswa]	je dois	[dwa]	je meus	[mø]
— —	tu reçois	[rəswa]	tu dois	[dwa]	tu meus	[mø]
— —	il reçoit	[rəswa]	il doit	[dwa]	il meut	[mø]
— —	nous recevons	[rəsəvɔ̃]	nous devons	[dəvɔ̃]	nous mouvons	[muvɔ̃]
— —	ils reçoivent	[rəswav]	ils doivent	[dwav]	ils meuvent	[mœv]
— imparf.	je recevais	[rəsəvɛ]	je devais	[dəvɛ]	je mouvais	[muvɛ]
— pas. simp.	je reçus	[rəsy]	je dus	[dy]	je mus	[my]
— futur	je recevrai	[rəsəvre]	je devrai	[dəvre]	je mouvrai	[muvre]
Cond. prés.	je recevrais	[rəsəvrɛ]	je devrais	[dəvrɛ]	je mouvrais	[muvrɛ]
Subj. prés.	je reçoive	[rəswav]	je doive	[dwav]	je meuve	[mœv]
— —	il reçoive	[rəswav]	il doive	[dwav]	il meuve	[mœv]
— —	nous recevions	[rəsəvjɔ̃]	nous devions	[dəvjɔ̃]	nous mouvions	[muvjɔ̃]
— —	ils reçoivent	[rəswav]	ils doivent	[dwav]	ils meuvent	[mœv]
— imparf.	il reçût	[rəsy]	il dût	[dy]	il mût	[my]
Impératif	reçois	[rəswa]	dois	[dwa]	meus	[mø]
	recevons	[rəsəvɔ̃]	devons	[dəvɔ̃]	mouvons	[muvɔ̃]
Participes	recevant	[rəsəvã]	devant	[dəvã]	mouvant	[muvã]
	reçu	[rəsy]	dû, due	[dy]	mû, mue	[my]

---

*De même : *apercevoir, concevoir; décevoir, percevoir* ** et ses composés, mais *ému* et *promu* n'ont pas d'accent circonflexe

	37		38		39	
Inf. prés.	**vouloir**		**pouvoir**		**savoir**	
	[vœ] / [vø] / [vud]		[pu] / [pø] / [p-]		[sav] / [sɛ] / [saʃ] / [s-]	
Ind. prés.	je veux	[vø]	je peux	[pø]	je sais	[sɛ]
— —	tu veux	[vø]	tu peux	[pø]	tu sais	[sɛ]
— —	il veut	[vø]	il peut	[pø]	il sait	[sɛ]
— —	nous voulons	[vulɔ̃]	nous pouvons	[puvɔ̃]	nous savons	[savɔ̃]
— —	ils veulent	[vœl]	ils peuvent	[pœv]	ils savent	[sav]
— imparf.	je voulais	[vulɛ]	je pouvais	[puvɛ]	je savais	[savɛ]
— pas. simp.	je voulus	[vuly]	je pus	[py]	je sus	[sy]
— futur	je voudrai	[vudre]	je pourrai	[pure]	je saurai	[sore]
Cond. prés.	je voudrais	[vudrɛ]	je pourrais	[purɛ]	je saurais	[sorɛ]
Subj. prés.	je veuille	[vœj]	je puisse	[pɥis]	je sache	[saʃ]
— —	il veuille	[vœj]	il puisse	[pɥis]	il sache	[saʃ]
— —	nous voulions	[vuljɔ̃]	nous puissions	[pɥisjɔ̃]	nous sachions	[saʃjɔ̃]
— —	ils veuillent	[vœj]	ils puissent	[pɥis]	ils sachent	[saʃ]
— imparf.	il voulût	[vuly]	il pût	[py]	il sût	[sy]
Impératif	veuille	[vœj]	*inusité*		sache	[saʃ]
	veuillons	[vœjɔ̃]	—		sachons	[saʃɔ̃]
Participes	voulant	[vulɑ̃]	pouvant	[puvɑ̃]	sachant	[saʃɑ̃]
	voulu	[vuly]	pu	[py]	su	[sy]

	40		41		42	
Inf. prés.	**valoir***		**voir**		**prévoir**	
	[val] / [vo] / [vaj]		[vwa] / [vwaj] / [v-]		[vwa] / [vwaj] / [v-]	
Ind. prés.	je vaux	[vo]	je vois	[vwa]	je prévois	[prevwa]
— —	tu vaux	[vo]	tu vois	[vwa]	tu prévois	[prevwa]
— —	il vaut	[vo]	il voit	[vwa]	il prévoit	[prevwa]
— —	nous valons	[valɔ̃]	nous voyons	[vwajɔ̃]	nous prévoyons	[prevwajɔ̃]
— —	ils valent	[val]	ils voient	[vwa]	ils prévoient	[prevwa]
— imparf.	je valais	[valɛ]	je voyais	[vwajɛ]	je prévoyais	[prevwajɛ]
— pas. simp.	je valus	[valy]	je vis	[vi]	je prévis	[previ]
— futur	je vaudrai	[vodre]	je verrai	[vere]	je prévoirai	[prevware]
Cond. prés.	je vaudrais	[vodrɛ]	je verrais	[verɛ]	je prévoirais	[prevwarɛ]
Subj. prés.	je vaille	[vaj]	je voie	[vwa]	je prévoie	[prevwa]
— —	il vaille	[vaj]	il voie	[vwa]	il prévoie	[prevwa]
— —	nous valions	[valjɔ̃]	nous voyions	[vwajɔ̃]	nous prévoyions	[prevwajɔ̃]
— —	ils vaillent	[vaj]	ils voient	[vwa]	ils prévoient	[prevwa]
— imparf.	il valût	[valy]	il vît	[vi]	il prévît	[previ]
Impératif	*inusité*		vois	[vwa]	prévois	[prevwa]
	—		voyons	[vwajɔ̃]	prévoyons	[prevwajɔ̃]
Participes	valant	[valɑ̃],	voyant	[vwajɑ̃]	prévoyant	[prevwajɑ̃]
	valu	[valy]	vu	[vy]	prévu	[prevy]

---

*et ses composés, mais *prévaloir* subj. prés. *prévale.*

43 / 44

Inf. prés.	**pourvoir**		**asseoir**	
	[vwa] / [vwaj] / [v-]		[asj] / [aswaj] / [as] / [asɛj]	
Ind. prés.	je pourvois [purvwa]	j'assois [aswa]	j'assieds [asje]
— —	tu pourvois [purvwa]	tu assois [aswa]	tu assieds [asje]
— —	il pourvoit [purvwa]	il assoit [aswa]	il assied [asje]
— —	pourvoyons [purvwajɔ̃]	nous assoyons [aswajɔ̃]	nous asseyons [asejɔ̃]
— —	ils pourvoient [purvwa]	ils assoient [aswa]	ils asseyent [asɛj]
— imparf.	je pourvoyais [purvwajɛ]	j'assoyais [aswajɛ]	j'asseyais [asejɛ]
— pas. simp.	je pourvus [purvy]	j'assis [asi]	j'assis [asi]
— futur	je pourvoirai [purvware]	j'assoirai [asware]	j'assiérai [asjere]
			asseyerai [asejre]
Cond. prés.	je pourvoirais [purvwarɛ]	j'assoirais [aswarɛ]	j'assiérais [asjerɛ]
			asseyerais [asejrɛ]
Subj. prés.	je pourvoie [purvwa]	j'assoie [aswa]	j'asseye [asɛj]
— —	pourvoyions [purvwajɔ̃]	nous assoyions [aswajɔ̃]	nous asseyions [asejɔ̃]
— —	il pourvoie [purvwa]	il assoie [aswa]	il asseye [asɛj]
— —	ils pourvoient [purvwa]	ils assoient [aswa]	ils asseyent [asɛj]
— imp.	il pourvût [purvy]	il assît [asi]	il assît [asi]
Impératif	pourvois [purvwa]	assois [aswa]	assieds [asje]
	pourvoyons [purvwajɔ̃]	assoyons [aswajɔ̃]	asseyons [asejɔ̃]
Participes	pourvoyant [purvwajɑ̃]	assoyant [aswajɑ̃]	asseyant [asejɑ̃]
	pourvu [purvy]	assis [asi]	assis [asi]

45 / 46 / 47

Inf. prés.	**surseoir**		**seoir**		**pleuvoir**	
	[syrswa] / [syrswaj] / [syrs-]		[swa] / [sɛj] / [s-]		[plø] / [plœv] / [pl-]	
Ind. prés.	je sursois [syrswa]	*inusité*	—	*inusité*	—
— —	tu sursois [syrswa]	—		—	
— —	il sursoit [syrswa]	il sied [sje]	il pleut [plø]
— —	nous sursoyons [syrswajɔ̃]	*inusité*	*inusité*
— —	ils sursoient [syrswa]	—	—
— imparf.	je sursoyais [syrswayɛ]	il seyait [sejɛ]	il pleuvait [pløvɛ]
— pas. simp.	je sursis [syrsi]	*inusité*	il plut [ply]
— futur	je sursoirai [syrsware]	il siéra [sjera]	il pleuvra [pløvra]
Cond. prés.	je sursoirais [syrswarɛ]	il siérait [sjerɛ]	il pleuvrait [pløvrɛ]
Subj. prés.	je sursoie [syrswa]	*inusité*	
— —	il sursoie [syrswa]	*inusité*	il pleuve [plœv]
— —	nous sursoyions [syrswajɔ̃]	il siée [sje]	*inusité*
— —	ils sursoient [syrswa]	*inusité*	
— imparf.	il sursît [syrsi]	—	il plût [ply]
Impératif	sursois [syrswa]	—	*inusité*
	sursoyons [syrswajɔ̃]	—	—
Participes	sursoyant [syrswajɑ̃]	seyant [sejɑ̃]	pleuvant [pløvɑ̃]
	sursis [syrsi]	sis [sis]	plu [ply]

252

	48		**49**	
Inf. prés.	**falloir** [fo] / [fal] / [faj]		**déchoir*** [deʃwa] / [deʃy]	
Ind. prés.	*inusité*		je déchois	[deʃwa]
— —	—		tu déchois	[deʃwa]
— —	il faut	[fo]	il déchoit	[deʃwa]
— —	*inusité*		*inusité*	
— —	—		ils déchoient	[deʃwa]
— imparf.	—		*inusité*	
— pas. simp.	—		je déchus	[deʃy]
— futur	il faudra	[fodra]	*inusité*	
Cond. prés.	il faudrait	[fodrɛ]	—	
Subj. prés.	*inusité*		je déchoie	[deʃwa]
— —	il faille	[faj]	*inusité*	
— —	*inusité*		ils déchoient	[deʃwa]
— imparf.	il fallût	[faly]	*inusité*	
Impératif	*inusité*		—	
Participes	—			
	fallu	[faly]	déchu	[deʃy]

---

*« échoir » : futur *il écherra* ; participe *échéant* ; « choir » : futur *il choira* ou *cherra*.

	50		**51**		**52**	
Inf. prés.	**tendre*** [tɑ̃] / [tɑ̃d]		**fondre**** [fɔ̃] / [fɔ̃d]		**mordre**** [mɔr] / [mɔrd]	
Ind. prés.	je tends	[tɑ̃]	je fonds	[fɔ̃]	je mords	[mɔr]
— —	tu tends	[tɑ̃]	tu fonds	[fɔ̃]	tu mords	[mɔr]
— —	il tend	[tɑ̃]	il fond	[fɔ̃]	il mord	[mɔr]
— —	nous tendons	[tɑ̃dɔ̃]	nous fondons	[fɔ̃dɔ̃]	nous mordons	[mɔrdɔ̃]
— —	ils tendent	[tɑ̃d]	ils fondent	[fɔ̃d]	ils mordent	[mɔrd]
— imparf.	je tendais	[tɑ̃dɛ]	je fondais	[fɔ̃dɛ]	je mordais	[mɔrdɛ]
— pas. simp.	je tendis	[tɑ̃di]	je fondis	[fɔ̃di]	je mordis	[mɔrdi]
— futur	je tendrai	[tɑ̃dre]	je fondrai	[fɔ̃dre]	je mordrai	[mɔrdre]
Cond. prés.	je tendrais	[tɑ̃drɛ]	je fondrais	[fɔ̃drɛ]	je mordrais	[mɔrdrɛ]
Subj. prés.	je tende	[tɑ̃d]	je fonde	[fɔ̃d]	je morde	[mɔrd]
— —	il tende	[tɑ̃d]	il fonde	[fɔ̃d]	il morde	[mɔrd]
— —	nous tendions	[tɑ̃djɔ̃]	nous fondions	[fɔ̃djɔ̃]	nous mordions	[mɔrdjɔ̃]
— —	ils tendent	[tɑ̃d]	ils fondent	[fɔ̃d]	ils mordent	[mɔrd]
— imparf.	il tendît	[tɑ̃di]	il fondît	[fɔ̃di]	il mordît	[mɔrdi]
Impératif	tends	[tɑ̃]	fonds	[fɔ̃]	mords	[mɔr]
	tendons	[tɑ̃dɔ̃]	fondons	[fɔ̃dɔ̃]	mordons	[mɔrdɔ̃]
Participes	tendant	[tɑ̃dɑ̃]	fondant	[fɔ̃dɑ̃]	mordant	[mɔrdɑ̃]
	tendu	[tɑ̃dy]	fondu	[fɔ̃dy]	mordu	[mɔrdy]

---

*De même *épandre, défendre, descendre, fendre, pendre* ; **répondre, tondre* ; ***perdre*.

253

	53		**54**		**55**	
Inf. prés.	rompre		prendre		craindre	
	[rɔ̃] / [rɔ̃p]		[prɑ̃] / [prɑ̃d] / [prɛn] /		[krɛ̃] / [krɛɲ]	
			[prən] / [pr-]			
Ind. prés.	je romps	[rɔ̃]	je prends	[prɑ̃]	je crains	[krɛ̃]
— —	tu romps	[rɔ̃]	tu prends	[prɑ̃]	tu crains	[krɛ̃]
— —	il rompt	[rɔ̃]	il prend	[prɑ̃]	il craint	[krɛ̃]
— —	nous rompons	[rɔ̃pɔ̃]	nous prenons	[prənɔ̃]	nous craignons	[krɛnɔ̃]
— —	ils rompent	[rɔ̃p]	ils prennent	[prɛn]	ils craignent	[krɛn]
— imparf.	je rompais	[rɔ̃pɛ]	je prenais	[prənɛ]	je craignais	[krɛnɑ]
— pas. simp.	je rompis	[rɔ̃pi]	je pris	[pri]	je craignis	[krɛɲi]
— futur	je romprai	[rɔ̃pre]	je prendrai	[prɑ̃dre]	je craindrai	[krɛ̃dre]
Cond. prés.	je romprais	[rɔ̃prɛ]	je prendrais	[prɑ̃drɛ]	je craindrais	[krɛ̃drɛ]
Subj. prés.	je rompe	[rɔ̃p]	je prenne	[prɛn]	je craigne	[krɛn]
— —	il rompe	[rɔ̃p]	il prenne	[prɛn]	il craigne	[krɛɲ]
— —	nous rompions	[rɔ̃pjɔ̃]	nous prenions	[prənjɔ̃]	nous craignions	[krɛnɔ̃]
— —	ils rompent	[rɔ̃p]	ils prennent	[prɛn]	ils craignent	[krɛɲ]
— imparf.	il rompît	[rɔ̃pi]	il prît	[pri]	il craignît	[krɛɲi]
Impératif	romps	[rɔ̃]	prends	[prɑ̃]	crains	[krɛ̃]
	rompons	[rɔ̃pɔ̃]	prenons	[prənɔ̃]	craignons	[krɛɲɔ̃]
Participes	rompant	[rɔ̃pɑ̃]	prenant	[prənɑ̃]	craignant	[krɛɲɑ̃]
	rompu	[rɔ̃py]	pris	[pri]	craint	[krɛ̃]

	56		**57**		**58**	
Inf. prés.	battre		mettre		moudre	
	[ba] / [bat]		[mɛ] / [mɛt] / [m-]		[mu] / [mul] / [mud]	
Ind. prés.	je bats	[ba]	je mets	[mɛ]	je mouds	[mu]
— —	tu bats	[ba]	tu mets	[mɛ]	tu mouds	[mu]
— —	il bat	[ba]	il met	[mɛ]	il moud	[mu]
— —	nous battons	[batɔ̃]	nous mettons	[metɔ̃]	nous moulons	[mulɔ̃]
— —	ils battent	[bat]	ils mettent	[mɛt]	ils moulent	[mul]
— imparf.	je battais	[batɛ]	je mettais	[metɛ]	je moulais	[mulɛ]
— pas. simp.	je battis	[bati]	je mis	[mi]	je moulus	[muly]
— futur	je battrai	[batre]	je mettrai	[metre]	je moudrai	[mudre]
Cond. prés.	je battrais	[batrɛ]	je mettrais	[metrɛ]	je moudrais	[mudrɛ]
Subj. prés.	je batte	[bat]	je mette	[mɛt]	je moule	[mul]
— —	il batte	[bat]	il mette	[mɛt]	il moule	[mul]
— —	nous battions	[batjɔ̃]	nous mettions	[metjɔ̃]	nous moulions	[muljɔ̃]
— —	ils battent	[bat]	ils mettent	[mɛt]	ils moulent	[mul]
— imparf.	il battît	[bati]	il mît	[mi]	il moulût	[muly]
Impératif	bats	[ba]	mets	[mɛ]	mouds	[mu]
	battons	[batɔ̃]	mettons	[metɔ̃]	moulons	[mulɔ̃]
Participes	battant	[batɑ̃]	mettant	[metɑ̃]	moulant	[mulɑ̃]
	battu	[baty]	mis	[mi]	moulu	[muly]

	59		**60**		**61**	
Inf. prés.	coudre		absoudre		résoudre	
	[ku] / [kud] / [kuz]		[apsu] / [apsɔlv] / [apsud]		[rezu] / [resɔlv] / [rezud]	
Ind. prés.	je couds	[ku]	j'absous	[apsu]	je résous	[rezu]
— —	tu couds	[ku]	tu absous	[apsu]	tu résous	[rezu]
— —	il coud	[ku]	il absout	[apsu]	il résout	[rezu]
— —	nous cousons	[kuzɔ̃]	nous absolvons	[apsɔlvɔ̃]	nous résolvons	[reɔzlvɔ̃]
— —	ils cousent	[kuz]	ils absolvent	[apsɔlv]	ils résolvent	[rezɔlv]
— imparf.	je cousais	[kuzɛ]	j'absolvais	[apsɔlvɛ]	je résolvais	[rezɔlvɛ]
— pas. simp.	je cousis	[kuzi]	*inusité*		je résolus	[rezɔly]
— futur	je coudrai	[kudre]	j'absoudrai	[apsudre]	je résoudrai	[rezudre]
Cond. prés.	je coudrais	[kudrɛ]	j'absoudrais	[apsudrɛ]	je résoudrais	[rezudrɛ]
Subj. prés.	je couse	[kuz]	j'absolve	[apsɔlv]	je résolve	[rezɔlv]
— —	il couse	[kuz]	il absolve	[apsɔlv]	il résolve	[resɔlv]
— —	nous cousions	[kuzjɔ̃]	nous absolvions	[apsɔlvjɔ̃]	nous résolvions	[rezɔlvjɔ̃]
— —	ils cousent	[kuz]	ils absolvent	[apsɔlv]	ils résolvent	[rezɔlv]
— imparf.	il cousît	[kuzi]				
Impératif	couds	[ku]	absous	[apsu]	résous	[rezu]
	cousons	[kuzɔ̃]	absolvons	[apsɔlvɔ̃]	résolvons	[rezɔlvɔ̃]
Participes	cousant	[kusɑ̃]	absolvant	[apsɔlvɑ̃]	résolvant	[rezɔlvɑ̃]
	cousu	[kusy]	absous, absoute [apsu][apsut]		résolu	[rezɔly]

	62		**63**		**64**	
Inf. prés.	suivre		vivre		paraître	
	[sɥi] / [sɥiv]		[vi] / [viv] / [vek]		[parɛ] / [parɛs] / [par-]	
Ind. prés.	je suis	[sɥi]	je vis	[vi]	je parais	[parɛ]
— —	tu suis	[sɥi]	tu vis	[vi]	tu parais	[parɛ]
— —	il suit	[sɥi]	il vit	[vi]	il paraît	[parɛ]
— —	nous suivons	[sɥivɔ̃]	nous vivons	[vivɔ̃]	nous paraissons	[parɛsɔ̃]
— —	ils suivent	[sɥiv]	ils vivent	[viv]	ils paraissent	[parɛs]
— imparf.	je suivais	[sɥivɛ]	je vivais	[vivɛ]	je paraissais	[parɛsɛ]
— pas. simp.	je suivis	[sɥivi]	je vécus	[veky]	je parus	[pary]
— futur	je suivrai	[sɥivre]	je vivrai	[vivre]	je paraîtrai	[parɛtre]
Cond. prés.	je suivrais	[sɥivrɛ]	je vivrais	[vivrɛ]	je paraîtrais	[parɛtrɛ]
Subj. prés.	je suive	[sɥiv]	je vive	[viv]	je paraisse	[parɛs]
— —	il suive	[sɥiv]	il vive	[viv]	il paraisse	[parɛs]
— —	nous suivions	[sɥivjɔ̃]	nous vivions	[vivjɔ̃]	nous paraissions	[paresjɔ̃]
— —	ils suivent	[sɥiv]	ils vivent	[viv]	ils paraissent	[parɛs]
— imparf.	il suivît	[sɥivi]	il vécût	[veky]	il parût	[pary]
Impératif	suis	[sɥi]	vis	[vi]	parais	[parɛ]
	suivons	[sɥivɔ̃]	vivons	[vivɔ̃]	paraissons	[parɛsɔ̃]
Participes	suivant	[sɥivɑ̃]	vivant	[vivɑ̃]	paraissant	[parɛsɑ̃]
	suivi	[sɥivi]	vécu	[veky]	paru	[pary]

255

	65		66		67	
Inf. prés.	**naître**		**croître**		**rire**	
	[nɛ] / [nɛs] / [nak]		[krwɑ] / [krwas] / [kr-]		[ri]	
Ind. prés.	je nais	[nɛ]	je croîs	[krwa]	je ris	[ri]
— —	tu nais	[nɛ]	tu croîs	[krwa]	tu ris	[ri]
— —	il naît	[nɛ]	il croît	[krwa]	il rit	[ri]
— —	nous naissons	[nɛsɔ̃]	nous croissons	[krwasɔ̃]	nous rions	[rijɔ̃]
— —	ils naissent	[nɛs]	ils croissent	[krwas]	ils rient	[ri]
— imparf.	je naissais	[nɛsɛ]	je croissais	[krwasɛ]	je riais	[rijɛ]
— pas. simp.	je naquis	[naki]	je crûs	[kry]	je ris	[ri]
— futur	je naîtrai	[nɛtre]	je croîtrai	[krwatre]	je rirai	[rire]
Cond. prés.	je naîtrais	[nɛtrɛ]	je croîtrais	[krwatrɛ]	je rirais	[rirɛ]
Subj. prés.	je naisse	[nɛs]	je croisse	[krwas]	je rie	[ri]
— —	il naisse	[nɛs]	il croisse	[kzwas]	il rie	[ri]
— —	nous naissions	[nɛsjɔ̃]	nous croissions	[krwasjɔ̃]	nous riions	[rijɔ̃]
— —	ils naissent	[nɛs]	ils croissent	[krwas]	ils rient	[ri]
— imparf.	il naquît	[naki]	il crût	[kry]	il rît	[ri]
Impératif	nais	[nɛ]	croîs	[krwa]	ris	[ri]
	naissons	[nɛsɔ̃]	croissons	[krwasɔ̃]	rions	[rijɔ̃]
Participes	naissant	[nɛsɑ̃]	croissant	[krwasɑ̃]	riant	[rijɑ̃]
	né	[ne]	crû, crue.	[kry]	ri	[ri]

	68		69		70	
Inf. prés.	**conclure***		**nuire**		**conduire**	
	[kɔ̃kly]		[nɥi] / [nɥiz]		[kɔ̃dɥi] / [kɔ̃dɥiz]	
Ind. prés.	je conclus	[kɔ̃kly]	je nuis	[nɥi]	je conduis	[kɔ̃dɥi]
— —	tu conclus	[kɔ̃kly]	tu nuis	[nɥi]	tu conduis	[kɔ̃dɥi]
— —	il conclut	[kɔ̃kly]	il nuit	[nɥi]	il conduit	[kɔ̃dɥi]
— . —	nous concluons	[kɔ̃klyɔ̃]	nous nuisons	[nɥizɔ̃]	nous conduisons	[kɔ̃dɥizɔ̃]
— —	ils concluent	[kɔ̃kly]	ils nuisent	[nɥiz]	ils conduisent	[kɔ̃dɥiz]
— imparf.	je concluais	[kɔ̃klyɛ]	je nuisais	[nɥizɛ]	je conduisais	[kɔ̃dɥizɛ]
— pas. simp.	je conclus	[kɔ̃kly]	je nuisis	[nɥizi]	je conduisis	[kɔ̃dɥizi]
— futur	je conclurai	[kɔ̃klyre]	je nuirai	[nɥire]	je conduirai	[kɔ̃dɥire]
Cond. prés.	je conclurais	[kɔ̃klyrɛ]	je nuirais	[nɥirɛ]	je conduirais	[kɔ̃dɥirɛ]
Subj. prés.	je conclue	[kɔ̃kly]	je nuise	[nɥiz]	je conduise	[kɔ̃dɥiz]
— —	il conclue	[kɔ̃kly]	il nuise	[nɥiz]	il conduise	[kɔ̃dɥiz]
— —	nous concluions	[kɔ̃klyjɔ̃]	nous nuisions	[nɥizjɔ̃]	nous conduisions	[kɔ̃dɥizjɔ̃]
— —	ils concluent	[kɔ̃kly]	ils nuisent	[nɥiz]	ils conduisent	[kɔ̃dɥiz]
— imparf.	il conclût	[kɔ̃kly]	il nuisît	[nɥizi]	il conduisît	[kɔ̃dɥizi]
Impératif	conclus	[kɔ̃kly]	nuis	[nɥi]	conduis	[kɔ̃dɥi]
	concluons	[kɔ̃klyɔ̃]	nuisons	[nɥizɔ̃]	conduisons	[kɔ̃dɥizɔ̃]
Participes	concluant	[kɔ̃klyɑ̃]	nuisant	[nɥizɑ̃]	conduisant	[kɔ̃dɥizɑ̃]
	conclu	[kɔ̃kly]	nui	[nɥi]	conduit	[kɔ̃dɥi]

*et *exclure*, *inclure*, sauf *inclus*, *incluse* (part. pas.).

	71 **écrire** [ekri] / [ekriv]		**72** **suffire*** [syfi] / [syfiz]		**73** **lire** [li] / [liz] / [l-]	
Ind. prés.	j'écris	[ekri]	je suffis	[syfi]	je lis	[li]
— —	tu écris	[ekri]	tu suffis	[syfi]	tu lis	[li]
— —	il écrit	[ekri]	il suffit	[syfi]	il lit	[li]
— —	nous écrivons	[ekrivɔ̃]	nous suffisons	[syfizɔ̃]	nous lisons	[lizɔ̃]
— —	ils écrivent	[ekriv]	ils suffisent	[syfiz]	ils lisent	[liz]
— imparf.	j'écrivais	[ekrivɛ]	je suffisais	[syfizɛ]	je lisais	[lizɛ]
— pas. simp.	j'écrivis	[ekrivi]	je suffis	[syfi]	je lus	[ly]
— futur	j'écrirai	[ekrire]	je suffirai	[syfire]	je lirai	[lire]
Cond. prés.	j'écrirais	[ekrirɛ]	je suffirais	[syfirɛ]	je lirais	[lirɛ]
Subj. prés.	j'écrive	[ekriv]	je suffise	[syfiz]	je lise	[liz]
— —	nous écrivions	[ekrivjɔ̃]	nous suffisions	[syfizjɔ̃]	nous lisions	[lizjɔ̃]
— —	ils écrivent	[ekriv]	ils suffisent	[syfiz]	ils lisent	[liz]
— imparf.	il écrivît	[ekrivi]	il suffît	[syfi]	il lût	[ly]
Impératif	écris	[ekri]	suffis	[syfi]	lis	[li]
	écrivons	[ekrivɔ̃]	suffisons	[syfizɔ̃]	lisons	[lizɔ̃]
Participes	écrivant	[ekrivɑ̃]	suffisant	[syfizɑ̃]	lisant	[lizɑ̃]
	écrit	[ekri]	suffi	[syfi]	lu	[ly]

*et *dire*, *redire*, sauf *vous dites*, *redites* (ind. prés.), mais les composés *contredire*, *prédire*, *médire* sur *suffire*, *dit*, *redit*, *contredit*, *prédit*, *médit* (part.).

	74 **croire** [krwa] / [krwaj] / [kr-]		**75** **boire** [bwa] / [bwav] / [b-]		**76** **faire** [fɛ] / [fas] / [f-]	
Ind. prés.	je crois	[krwa]	je bois	[bwa]	je fais	[fɛ]
— —	tu crois	[krwa]	tu bois	[bwa]	tu fais	[fɛ]
— —	il croit	[krwa]	il boit	[bwa]	il fait	[fɛ]
— —	nous croyons	[krwajɔ̃]	nous buvons	[byvɔ̃]	nous faisons	[fəzɔ̃]
— —	ils croient	[krwa]	ils boivent	[bwav]	ils font	[fɔ̃]
— imparf.	je croyais	[krwajɛ]	je buvais	[byvɛ]	je faisais	[fəzɛ]
— pas. simp.	je crus	[kry]	je bus	[by]	je fis	[fi]
— futur	je croirai	[krware]	je boirai	[bware]	je ferai	[fəre]
Cond. prés.	je croirais	[krwarɛ]	je boirais	[bwarɛ]	je ferais	[fərɛ]
Subj. prés.	je croie	[krwa]	je boive	[bwav]	je fasse	[fas]
— —	il croie	[krwz]	il boive	[bwav]	il fasse	[fas]
— —	nous croyions	[krwajɔ̃]	nous buvions	[byvjɔ̃]	nous fassions	[fasjɔ̃]
— —	ils croient	[krwa]	ils boivent	[bwav]	ils fassent	[fas]
— imparf.	il crût	[kry]	il bût	[by]	il fît	[fi]
Impératif	crois	[krwa]	bois	[bwa]	fais	[fɛ]
	croyons	[krwajɔ̃]	buvons	[byvɔ̃]	faisons	[fəzɔ̃]
					faites	[fɛt]
Participes	croyant	[krwajɑ̃]	buvant	[byvɑ̃]	faisant	[fəzɑ̃]
	cru	[kry]	bu	[by]	fait	[fɛ]

	77		78		79	
Inf. prés.	**plaire**		**taire**		**extraire***	
	[plɛ] / [plɛz] / [pl-]		[tɛ] / [tɛz] / [t-]		[ɛkstrɛ] / [ɛkstrɛj]	
Ind. prés.	je plais	[plɛ]	je tais	[tɛ]	j'extrais	[ɛkstrɛ]
— —	tu plais	[plɛ]	tu tais	[tɛ]	tu extrais	[ɛkstrɛ]
— —	il plaît	[plɛ]	il tait	[tɛ]	il extrait	[ɛkstrɛ]
— —	nous plaisons	[plezɔ̃]	nous taisons	[tezɔ̃]	nous extrayons	[ɛkstrɛjɔ̃]
— —	ils plaisent	[plɛz]	ils taisent	[tɛz]	ils extraient	[ɛkstrɛ]
— imparf.	je plaisais	[plɛzɛ]	je taisais	[tɛzɛ]	j'extrayais	[ɛkstrɛjɛ]
— pas. simp.	je plus	[ply]	je tus	[ty]	*inusité*	
— futur	je plairai	[plɛre]	je tairai	[tɛre]	j'extrairai	[ɛkstrere]
Cond. prés.	je plairais	[plɛrɛ]	je tairais	[tɛrɛ]	j'extrairais	[ɛkstrerɛ]
Subj. prés.	je plaise	[plɛz]	je taise	[tɛz]	j'extraie	[ɛkstrɛ]
— —	il plaise	[plɛz]	il taise	[tɛz]	il extraie	[ɛkstrɛ]
— —	nous plaisions	[plezjɔ̃]	nous taisions	[tezjɔ̃]	nous extrayions	[ɛkstrɛjɔ̃]
— —	ils plaisent	[plɛz]	ils taisent	[tɛz]	ils extraient	[ɛkstrɛ]
— imparf.	il plût	[ply]	il tût	[ty]	*inusité*	
Impératif	plais	[plɛ]	tais	[tɛ]	extrais	[ɛkstrɛ]
	plaisons	[plɛz]	taisons	[tɛzɔ̃]	extrayons	[ɛkstrɛjɔ̃]
Participes	plaisant	[plɛzɑ̃],	taisant	[tɛzɑ̃]	extrayant	[ɛkstrɛjɑ̃]
	plu	[ply]	tu	[ty]	extrait	[ɛkstrɛ]

*De même *traire, abstraire, braire* (3ᵉ pers.), *distraire, soustraire.*

	80		81		82	
Inf. prés.	**repaître ***		**clore****		**oindre*****	
	[rəpɛ] / [rəpɛs] / [rəp]		[klo] / [kloz]		[wɛ̃] / [waɲ]	
Ind. prés.	je repais	[rəpɛ]	je clos	[klo]	j'oins	[wɛ̃]
— —	tu repais	[rəpɛ]	tu clos	[klo]	tu oins	[wɛ̃]
— —	il repaît	[rəpɛ]	il clôt	[klo]	il oint	[wɛ̃]
— —	nous repaissons	[rəpɛsɔ̃]	*inusité*		nous oignons	[waɲɔ̃]
— —	ils repaissent	[rəpɛs]	—		ils oignent	[waɲ]
— imparf.	je repaissais	[rəpɛsɛ]	—		j'oignais	[waɲɛ]
— pas. simp.	je repus	[rəpy]	—		j'oignis	[waɲi]
— futur	je repaîtrai	[rəpɛtre]	je clorai	[klore]	j'oindrai	[wɛ̃dre]
Cond. prés.	je repaîtrais	[rəpɛtrɛ]	je clorais	[klorɛ]	j'oindrais	[wɛ̃drɛ]
Subj. prés.	je repaisse	[rəpɛs]	je close	[kloz]	j'oigne	[waɲ]
— —	il repaisse	[rəpɛs]	il close	[kloz]	il oigne	[waʃz]
— —	nous repaissions	[rəpɛsjɔ̃]	nous closions	[klozjɔ̃]	nous oignions	[waɲɔ̃]
— —	ils repaissent	[rəpɛs]	ils closent	[kloz]	ils oignent	[waɲ]
— imparf.	il repût	[rəpy]	*inusité*		il oignît	[waɲi]
Impératif	repais	[rəpɛ]	—		oins	[wɛ̃],
	repaissons	[rəpɛsɔ̃]	—		oignez	[waɲe]
Participes	repaissant	[rəpɛsɑ̃]	—		oignant	[waɲɑ̃]
	repu	[rəpy]	clos	[klo]	oint	[wɛ̃]

*De même *paître*, sauf passé simple et part. passé, *inusités;* **de même *enclore, éclore;* ***de même *poindre* (impers.).

	83			84		85	
Inf. prés.	**frire**			**sourdre**		**vaincre**	
	[fri]			[sur] / [surd]		[vɛ̃] / [vɛ̃k]	
Ind. prés	je fris	[fri]		*inusité*		je vaincs	[vɛ̃]
— —	tu fris	[fri]		—		tu vaincs	[vɛ̃]
— —	il frit	[fri]		il sourd	[sur]	il vainc	[vɛ̃]
— —	*inusité*			*inusité*		nous vainquons	[vɛ̃kɔ̃]
— —	—			ils sourdent	[surd]	ils vainquent	[vɛ̃k]
— imparf.	—			*inusité*		je vainquais	[vɛ̃kɛ]
— pas. simp.	—					je vainquis	[vɛ̃ki]
— futur	je frirai	[frire]		—		je vaincrai	[vɛ̃kre]
Cond. prés.	je frirais	[frirɛ]		—		je vaincrais	[vɛ̃krɛ]
Subj. prés.	*inusité*			—		je vainque	[vɛ̃k]
— —	—			—		il vainque	[vɛk]
— —	—			—		nous vainquions	[vɛ̃kjɔ̃]
— —	—			—		ils vainquent	[vɛ̃k]
— imparf.	—			—		il vainquît	[vɛ̃ki]
Impératif	fris	[fri]		—		vaincs	[vɛ̃]
	inusité			—		vainquons	[vɛ̃kɔ̃]
Participes	—			—		vainquant	[vɛ̃kɑ̃]
	frit	[fri]				vaincu	[vɛ̃ky]

Index

à, 134, 114, 141-143.
absolu (superlatif), 138; — (temps), 125-126
absolument (verbe employé), 113.
absoudre, 255.
abstraire, 259.
abstrait (nom), 42-43, 108, 186.
accent, 231.
accolade, 37.
accompli, 124, 127, 169, 215.
accord du verbe, 127, 173-176.
acheter, 246.
acquérir, 248.
acte de parole, 10.
addition (circonstancielle), 198.
adjectif, 27, 34, 104-111, 131, 136, 151, 187, 221-222; verbal, 204-207.
adjectival (groupe), 151.
adjoint, 20.
adverbe, 27, 131-138, 148, 152; — interrogatif, 101, 131; — de liaison, de coordination; — 131, 133, 144 de lieu, 131-132; — de manière, 110-111, 131; — de négation, 131-132, 163-166; — d'opinion, 131, 133; — de quantité, 131-132, 135-138, 174; — de temps, 131-132.
adverbiale (locution), 131, 144.
affirmatif, 15.
âge, 73.
agent (complément d'), 121, 167-168; — (nom d'), 223.
aïeul, 54.
aimer, 240.
ainsi, 133; *ainsi que*, 175.
aller, 112, 125, 246.
alors, 118.
alors que, 190, 193.
alphabet, 9.
ambiguïté, 200, 202.
amour, 46.
analyse, 22, 24.
animal (nom d'), 48.
animé, 41-42, 48, 85, 89, 94, 97, 107-108, 116-117, 168.

antécédent, 96, 177, 183.
antériorité, 215.
anticipant, 79-81, 101.
apercevoir, 250.
apostrophe accent, 233; — (mot mis en), 160.
appareil (nom d'), 224.
appeler, 34, 247.
apposition, 50, 106, 176.
appositive (relative), 106, 181, 182.
après-guerre, 45.
après-midi, 45.
arbre, 19, 24.
article, 58, 60-62, 75.
aspect, 112, 124-125.
assaillir, 248.
asseoir, 252.
assez, 136-138.
assortir, 249.
astérisque, 13.
atome, 232.
atténuation, 218.
attribut [du sujet], 32, 59, 72, 105, 148-150, 175, 177, 184; — du complément d'objet, 34-35, 105.
attribution (complément d'), 31-32.
aucun, 132, 163.
aujourd'hui, 118.
aussi, 133, 136.
autant, 136.
autre, 76, 83.
autrefois, 118.
auxiliaire, 112-113, 120-124.
avec, 140-141, 175.
avoir, 112, 115, 121, 124, 127, 238.

battre, 254.
beaucoup, 136-137.
bénir, 247.
-ble, 207.
bœuf, 54.
boire, 257.
bouillir, 250.
braire, 258.
but (circonstancielle de), 191.

ça, 92, 95.
car, 144-145, 179.
cardinal (numéral), 72.
cas des pronoms, 88-89.
catégorie des verbes, 112.
cause (circonstancielle de), 192.
ce, ceci, cela, 92, 93.
ce, cet, cette, ces, 63-64.
cédille, 233.
celer, 245.
celui, celle (-ci, -là), 92, 94-95.
cependant, 144.
ce que, 103.
cesser, 124, 164.
c'est, 93-94, 171-172.
chacun, 67, 78.
chaque, 76, 78.
choir, 253.
-ci, 64.
ciel, 54.
circonstanciel, le (complément), 140, 147, 152-153; — (subordonné), 146 189-198, 202.
ciseler, 245.
classe de mots, 25, 29.
clore, 258.
collectif, 73, 175.
combinaison, 225.
comme, 175, 190, 197.
commencer, 124.
commun (nom), 39-41.
communauté linguistique, 9.
communication, 8, 14.
commuter, 25.
comparaison (circonstancielle de), 197; — (degré de), 107.
comparatif, 137-138.
complément [de l'adjectif, du nom], 140, 177; — d'objet, 31-32, 97, 113-114, 148-150, 177, 184; — de verbe, de phrase, 153-154.
complétive, 146, 184-188, 199.
complexe (phrase), 151-154, 177-180, 214.
composé (adjectif), 107; — (mot) 55, 225-229.
comptable, 43-44, 51-52, 62.
concession (circonstancielle de), 193-194.
concevoir, 250.
conclure, 256.
concret (nom), 42-43, 108.

condition (circonstancielle de), 195-196.
conditionnel, 123, 126, 183, 214-216.
conduire, 256.
congeler, 245.
conjonctive (construction), 185.
conjonction, 28, 144-146, 185.
conjugaison, 128-130.
conquérir, 248.
conseil, 159.
conséquence (circonstancielle de), 138, 196.
conséquent (par), 144.
consonne, 231-236.
constituant, 17-18, 139-140.
contracté (article), 61.
contredire, 257.
convenir, 248.
coordination, 131, 133, 144, 177-179.
coordonnant, 144.
copule, 32, 33, 114.
corseter, 246.
coudre, 255.
courir, 249.
couvrir, 247.
crocheter, 246.
craindre, 165, 188, 254.
croire, 34, 188, 255.
croître, 256.
cueillir, 248.

dans, 40, 141.
de, 114, 121, 134, 136, 141-143, 167-168.
déceler, 245.
décevoir, 250.
déchoir, 253.
déclaratif, 14, 216, 219.
déclaration, 188.
déclinaison, 84.
décomposer, 22.
défaillir, 248.
défendre, 253.
défini (article), 60-62, 67.
dégeler, 245.
déictique, 63.
délice, 46.
demander, 185.
démanteler, 245.
démonstratif (adjectif, pronom), 58, 63-64, 82-83, 92-95, 132.
déplacement, 170.

dérivé (mot), 107, 220, 224.
derrière, 141.
descendre, 255.
désinence, 112, 120, 128.
déterminant, 26, 57-59, 140.
déterminative (relative), 181-182.
deux points, 234.
devant, 141.
devenir, 32, 105, 114.
devoir, 112, 124, 200, 252.
diacritique (signe), 232.
différent, 76.
dire, 188, 257.
directe (interrogation), 155.
discours, 12, 210-218.
distraire, 258.
divers, 76.
donc, 144, 160.
dont, 96-100.
dormir, 247.
doute, 188.
duratif, 119.

écarteler, 245.
échoir, 253.
éclore, 258.
écrire, 257.
écrite (langue), 9, 49, 53-54, 128-129.
effacement, 20.
élargissement, 151.
élidé (article), 61; — (pronom), 89.
élire, 34.
éloigné, 95.
emphase, emphatique, 16, 93, 170-172, 231.
en (préposition), 40, 139; —(pronom), 89.
enclore, 258.
en effet, 133.
enfuir (s'), 247.
enquérir (s'), 248.
ensemble, 25.
ensuite, 133.
entendre, 185.
envoyer, 246.
épandre, 253.
épithète, 105, 176, 182.
est-ce que, 103, 157.
estimer, 34.
et, 144-145, 179, 203.
étendue (phrase), 20-21, 151-154, 173-176.

étiquette, 30.
étranger (mot), 54.
être, 32, 105, 115, 121-122, 124, 127, 239.
eux, 89.
exception (circonstancielle d'), 198.
exclamatif, ive (adverbe), 138; — (phrase), 15, 132, 161-162, 203, 218; — (pronom), 68-69.
exclamation (point d'), 161, 233.
exclure, 256.
expansion, 21, 151.
explétive (négation), 165.
extraire, 258.

factitif, 118.
faillir, 249.
faire, 82, 118, 200, 257.
falloir, 253.
femelle, 47-48.
féminin, 45-50; — (formation du), 49-50.
fendre, 253.
fileter, 246.
finir, 124, 241.
flèche, 36.
fleurir, 247.
fonction, 11, 19, 145.
fondre, 253.
forme des mots, 10, 12.
fraction, 73.
frire, 259.
fuir, 247.
fureter, 246.
futur, 126, 215-216.

geler, 245.
générique (masculin), 48; — (singulier), 53.
genre, 44-50, 56, 85.
gérondif, 205-206.
gésir, 250.
grammaire, 11-13.
grammatical (genre), 47.
groupe du nom, 18, 34-35, 59, 84, 104, 139-143, 221; — étendu, 35; — simple, 35.
groupe du verbe, 18, 31-34, 104, 139.
groupe prépositionnel, 18, 33, 35, 131, 139-143, 171.
guère, 164.
guillemets, 234.

haïr, 247.
haleter, 246.

homonyme, 45, 114, 117.
humain (nom), 41-42, 47, 102, 116-117.
hypothèse, 123, 148, 159.

identité, 74.
il, elle, 86-89.
il y a, 34.
immédiat, 125.
imparfait, 126, 211-218.
impératif, ive (mode, phrase), 14, 123, 124, 159-160, 203, 214.
imperfectif, 118.
impersonnel, 115, 124, 148.
in-, 166.
inchoatif, 119, 124.
incise (phrase), 148.
inclure, 256.
incomplète (phrase), 20.
indéfini (article), 60-62; — (déterminant, pronom), 58, 74-78; — (relatif), 100, 183.
indicatif, 123, 124, 213-218.
indirecte (interrogation), 155, 185-187.
infinitif, 112, 123, 124, 185-186, 191, 199-203.
insistance, 15, 170-172.
intercalée (phrase), 148.
interjection, 28, 162.
interlocuteur, 86.
interrogatif, ive (adverbe), 138, 160; — (phrase), 14, 132, 155-161, 203, 214; — (pronom), 58, 68-69, 82, 101-103, 160.
interrogation (point d'), 233.
intonation, 14, 156, 161, 231.
intransitif, 32, 108, 113-114.
inversion du sujet, 147-156.

jamais, 164.
je, 86-89.
jeter, 246.
juger, 34, 188.
juxtaposé, juxtaposition, 144, 180.

-là, 64.
laisser, 106, 200.
langage, 8.
langue, 8, 10.
le, lui, leur, 88-89.
lequel, 69, 96-97, 102.

lettre, 9.
leur (adjectif), 66-67; — (pronom), 88-89.
lexique, 11.
liaison [conjonction], 131, 133 adverbe de [phonétique]; —71, 232.
lire, 257.
locuteur, 10.
locution nominale, verbale, 59.
lorsque, 190.
lui, 88-89.

machine (nom de), 224.
maintenant, 118.
majuscule, 41.
mais, 144-145.
mâle, 47-48.
manger, 245.
manière (circonstancielle de), 198.
marteler, 245.
masculin, 45-50.
matière (nom de), 44.
me, 88-89.
médire, 257.
même, 76, 78.
mentir, 248.
métaphore, 108.
métier (nom de), 224.
mettre, 124, 254.
mien, tien, sien, 67.
minimale (phrase), 17.
modalisateur, 131, 133.
mode, 112, 123-124, 183, 186-187, 203.
modeler, 245.
modificateur, 135-136.
moi, 89.
moins, 137-138.
momentané, 119.
mon, ma, mes, 65-66.
mordre, 253.
morphème, 23, 24.
morphologie, 12.
morte (langue), 9.
mot, 11, 22, 23, 24.
moudre, 254.
mourir, 249.
mouvoir, 250.
multiplicatif, 72.

naître, 256.

narratif (imparfait), 217.
narration, 211-212.
nasale (voyelle), 235.
nature des constituants, 19.
naturel (genre), 47.
ne, 132, 163-166; *ne ... que*, 164.
négatif, ive (phrase), 15, 163-166; — (préfixe), 166.
négation, 163-164.
nettoyer, 245.
neutralisé, 214.
neutre (phrase), 16; — (pronom), 95.
ni, 144, 175.
nom, 18, 25, 38-56, 110, 136; — personnel, 87.
nombre, 51-56, 70, 85, 112, 127, 173, 176.
nominale (forme), 122.
nominalisation, 143.
nommer, 34.
non, 133, 155, 165.
non-accompli, 124, 169.
non-animé, 41-42, 48, 85, 89, 94, 97, 107-108, 116-117.
non-comptable, 43-44, 51-52, 62.
non-humain, 102.
notre, votre, 66.
nôtre, vôtre, 67.
nous, 86-91.
nuire, 256.
nul, 76, 132, 163.
numéral, 58, 70-73, 75.

œil, 54.
œuf, 54.
offrir, 242.
oindre, 258.
on, 90-91.
opposition (circonstancielle d'), 193.
or, 144-145.
orale (voyelle), 235.
ordinal (numéral), 71.
ordre, 159.
orgue, 46.
orthographe, 12, 230-236.
oser, 164.
ou, 144-145, 175.
où, 96-100.
oui, 133, 155.

ouvrir, 247.

paître, 258.
par, 121, 167-168.
paraître, 32, 105, 114, 255.
parce que, 192.
parenthèses, 234.
parlée (langue), 9, 49, 54, 128-130.
parole, 10.
participant à la communication, 79-81.
participe, 112, 124, 204-209, 221; — (accord du), 208-209.
partie du discours, 25, 29.
partielle (interrogation), 155-156, 185.
partir, 249.
partitif (article), 60-62.
pas, 132, 163-166.
passager, 108.
passé [antérieur], 127; — composé, 127, 211; — simple 127, 211.
passif, 15, 121-122, 167-169, 219.
payer, 245.
pays (nom de), 222.
peler, 245.
pendre, 254.
percevoir, 250.
perdre, 253.
perfectif, 118.
permanent, 108.
permettre, 106.
personne, 86, 112, 127, 132, 173-176.
personne, 78.
personnel (nom, pronom). V. NOM, PRONOM.
peu, 136.
phonème, 12, 230.
phonétique, 12, 230-236.
phonologie, 12, 230-236.
phrase, 14; — (complément de), 141.
place [des adjectifs], 109-110; — des adverbes, 137; — des groupes du nom et du verbe, 147-150; — des pronoms, 99-101.
placer, 245.
plaire, 258.
pleuvoir, 253.
pluriel, 51-55; — (formation du), 53-55.
plus, 136-137, 164.
plusieurs, 83.
plus-que-parfait, 125, 127, 211.

poindre, 258.
point, 233.
point de (être sur le), 125.
point-virgule, 233.
politesse, 218.
possessif, 58, 65-67, 83, 89.
possible, 124, 214.
pour, 141.
pourvoir, 252.
pouvoir, 12, 164, 200, 251.
prédicat, 19, 31-32.
prédire, 257.
préfixe, préfixé, 225-227.
prendre, 254.
préposition, 27, 139-143, 225.
prépositionnel (groupe). V. GROUPE.
prépositive (locution), 142.
présent, 126, 211-218.
présentatif, 93, 170.
prévaloir, 251.
prévoir, 251.
prière, 159.
principale, 123, 177.
probable, 124.
procès, 112.
proche, 95.
progressif, 125.
promettre, 185.
pronom, 27-28, 79-85, 143, 182; — personnel, 66, 82, 86-91, 148-150, 156, 159, 168, 171.
pronominal (verbe), 115, 122-123, 168-169.
proportion, 138.
propre (nom), 39-41, 55, 58.
pro-verbe, 82.
puis, 133, 144.
puisque, 192.

quand, 190.
quantitatif, 70, 74.
quantité, 62, 74, 131-132.
que (conjonction), 144-145, 185-188, 198; — (interrogatif), 101-103; — (relatif), 96, 100.
quel, 68-69, 158.
quelque, 76, 78.
qui (interrogatif), 101-103; — (relatif), 96-100.
quiconque, 100.

qui que, 100.
quoi, 96-100, 102-103.
quoique, 193.

racheter, 246.
racine [préposition], 142.
radical, 23, 129-130; — (adjectif), 107.
rang, 70.
récent, 217.
recevoir, 243.
réciproque, 122.
récit, 210-218.
redire, 257.
réel, 214.
réfléchi, 90, 122.
région (nom de), 222.
règle, 8.
relatif, ive (déterminant), 58, 68-69; — (phrase), 177, 181-183, 229; — (pronom), 82, 96-100, 182.
relatif (superlatif), 138; — (temps), 125-126.
relation, 9.
rendre, 106, 244.
repaître, 258.
répartir, 249.
repentir (se), 248.
répondre, 253.
représentant, 79-81.
requérir, 248.
résoudre, 255.
ressentir, 248.
rester, 32, 114.
révéler, 246.
rhétorique, 12.
rien, 78, 132, 163.
rire, 256.
rompre, 254.

saillir, 250.
sans, 141-142.
savoir, 118-119, 164, 251.
se, 88-90.
second, secondaire (complément), 31-32, 114.
sémantique, 12.
sembler, 32, 105, 114.
semer, 246.
semi-voyelle, 231.
sens, 10, 12, 29.

sentir, 185, 248.
seoir, 253.
servir, 248.
servitude grammaticale, 214.
si (adverbe, conjonction), 133, 155, 164, 186, 195.
signal, 8.
signe verbal, 8.
simple (phrase), 19, 151, 173-176.
singulier, 51-55.
soi, 90.
son, 9.
son, sa, ses, 65-66.
sortir, 249.
souffrir, 247.
souhait, 159.
sourdre, 259.
soustraire, 258.
structure, 10, 17, 227.
style direct, indirect, indirect libre, 221-213.
subjonctif, 123-124, 183, 187, 191-193, 213-218.
subordination, subordonnée, 96, 123, 145-146, 177-178.
substantif. V. NOM.
substituer, substitution, 18.
substitut, 79-80, 96.
suffire, 257.
suffixe, suffixé, 23, 72, 220-224.
suivre, 255.
sujet, 19, 97, 173; — apparent, réel, 80, 184.
superlatif, 137-138.
sur, 142.
surseoir, 253.
suspension (point de), 234.
syllabe, 231.
symbole, 30, 36-37, 46.
synchronie, 10.
syntagme, 18.
syntaxe, 12.
système, 9.

taire, 258.
te, 89.

temps, 112, 125-127, 183-187; — (circonstancielle de), 189-190.
tendre, 253.
tenir, 248.
tiret, 233.
toi, 89.
ton, ta, tes, 65-66.
tondre, 253.
totale (interrogation), 155-156, 186.
tout, 76-78, 193.
train de (être en), 125.
traire, 258.
trait, 46.
trait d'union, 232.
transformation, 142, 155-169, 219-229.
transitif, 31, 108, 113-114, 121, 167.
très, 136-137.
tressaillir, 248.
trop, 135-136.
trouver, 106, 118-119.
tu, 86-89.
type de phrase, 14, 123.

unité, 23.

vaincre, 259.
valoir, 251.
vendre, 255.
venir, 125, 248.
verbe, 18, 26, 31-35, 112-130, 135. V. aussi CONJUGAISON.
vêtir, 249.
vide (préposition), 142.
ville (nom de), 222.
virgule, 233.
vivre, 255.
voici, voilà, 93.
voir, 185, 251.
voix, 120, 123.
vouloir, 188, 251.
vous, 86, 91.
voyelle, 231-235.

y, 89.

zéro, 221, 224.

DICTIONNAIRE DU FRANÇAIS CONTEMPORAIN LAROUSSE :
SPÉCIAL ENSEIGNEMENT

J. Dubois
(Faculté de Paris
- Nanterre)
R. Lagane
(Sorbonne)
G. Niobey
(Rédact.
dict. Larousse)
D. Casalis
(Rédact.
dict. Larousse)
J. Casalis
(agrégée
de l'Université)
H. Meschonnic
(Lille)

Le « Dictionnaire du français contemporain » présente un état actuel du lexique usuel. En ce sens, il contient tous les mots qui entrent dans l'usage — écrit ou parlé — du français le plus habituel, soit environ 25 000 termes qui forment le *vocabulaire commun du français contemporain.*

Dictionnaire de phrases, il définit chaque mot par les constructions dans lesquelles il entre, et par la place qu'il occupe dans la proposition.

Comme les termes du lexique se définissent par leurs rapports, il fait une large place aux *possibilités de substitution* (synonymes) et aux expressions équivalentes. Les moyens que la suffixation et la préfixation offrent pour passer d'une construction de phrase à une autre construction, d'un verbe à un substantif, d'un substantif à un adjectif, etc., ont été mis en évidence dans cet ouvrage par des *regroupements autour des termes de base.* Soucieux de préciser le niveau de langue, on a indiqué de la manière la plus précise possible les *marques stylistiques* (familier, populaire, argotique, langue écrite, soignée, soutenue, littéraire, vieillie...).

Des *tableaux* réunissant les pronoms personnels, les prépositions, les noms des mois et des jours, les mouvements musicaux, les degrés de parenté, les grades, etc., permettent de comparer les emplois, de simplifier l'apprentissage de la langue en offrant des analyses qui dépassent les définitions isolées et les vues partielles.

Donnant l'état de la langue parlée autant que de la langue écrite, le dictionnaire indique la *prononciation des mots* en alphabet phonétique international.

Tenant compte des progrès réalisés par la linguistique, le « Dictionnaire du français contemporain » est un instrument de travail adapté aux *conditions modernes de l'enseignement d'une langue vivante* (1).

Un volume cartonné (14 × 19 cm), 1 248 pages, 90 tableaux de grammaire et 95 de conjugaisons.

(1) Toutes les possibilités d'utilisation pédagogique du DICTIONNAIRE DU FRANÇAIS CONTEMPORAIN SPÉCIAL ENSEIGNEMENT sont exploitées dans un LIVRET MÉTHODOLOGIQUE fourni **gratuitement** avec l'ouvrage.

Ouvrages LAROUSSE
pour les enseignants et élèves maîtres

LINGUISTIQUE
ET ENSEIGNEMENT DU FRANÇAIS

E. Genouvrier
J. Peytard

Cet ouvrage fait le point des recherches de la linguistique moderne et propose des directions de travail pour une application à l'enseignement du français, directions de travail qui s'appuient sur une expérience menée dans plusieurs classes de la région lilloise. Écrit non pour des spécialistes, mais pour tous ceux qui souhaitent passer de la théorie linguistique à la pratique pédagogique, il constitue une synthèse très accessible des divers courants de la recherche.

Laissant le débat ouvert entre les chercheurs, il n'en prend pas moins parti, résolument et concrètement, pour une rénovation de l'enseignement de la langue et de la grammaire. La critique de l'enseignement grammatical qui y est faite ouvre la voie à la fois à une réflexion sur les dangers que présente la grammaire traditionnelle et à des schémas d'exercices tendant à revivifier la pédagogie du français. Ces deux directions de travail sont illustrées par des documents très significatifs.

1 volume (14 × 20 cm), 288 pages, nombreux schémas, bibliographie, index.

LE FRANÇAIS
TEL QU'ON L'ENSEIGNE
à l'école élémentaire

F. Marchand
Directeur
d'École normale

« Le livre de Frank Marchand est celui d'un maître de l'école élémentaire et d'un linguiste; et, en cela, il est doublement précieux. Il fallait être un praticien de la classe, un acteur et un observateur pour décrire et analyser de l'intérieur des comportements complexes; il fallait être linguiste, à la fois pour connaître les méthodes d'analyse d'énoncé dont le développement caractérise une grande partie de la linguistique française, et pour évaluer les performances linguistiques des élèves et des maîtres : l'étude linguistique du dialogue scolaire est une des clefs de la pédagogie. C'est au maître de l'école élémentaire que l'on doit la « vérité » d'un tableau complet et c'est au linguiste que l'on doit le dévoilement ou la démystification; ces démarches précèdent les reconstructions nécessaires qui se dessinent à travers une analyse d'autant plus impitoyable qu'elle est scientifique. »

(Extrait de la préface de Jean Dubois)

1 volume (14 × 20 cm), 224 pages, nombreux documents, bibliographie.

Revue « LANGUE FRANÇAISE »

4 numéros par an :

février - mai - septembre - décembre

Conseil de Direction :

M. Arrivé
J.-C. Chevalier
J. Dubois
M. Gross
L. Guilbert
P. Kuentz
R. Lagane
A. Lerond
H. Meschonnic
H. Mitterand
Ch. Muller
J. Peytard
J. Pinchon
A. Rey
N. Ruwet

Secrétaire général :
J.-C. Chevalier

A côté de LANGAGES (Didier-Larousse, éditeurs), revue de linguistique générale destinée aux spécialistes de cette discipline, la Librairie Larousse publie une nouvelle revue d'information qui traite des problèmes particuliers et très divers de la langue française.

LANGUE FRANÇAISE s'adresse à tous ceux que retiennent en France et à l'étranger les méthodes contemporaines d'investigation : professeurs, à tous les niveaux de l'enseignement du français, étudiants, spécialistes... Elle leur propose un état présent des recherches, en même temps que des applications illustrant et développant des démarches théoriques.

Chaque numéro de LANGUE FRANÇAISE, centré sur un grand sujet, est constitué d'articles de synthèse faisant le point sur la question abordée; d'articles correspondant à cette question; de mises au point bibliographiques (articles d'ensemble ou comptes rendus critiques); d'une bibliographie détaillée.

Déjà parus :

1. LA SYNTAXE (René Lagane et Jacqueline Pinchon) — **2.** LE LEXIQUE (Louis Guilbert) — **3.** STYLISTIQUE (Michel Arrivé et J.-C. Chevalier) — **4.** SÉMANTIQUE (Alain Rey) — **5.** LINGUISTIQUE ET PÉDAGOGIE (Jean Dubois et Joseph Sumpf) — **6.** APPRENTISSAGE DU FRANÇAIS, LANGUE MATERNELLE (Émile Genouvrier et Jean Peytard) — **7.** LA DESCRIPTION LINGUISTIQUE DES TEXTES LITTÉRAIRES (Pierre Kuentz et Henri Mitterand) — **8.** APPRENTISSAGE DU FRANÇAIS, LANGUE ÉTRANGÈRE (F. Debyser et E. Wagner) — **9.** LINGUISTIQUE ET SOCIÉTÉ (J.-B. Marcellesi) — **10.** HISTOIRE DE LA LANGUE (A. Lerond) — **11.** SYNTAXE TRANSFORMATIONNELLE DU FRANÇAIS (M. Gross et J. Stefanini) — **12.** LINGUISTIQUE ET MATHÉMATIQUES : RECHERCHES PÉDAGOGIQUES (O. Ducrot) — **13.** L'ENSEIGNEMENT DU FRANÇAIS A L'ÉCOLE ÉLÉMENTAIRE (F. Marchand) — **14.** LINGUISTIQUE FRANÇAISE, FORMATION DES ENSEIGNANTS ET ENSEIGNEMENT SUPÉRIEUR (J. Dubois) — **15.** LANGAGE ET HISTOIRE (J.-C. Chevalier et P. Kuentz) — **16.** LA NORME (R. Lagane et J. Pinchon) — **17.** LES VOCABULAIRES SCIENTIFIQUES ET TECHNIQUES (L. Guilbert et J. Peytard).

Chaque numéro
(15 × 23 cm)
couverture
en couleurs
128 pages

BERGER-LEVRAULT, NANCY. 779124-3-73. — Dépôt légal 1973-1er — No d'éditeur 6175
IMPRIMÉ EN FRANCE (*Printed in France*). — 410-40165-3-73.